FUTURE

FUTURE

FUTURE

FUTURE

卜卦占星教科書

THE HORARY TEXTBOOK

貫通邏輯與常識
解答人生百問的心法祕笈

JOHN FRAWLEY 約翰‧弗勞利————著
智者星象學院 編譯團隊　連瑩穎————譯

目　次

審定者推薦序	11
修訂版序	15
作者序	18
致謝	19
符號說明	21

PART ONE　第一部分

星盤：這隻貓在哪裡？		24
第一章	卜卦占星導論	25
第二章	入門	34
第三章	宮位	44
第四章	行星	71
第五章	星座	88
第六章	必然尊貴	95
第七章	偶然尊貴	111
第八章	容納	140
星盤：他真的愛我嗎？		152
第九章	相位	160
第十章	映點	187
星盤：他為什麼不打電話給我？		194

第十一章	恆星	199
第十二章	阿拉伯點	208
第十三章	應期	228
第十四章	問題是什麼又誰在提問？	244

PART TWO　第二部分

第十五章	一宮問題	254
	我坐上的這艘船	255
	體形外貌	255
第十六章	二宮問題	261
	遺失、偷竊及走失	261
星盤：我的披肩在哪裡？		277
	錢財	279
星盤：我應該買進白銀嗎？		288
第十七章	三宮問題	290
	真的假的？	290
	信件、來電、訪客	293
第十八章	四宮問題	296
	房產交易	296
	其他銷售問題	307
第十九章	五宮問題	309
	懷孕	309
	收養	320
第二十章	六宮及八宮的問題	321
	醫學問題	321

	關於死亡的問題	327
星盤：我的朋友會活下來嗎？		335
	醫生、醫學和手術	337
	聘用員工	339
第二十一章	**七宮問題**	**342**
	愛情與婚姻	342
	我應該留下來還是離開？	358
	運動與比賽	362
	審判	371
星盤：我們會贏嗎？		376
	政治	378
星盤：她什麼時候會下臺？		382
第二十二章	**九宮問題**	**383**
	知識、旅程與夢境	383
第二十三章	**十宮問題**	**392**
	工作問題	392
第二十四章	**十一宮問題**	**407**
	我能實現我的願望嗎？	407
	我要繳多少稅？	408
	簽證和許可證	408
第二十五章	**十二宮問題**	**410**
	巫術與監禁	410
星盤：迪爾德麗會被判入獄嗎？		416
第二十六章	**天氣**	**418**
星盤：我舉辦派對的那天天氣怎麼樣？		421
第二十七章　如何使用卜卦盤擇時		**423**

PART THREE 第三部分

第二十八章　占星師與客戶　　　　　　　　428

附錄
1. 計算星盤　　　　　　　　　　　　　436
2. 宮位的含義　　　　　　　　　　　　439
3. 如何找出相位　　　　　　　　　　　446
4. 如何閱讀方形星盤　　　　　　　　　453

審定者推薦序

占星師必要的誠實與思辨精神

　　如果，你曾和我一樣在卜卦占星學的實踐道路上迷途許久，滾過不少泥巴踩過不少坑，那麼《卜卦占星教科書》絕對是讓你感覺相見恨晚的最後一本，因為，John 說的都是真的。

　　本書與中高階《賽事占星學》同步出版上市，乃是我自二〇一九年以來，向華文占星界推薦的第四及第五本書；但對於你手中的這本，與其說我是引薦人，不如說我更像是一位「證人」：誠實、坦率是約翰・弗勞利（John Frawley）的治學之本，絕非虛言，稱呼他二十一世紀最偉大傳奇的卜卦占星大師，亦是他實至名歸。打開心防，John 更是我近二十年來唯一敬稱「大師」的占星家，是我占星知識與技術上的忘年之交。

　　回顧最初研習卜卦占星學時，早已聽聞幾位古今卜卦占星名家的名字，約翰・弗勞利即是其中一位；據聞他手中有本不外傳的卜卦祕笈。不過，當時還是占星新米的我，眼下除了威廉・里利（William Lilly）和古德・波那提（Guido Bonatus），還未有餘力將其他近代占星家的名字真正放在心上。

　　接下來的幾年，我在占星實踐的道路上歷經了極為慘烈的撞牆期。說到底，當時有個要不得的信念是：古代占星家的說法一定都是對的；但偏偏，我的機緣女神總是扯了這些古聖先賢們的後腿。多數時候，他們留下的隻字片語就是無法解釋我眼前的這張卜卦盤，而我所見到的、事後驗證到的，

即使是書架上近代的卜卦占星書籍，也難以給出一個合理解釋。實務上的挫折，再加上多次讀到同一作者前後不一、分明是「畫靶射箭」的用法，內心裡的失落與不信任感只有越加強烈。

或許是土星的多疑加上天王星的反骨，我改變了信念，也改變了做法，除了選擇繼續進修之外，我開始主題式地批量研究 astro.com 的案例，對於部分的古老法則，也開始叛逆起來、尋求突破。道理很簡單：古人看得見的，沒道理我看不見，古人沒看見的，沒道理我不能看見。關鍵是我們必須尊重天象的本然，對於任何來自於「人」的說法、做法，必須保持理性與思辨的精神。占星師的工作就是翻譯天書，忠於天象的表達，而非忠於人的耳朵或自己的慾望。天象就是我們的老師，但凡願意對它誠實下苦功的敲門者，它總不負期望地打開那扇厚實的奧祕大門。

當然，本命盤與卜卦盤的研究看起來並不同，但如果以主題式的角度切入本命盤，同樣可以從星盤中看見那一刻天象最純粹的表達。得知道，在卜卦占星實務中，提問的多樣性和隨機性是技術實力難以在短時間之內均衡養成並穩定提升的要因。所以用本命盤進行主題式的批量研究並非不可行，而是得知道輕重：卜卦盤是那一刻的天機，本命盤則是涵蓋一生跨度的演化，時間層次本就不同，需要的裝備也不盡相同。

或許就是這番牛脾氣，我終於從慘烈的撞牆期，迎來高度的成熟期，也是在這個時候，我「遇見」了 John 的這本書。老實說，當初在美國亞馬遜網站採買其他的占星書籍時，因為運費很貴，才「順手」買了他這本書，時間是二〇一三年，因為我買到的是初版的原文書；但等到有心有閒翻開它時，已是二〇一六年前後。

打開後⋯⋯OK，你也許猜想有什麼戲劇化的情節出現，但沒有，這次沒有，一切都很平靜，原因就在於那些源自撞牆期所獲得的領悟和寶貴心得，讓我能夠充分理解並認同 John 在書中所說的一切都是真的，非常確信那些全都來自於他真實、寶貴且大量的實務經驗，否則他不可能看見那些差異。而且，他早在二〇〇五年就已經逆著風、毫無保留地全寫在這本書裡，一方面讓我感到有些安心，確信自己不是地表上唯一的占星瘋子，但另一方面也不由得令我有些懊惱，感覺相見恨晚，包括他在二〇一四年後出版的修訂版中所註記的論辯，也能驗證是真的，更令我由衷佩服他的理性、誠實、坦率與勇氣。當在圈子裡看得夠久，就會發現要覓得這樣的良師益友，真是可遇不可求。讀者們若能同時閱讀他的《賽事占星學》，相信更能讀到他這部分的人格特質。

卜卦占星學是一門實問實答的占星技術，在占星師理解問卜者提問內容的當下，向星空擷取了一顆高密度的時空膠囊，並針對問題的情況進行解密。

本書涵蓋了卜卦占星學基礎到實務的內容，換言之，John 已經將他三十年來所累積的卜卦占星實力濃縮在這裡，占星研習者不需要再繞遠路，只要信任並著重理解這一本的內容，再加上多多練習解盤和觀察案例，就已經非常充足；又即使是執業占星師，也必定能夠從中獲得實用性的啟發，顯著提升解盤實力。John 會告訴你，有些東西懂了之後要學會放掉，在某些情況下，殺雞焉用牛刀？解盤前思考卜卦提問的本質，以及解盤時不忘人生百態的常識邏輯，直奔主題、專注、靈活，才是提升這門「藝術」的道中之道。

無論是否曾有占星研習背景，當閱讀本書時，有幾個地方須做小小的提醒：

1. 關於「相位」：作者使用整星座相位，並嚴守愈緊密愈強大的原則；
　　2. 關於「界」：作者採用托勒密界，僅使用在卜卦盤討論感情關係的容納；
　　3. 關於「三分性」：作者採用托勒密三分性主星系統，偶爾使用在作為次要證詞的考量。

　　最後，容我藉此版面向智者星象學院編譯團隊的夥伴們致上感謝，包括最初參與出版提案和前十四章草譯的呂卿，她雖因同一時間院內另有譯案進行而未能於本案參與到最後，但若沒有她協助分擔出版提案的工作，本書無緣面世。在此情境下，由衷感謝瑩穎願意接下重擔。她向來是學院編譯團隊的中流砥柱，為求文風一致以提供讀者們最清晰流暢的閱讀體驗，接手後不惜重新來過，克盡其責、細查旁注每一條可能對讀者們有用的資訊，完成了有目共睹的高品質譯作。感謝彥宸，以及 Marisa、Emily、Ame、Astrid Lin 和大智於出版前的最終階段，協助複查了所有的校訂與圖表，還有 Denise 於院方所有為本書宣傳活動的美術支援。

　　感謝商周出版社總編輯若文的信任，資深主編枚瑛以及美術設計對於本書出版的各項支持，使我們能夠再一次地，以延續原文書的設計，體現作者約翰‧弗勞利獨有的大師魅力與幽默風格，為拉近華文占星研習者的距離，致上我們最貼心真誠的安排。

　　走吧！讓我們輕裝上陣卜卦去！

瑪碁斯（Maki S. Zhai）C.A. NCGR-PAA
智者星象學院 院長
美國 NCGR 占星研究協會 台灣分會會長

修 訂 版 序

....

　　本書完成後的這些年來，我學到了很多。現在是時候將我領會的地方，整合為增補修訂的第二版。有些段落是學生向我反應需要釐清，有些是遺漏卻滿實用的主題可含括在內，另外還有些主題的篇幅應該再長一些；而有些內容我寫錯了必得糾正。

　　與其為了合併更正處及補充說明而重寫這本書，我認為最好保持原文不變，另外單獨更新這些內容。原因有二，第一，這本書的英文版以及各種譯本，已廣泛作為教材使用。學生可以很容易找到他們老師所指出的段落，這部分的考量很重要。為此，頁邊的空白處提供了初版的頁碼[1]。第二，一般來說，比起默默地把錯誤觀點，當作偏離黨路線的史達林主義政治人物來掩蓋抹殺，我們將其一一提出並加以討論更具有教育意義。把理解的成長過程攤開來不是壞事，這顯示了知識並不是一些什麼垂手可得、完全適合我們的成品，而是投入時間和努力的硬幣，一次一點地慢慢買進備齊。

　　既然如此，我必定很快就會發現這次新版本中需要增補修訂的內容。當我又進一步修訂時，後續這類更正訊息將公開在我的網站上。就像任何比乘法表更複雜的學科一樣，占星學總是有更多可以學習的地方，如此

令人雀躍不已！因為要是我們擁有知道一切的能力，那人生還會有什麼樂趣？

當你讀到這些補充和更正的內容時，你會看到我的方法已經變得愈來愈簡化。對於卜卦占星，事實上對於所有占星學的判斷而言，說真的，愈少總是愈好。我後來得知的方法都不是什麼複雜的奧祕奇招，而是事情原本就單純到這麼地簡單明瞭，以至於我與它們擦身而過。簡潔和經濟即是卜卦占星最核心的要義。

你還會注意到，我所發現的許多錯誤，都是過於崇敬我們傑出前輩們的著作所造成。我們與這些權威的關係必須進行一種質疑性的對話，而不是缺乏思考的服從。可惜的是，在傳統占星學的世界裡，總認為抬出某個權威就能結束任何討論的情況，屢見不鮮。這也往往成了一個起手式，暗示引證權威的人並不了解現在到底在討論什麼。有一句話我們確定可以引用，那就是尼古拉斯・庫爾佩珀（Nicholas Culpeper）明智的建議，我們要把大腦放在腦袋裡，而不是放在書裡，因為那是神為它們安排好的地方。〈卜卦占星實習課〉（Horary Practice）為本書的配套教學，曾於二〇〇五年出版的初版教科書中宣傳過，也會陸續跟進修訂。在此期間，我也想向那些熱衷學習的人推薦我的《賽事占星學》（Sports Astrology）。這本書共有四大章節，其中兩章專門討論卜卦占星，透過一連串的星盤判斷，一步步引導讀者探討問題。我的目的是回答學生通常沒辦法問書而想要找老師發問的所有一切問題。只要我有成功答覆到，不論讀者對運動賽事有沒有興趣，這就是一本有用的工具書。

這些新增內容已由福蒂尼・赫里斯托祖盧（Fotini Christodoulou）、安妮・柯荷莉（Anne Coralie）、嘉柏麗・鄧恩（Gabrielle Dunn）和凱瑟琳・

修訂版序　17

西爾韋斯特（Kathryn Silvestre）閱讀過並給予深入的回饋。其餘留下的錯誤及不當之處，全是我個人的責任。

　　書中新增的內容附在標記 ◆ 和 ◇ 之間。原文內部引用的文字已默默更動以對應新的頁碼。關於傳統和書籍的權威性問題，前面我簡單談了一下，這在我的網站有更詳細的論述：www.johnfrawley.com。

　　本修訂版的星盤使用伯納德・伯格鮑爾（Bernhard Bergbauer）所編寫的占星軟體 Mercurius 繪製。

---

1. 中譯注：本書為《卜卦占星教科書》於華文世界首次出版之中譯本，故無此標注。

作者序

　　我提筆寫下《卜卦占星教科書》的目的，是為卜卦占星學這門技術提供一本清晰而全面的指南。本書第一部分講授一般使用的技法。第二部分舉出最常見於尋求占星師判斷的所有問題，以及如何應用這些技法找答案。

　　由於可能問及的問題種類繁多，所以不可能為每一個問題都提供一個解決方法。假如有一天你想知道生命的織錦到底有多豐富，那就準備讓自己成為一位卜卦占星師吧！每當我認為自己已經聽清楚一切的來龍去脈時，可以肯定的是一些什麼更離奇的狀況，就等著話鋒一轉蹦出來。不過仔細研究本書所提供的方法，可以讓你對任何本書未收錄的狀況做出正確的判斷。

　　本書的配套教學〈卜卦占星實習課〉定於二〇〇五年秋季推出，提供一系列關於各類卜卦提問的星盤，適時引導學生一步步完成整個判斷過程——盡可能貼近站在一位占星大師身後觀摩他工作的體驗。這套內容將帶領準備好付出必要努力的讀者們，一路熟練掌握這門最有價值的技術。

致　謝

回想撰寫《卜卦占星教科書》的過程，我最感激的是占星大師威廉・里利（William Lilly），我的老師（*magister meo*），他的教導持續影響我的知識如此深遠。

每一位研習傳統占星的學子應當感謝奧利薇亞・巴克萊（Olivia Barclay），她是如此投入實踐里利的《基督教占星學》（*Christian Astrology*），使其重返占星學典籍原有的核心地位。我很幸運能與奧利薇亞一起研究占星學，也是她鼓勵我往這個領域寫作、演講及教學。

對我來說，教導他人時所學到的東西，甚至比我自己學來的還要多。從事教學並不是在教授一個科目，而是教導人，這是多麼真實的感受。正是這些年來為了讓前來學習的人都能夠理解吸收知識，我不斷重新建構自己的學問來滿足每一顆求知的腦袋，才使得本書無論什麼樣的優點都多少能夠兼備。我要向我的學生們表達謝意。一如既往地感謝維克多・勞德（Victor Laude）和黛絲碧娜・吉納科普盧（Despina Giannokopulou），假如沒有他們二位，這條路可能早就走到了盡頭。布蘭卡・斯塔門科維奇（Branka Stamenkovic）和蒂亞娜・馬林科維奇（Tijana Marinkovic）是最

棒的啦啦隊，每當任務看起來過於艱鉅時，他們的鼓勵都會讓我繼續前行。感謝布蘭卡，雅思敏・博蘭（Yasmin Bolland），妮娜・霍莉（Nina Holly），多洛莉絲・奎丁頓（Dolores Quiddington），理查德・雷德蒙（Richard Redmond），以及卡羅・威爾士（Carol Walsh）閱讀原稿並提供寶貴的建議和勘誤。留下的錯誤全是我個人的責任。

過去我曾多次遇到有人來問這個問題：「我能靠當卜卦占星師謀生嗎？」而它的答案通常是「不能」。這倒不是因為能力的關係，這些技法都可以學習，而是考量必須為此所做出的犧牲。就我而言，這些犧牲大部分是由我的妻子安娜（Anna）所付出，她一直堅定地陪伴在我身邊，在我建立事業的過程中從未放棄給予支持和理解。如果沒有如此偉大的她，我就不會有資格寫這本書。我對她的感謝，永不停歇。

符　號　說　明

....

符號	星座	主管星
♈	白羊座（Aries）	由火星（Mars）主管
♉	金牛座（Taurus）	由金星（Venus）主管
♊	雙子座（Gemini）	由水星（Mercury）主管
♋	巨蟹座（Cancer）	由月亮（Moon）主管
♌	獅子座（Leo）	由太陽（Sun）主管
♍	處女座（Virgo）	由水星（Mercury）主管
♎	天秤座（Libra）	由金星（Venus）主管
♏	天蠍座（Scorpio）	由火星（Mars）主管
♐	射手座（Sagittarius）	由木星（Jupiter）主管
♑	摩羯座（Capricorn）	由土星（Saturn）主管
♒	水瓶座（Aquarius）	由土星（Saturn）主管
♓	雙魚座（Pisces）	由木星（Jupiter）主管

♄	土星（Saturn）
♃	木星（Jupiter）
♂	火星（Mars）
☉	太陽（Sun）

♀	金星（Venus）	
☿	水星（Mercury）	
☽	月亮（Moon）	
☊	月亮的北交點（North Node）	
☋	月亮的南交點（South Node）	
⊗	幸運點（Part of Fortune ╱ Fortuna）	
☌	合相（Conjunction）	同一度數，同一星座
☍	對分相（Opposition）	同一度數，正對面星座
△	三分相（Trine）－ 120 度	同一度數，相隔四個星座
□	四分相（Square）－ 90 度	同一度數，相隔三個星座
✶	六分相（Sextile）－ 60 度	同一度數，相隔二個星座
℞	逆行（Retrograde）	行星呈現向後退的狀態

PART ONE

第一部分

奠定傳統卜卦占星學的基礎知識，以邏輯與實務驗證，
逐一澄清並推翻無效的傳統說法。

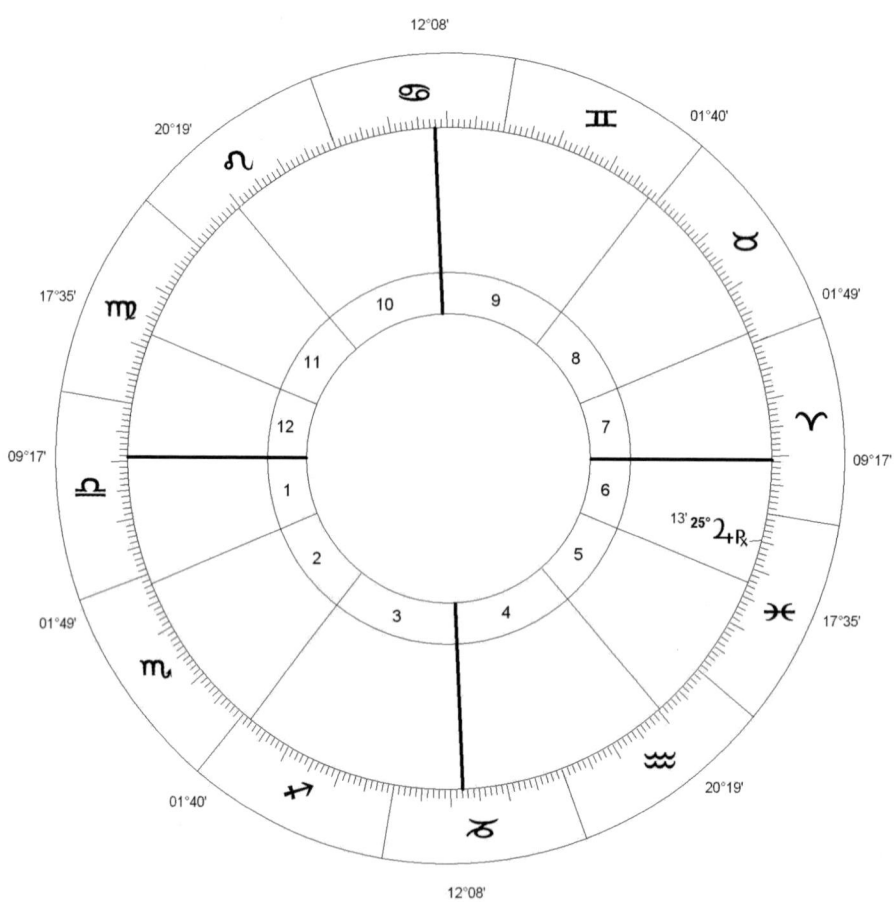

〈這隻貓在哪裡？〉英國夏令時間（BST）1998年8月30日9:20 am，倫敦。

第 一 章

卜卦占星導論

卜卦占星是一門問什麼就答什麼的技術,特地起一張問卜時間的占星盤,為該問題解答。這方法快速,單純,又有效,提供具體可驗證的答案。

「有多快?有多簡單?」

我來舉個例子。雖然你可能還聽不懂許多我用到的專業術語,但判斷原則應該很明確。隔壁鄰居的貓老是來我家串門子,當牠一連幾天都沒有出現時,我很擔心牠的安全,所以問了個問題:「這隻貓在哪裡?」我根據提出這個問題的時間及地點起了一張星盤,就印出來在這裡,我已經把判斷上不需要的東西全拿掉。

我的問題是關於一隻貓,貓是小動物的一種,因此由星盤的六宮表示,那麼掌管六宮始點的星座主星,代表我提問的這隻貓。現在是雙魚座守護六宮始點,所以它的主星木星就代表了這隻貓。木星在哪裡?在六宮:貓

的房子；那麼貓在哪裡？在牠自己的宮位裡：在家裡。

目前貓的狀況還好嗎？木星是最大的吉星（benefic），位在自己的廟宮，因此擁有很多必然尊貴（essential dignity）。這隻貓就由這顆尊貴有力的大吉星所代表，所以牠好得不得了。木星（這隻貓）位在水象星座（water sign），所以牠的棲身處可能有點濕；不過水象星座也顯示感覺舒適的地方。考量動物的天性，加上牠顯然對自己待的地方很滿意（尊貴有力的大吉星），一定更有可能是牠自己選的地方，所以牠大概正窩在某個沙發或床上。

牠會回來嗎？木星在逆行：它正回到之前去過的地方；所以是的，牠會回來的。

這張星盤已經為我的問題給出了一個具體可驗證的答案。只用一顆行星就辦到！卜卦占星好快，卜卦占星好簡單。

我們可以透過預測這隻貓回來的時間點，取得更完整的答案。為了做到這一點，貓的徵象星（significator）[2] 必須和代表我或是代表我家的一些什麼之間有所接觸。由於木星在這星盤中沒有這種接觸，因此我們必須引入第二顆行星。月亮是遺失物的自然徵象星（natural ruler），尤其是有生命的東西。

提出問題的人由上升星座及上升主星表示，月亮入相位和上升點六分相。如同六宮可以直取字面意思說是貓的房子，那麼一宮也就是我的房子。此時月亮必須再前進整整1度，才能完成這個相位。所以這隻貓差不多會在1個時間單位內返回，而月亮它形成該相位時的所在星座和宮位，

第一章　卜卦占星導論　　27

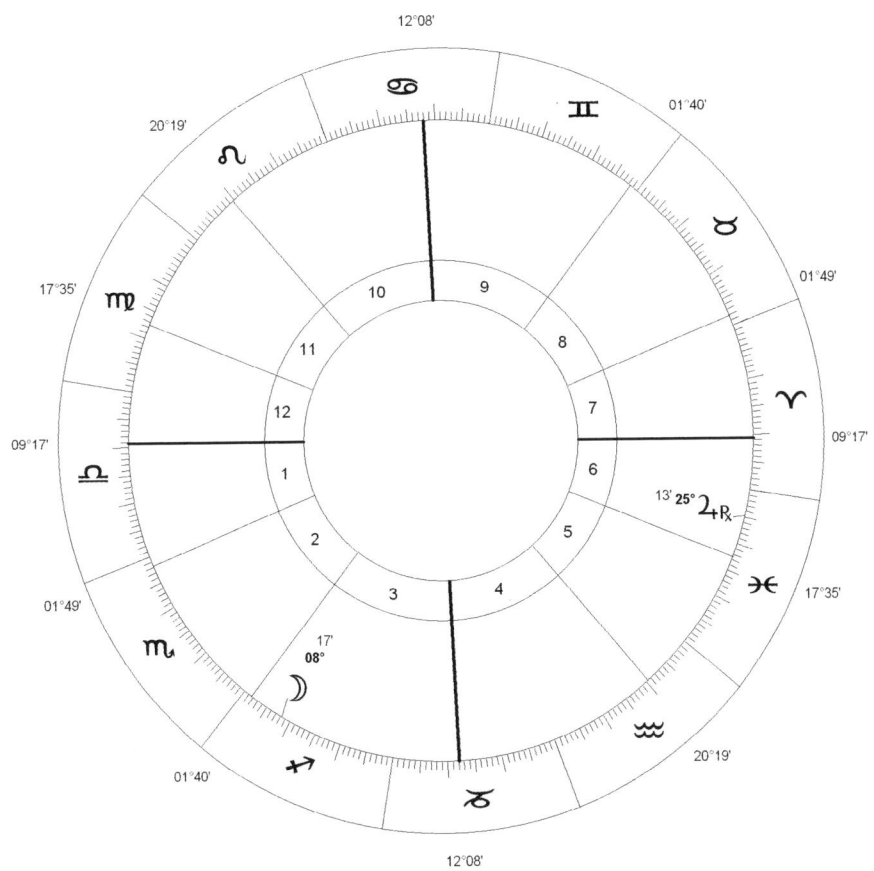

〈這隻貓在哪裡?〉英國夏令時間 1998 年 8 月 30 日 9:20 am，倫敦。

---

2. 中譯注：代表該人事物在卜卦盤中指示相關徵象的行星，又譯為「象徵星」。

會告訴我們這是哪一個時間單位。由於月亮位在變動星座（mutable sign）和果宮（cadent house），這個時間單位必定是一天。所以，貓會在起盤後二十四小時左右回來。結果也確實如此。

即使現在，我們只有兩顆行星在星盤上，但得到了一個清晰的、有時間點的準確預測。卜卦占星真單純。

你應該料想得到，不是每張星盤都像這例子一樣簡單；但有很多就是了。只要具備卜卦占星的知識並練習，大部分的卜卦盤可以一眼就下判斷。卜卦占星是十七世紀大多數占星師主要使用的技法，相關紀錄顯示，一場卜卦占星諮詢大約需要十五分鐘[3]。這段時間包括：一般的社交問候；客戶解釋他想要知道的是什麼，還交待了任何相關的──或更多通常是無關緊要的──詳情細節；再討價還價一下；等候占星師把當日上工所起的星盤，調整到提出問題的那一刻；占星師開始解盤並告訴客戶他的判斷；如果答案不從人願，客戶的反應多半不信「哼！你又知道什麼」；占星師再次看了看盤並回應「我知道你左大腿上有一塊紅色的大胎記」說服送客。上述這些都在十五分鐘內完成。即使是最複雜的卜卦盤，也不會用到任何祕傳或高深的招數，而是重覆使用一些簡單的做法來進行判斷。

卜卦占星不只是因為速效和省力而成為占星實踐的主流：對於大多數的詢問來說，它從過去到現在都是最適合的工具。不論是什麼樣的情境，只要客戶想知道其中具體的狀況，就使用卜卦占星。比起鑽研誕生星盤（birthchart），從卜卦盤更能夠又快又可靠地找到大多數的答案。許多問題根本沒辦法透過誕生星盤來解答，無論對它調查得多久多仔細，或是占星師有多熟練，本命盤不會顯示你計畫烤肉的那天會不會下雨，該不該賣出美元然後買入白銀，心上人對你的真正想法是什麼──又或者這隻貓可

能在哪裡。然而，正是諸如此類的問題交織在一起，才組成了我們生活的樣貌。

大多數來找占星師諮詢的人，心中都有一個特定的問題。可想而知，特地看一張關於這個問題的星盤，而且只看這問題，當然比試圖從誕生星盤挑出這問題的骨架要單純得多；誕生星盤顯示的可是糾纏一輩子的人生議題。

傳統上，卜卦占星被視為是學生研習占星學的入門。其中一個原因是它比其他占星學門單純得多，像是本命占星學（natal astrology）或世運占星學（mundane astrology）。因此，學生可以相對容易掌握並建構大部分的占星技法，進一步上手運用在其他占星學門。這就像初學樂器時要先熟練音階，同樣都是進階到運用自如時不可或缺的前奏。然而，不同於音階練習的過程，卜卦占星可是立即就能演練上場。

◎「卜卦占星只能做預測嗎？」

絕對不只。卜卦占星最為人知的能力是提供準確的預測，也可以用來調查過去（「建築工人偷了我的戒指嗎？」）；但是，它最有意思的用途是分析情況。比起詢問預測性的「我是不是快離婚了？」不如改問分析性的「我的婚姻出了什麼問題？我該怎麼做？」還比較有價值，這卜卦占星也可以辦到。

---

3. Keith Thomas, *Religion and the Decline of Magic*, London, 1971. Rep. London, 1991, p. 364.

◎ 威廉・里利與第一原理

偉大的卜卦占星大師威廉・里利（William Lilly）是生活在西元一六〇二至一六八一年的英國占星家。他於一六四七年出版的《基督教占星學》（*Christian Astrology*）是現今仍將持續傳承下去的標準教科書[4]，並對你手上的這本書有深厚的影響。本書除了使用現代英語寫給現代讀者之外，最大的不同之處在於更強調第一原理（first principles）。第一原理愈清楚明確，就愈能免去依賴一長串的「次要證詞」（minor testimonies）；而這些通常根據經驗的證詞，反倒是里利著作的最大特點。

次要證詞不是拿來做判斷的料，而且通常可以忽略。試想：如果我們問「那場足球賽誰贏了？」我們關注的只有哪一隊進的球最多，這才是主要證詞。而誰的控球率比較高、誰的角球比較多、誰的球員表現震驚全場：這些都只是次要證詞，不會直接影響比賽結果。在這裡我想說明的卜卦占星方法，就是強調進球數。這是其中一個例子，示範了「法則中的法則」：單純至上！

想必前來閱讀並重新認識卜卦占星的諸位，會諒解書中我對里利的觀點加以討論、釐清，或反駁，尤其是熟悉里利作品的讀者們，更請務必見諒。

◎ 緒言

首先，牢牢記住卡當諾（Jerome Cardan）這句話：

「過於自負者判斷時易犯下諸多錯誤；但從另一個角度來看，太缺乏自信者也不適合這門學問。」[5]

做學問需要虛懷若谷，你無法憑一己之力重塑占星學。你可能會發現本書的內容，有很多與你過去所學還奉為圭臬的觀念相左。與其把這些想法強加在我所教導的內容上，不如暫時擱置。先試試這裡的方法，直到你看見它奏效。

做研究也需要點勇氣。卜卦占星讓我們能夠得出明確詳細的答案；但我們搞錯時，就沒什麼模糊地帶可糊弄。我們解盤，給出答案，驗證自己的對錯——有時結果還來得很快。這裡所教的法則就是你判斷的靠山。沒有占星師從不出錯，但是遵循這些法則，會幫助你穩健地逐步提高判斷的可靠度。

對占星學有些了解的讀者，可能會想要跳過前面的章節。別跳過！在教學過程中，我發現即使是那些取得最知名占星院校認證的學生，他們的基礎知識也常有令人訝異的漏洞。把這些弄清楚非常重要，如果你不了解這些占星學的基石，那麼用它們來建構的東西也都不可靠。

本書是拿來用的工具書，不是一次讀到底的那種。每頁四邊都留了足夠的空間可以做筆記，把案例挑出來，直到你真的確定自己完全理解我為什麼會這樣解盤。不斷問自己：「他為什麼說這個？」和「他為什麼不考

---

4. 此書最佳的現代版本為位於美國馬里蘭州阿賓登（Abingdon）的美國占星學中心（The Astrology Center of America）於2004年出版的〈占星學經典系列〉（Astrology Classics）。《基督教占星學》以下注釋簡稱 *Lilly*。

5. 出自古德·波那提（Guido Bonatus）的著作：Guido Bonatus, *The Astrologer's Guide*, London, 1676; Cardan section, aphorism 2。以下注釋簡稱 *Bonatus*。

量那個?」練習、練習、再練習,開始自己問卜解盤。雖說卜卦占星上手後最好少用,不過就學習階段,你倒是可以問遍腦子裡浮現的每件小事,像是通常不會想花時間關心的問題:「郵差什麼時候來?」、「我媽今天會打給我嗎?」這些都是磨練的好機會。要回頭驗證你的判斷,如果錯了,就一步步拆解星盤直到你明白原因為止。

永遠強迫自己做出判斷並記錄下來。把星盤歸檔,一旦得知結果後再檢視一次。在解答自己的提問時,很容易草草了事而給出模稜兩可的判斷;也很容易一看不懂就直接放棄,這樣你什麼都學不到。無論你變得多麼專業老練,卜卦占星會不斷要求你突破思考那些你自認為已經知道的東西。占星師就像是一位運動員,要先超越才能邁向卓越,不斷鞭策自己拓展知識,你將會驚嘆於自我的成就。請記住,即使是威廉‧里利,也會謙稱自己是占星學的「學生」。

你不需要先有問題才能判斷卜卦盤。任意拿一張星盤,看要用你自己的還是書上的,給它假設各種新問題,並把其中一些問題關注在「我」以外的其他人身上(例如「我哥哥的婚姻還有救嗎?」、「我的老闆要接那份新工作嗎?」、「我的狗什麼時候能找到女友?」)。只是不要把這些假問題的判斷當真就好!這是絕佳的練習:你正在學習一門語言,不常常試著開口就不會說得好。

在你起卜卦盤之前,先問問自己預期在星盤中看到什麼?以及問題的情境將如何顯示?你通常會猜錯,但常常做這樣子的練習,會逐漸使你的思考邏輯和星盤的運作模式保持一致。

判斷卜卦盤時,我發現最簡單的說話方式對思考很有幫助,就像這裡

示範的例子。「他是好人還是壞人？」、「很好，沒感覺，還是討厭？」有時這聽起來可能像牙牙學語的第一課，但這樣做能防止你陷入抽象的概念。星盤會引導你進入所需要的一切複雜性，讓每一個步驟盡量保持單純，走到最後，你就能理解其中的複雜性。務必腳踏實地確實執行。

最重要的是，不要因為判斷錯誤就自責不已。最好的足球員也會射失十二碼罰球（penalty kick），但這意思不是他立刻就變成一位最差的球員，也不是之後都不可能再罰球得分，更不是說足球毫無意義；所有這一切都只表示他錯過了那一腳。

◇ 最重要的是，牢記星盤並不抽象，它反映了這個世界的情況，就像鏡子反射出你的外表一樣。你從星盤中解讀到的東西，必須符合這個世界的條件才有意義；如果沒有，那你解讀的內容就是錯的。我總是在不斷地提醒學生關於現實情境的常識，例如代表小孩的行星和代表丈夫的行星連結在一起，並不能給出懷孕，因為丈夫不會懷孕。頭往星空望，但拜託，腳要牢牢站在地上。◇

第二章

入門

提問的人即「**問卜者**」（the querent）。

問卜者詢問的人事物為「**問卜對象**」（the quesited）。

卜卦盤以占星師理解問題的那一刻起盤。在過去，占星師受理問卜時通常會和客戶坐在一起，但今日，客戶提問時往往帶上時間和空間的差距：透過電子郵件、電話、郵寄，或語音留言。所以起盤的時間，是使用占星師看見或聽見問題的那一刻，而不是客戶發問的時間點。

假設我回家時，發現門墊上放了一封問卜的信件，我拾起它，幫自己煮杯咖啡，然後再坐下來看信。我會使用打開信件閱讀的時間點起盤：不是把信從門墊上拿起來的時間，也不是提問者在信中注明她寫下問題的時間。

◆　你不需要一收到提問，就覺得要放掉手上所有的事，如果商店門關了，那就是打烊了。如果你收到問卜的信件或電子郵件時，手上正忙著其他事，也不需要馬上看信；不過，要是你決定看信，那就應該用看信的時間點起盤。◆

假如問卜者是打電話來提問，就以提出問題的那一刻起盤。這聽起來很簡單，通常也是如此；不過有些問題在真正被問出來之前，得繞上許多圈子。問卜者常會猶豫地說：「我想問的是⋯⋯但我不確定這樣對不對⋯⋯還是我應該問那個好了⋯⋯」這部分可能就比整個十七世紀典型的卜卦諮詢還費時。因此，起盤所要選擇的時間點，是問卜者最後把問題講清楚的當下，而不是一開始對話的時候。這就好像冥冥之中問卜者抓到了提問的正確時機：那一刻的星盤，就會對該問題提供正確的解答。這種感應，經常可以在追溯過去事件的卜卦案例得到驗證；而這些已驗證的事件，不會顯現在對話一開始就設置的星盤中。

如果問卜者已經提出問題，但你在理解議題核心前花了點時間弄清楚，那就以你釐清的時間點作為該問題的起盤時間；如果你覺得自己對問題的理解很合理，只是做判斷時意識到這樣理解有些漏洞，堅持以你原本認為自己理解它的時間點作為該星盤的起盤時間。

當你對最初的提問進行解盤，而問卜者進一步提出其他相關問題時，請使用同一張星盤判斷。例如，最初的問題可能是：「我什麼時候會遇到結婚對象？」在你給出判斷後，問卜者可能接著問：「他跟我的女兒處得來嗎？」這可以繼續用同一張星盤來解題；要是問卜者追加：「那我什麼時候可以找到好工作？」這樣是新的問題，需要一張新的星盤來回答。

◆ 對於「理解問題」的這個想法不必太過謹慎，只要大致抓到問題的方向就夠了，理解上的落差要非常大，才會讓我們需要在終於聽懂問題的時間點再重新設置星盤。假設她的問題是：「我和吉姆（Jim）有未來嗎？」但後來我們意識到她說的「吉姆」其實是指「日本帝國汽車經銷商」（Japanese Imperial Motors, JIM）的簡稱，她要問的是工作，而不是愛情，我們就會用上這個意識到的時間點。但如果她詢問吉姆的事情，然後我們發現，比如說她已經和弗雷德結婚了，那我們使用原來的時間點就好。畢竟，我們如果對整個情況瞭若指掌，就不需要這張星盤了。◆

如果你是判斷自己的問題，起盤的時間點即是你決定用卜卦盤找答案的時間。這狀況等同於選擇問卜者提出問題的時間點。不要試圖追溯這個問題何時在你腦中萌芽：我們使用的時間點是問題成形的那瞬間，而不是思考的那時候。你使用的時間點，可能是你坐在電腦前起盤的時間，也可能不是；如果你半夜醒來決定要提問，記下這個時間點並且使用它。

 這個時間點，就像是你這問卜者向你這占星師開口的那一刻。◆

的確，有一種可能是，占星師做久了隨時都知道行星的位置，可以仔細挑選時間讓行星正排列成自己想要的答案；的確，也有一種可能是，占星師大概蠢到底了才會相信這種星盤排出來的判斷。但是，我們必須讓作為占星師的自己有點自知之明，同時體認這片星空是最微妙的機制：試著選擇那種好時機「自然地」提出你的問題，你會不斷地發現它們比你聰明得多。判斷自己問卜最困難的地方，並不是選擇起盤的時間點，而是先把個人偏見擱置一旁。

占星師的地點，即是卜卦起盤的地點。在過去，占星師和問卜者通常

待在同一房間；但如今，他們往往是分隔兩地。就像我們選擇理解問題的時間點一樣，也必須選擇理解這個問題的地點：占星師的位置。根據傳統哲理，問題還沒傳到能回答它的那人耳裡，都不算是真正存在。在那之前，什麼問題都沒有。

用電腦起盤！ 有一些喜歡吃苦當吃補的人，覺得手繪星盤是種美德；沒必要自討苦吃。現代的情況和過去完全不同，那時候的占星師會有問卜者排隊等解盤，所以他可以在上午開業時起一張星盤，然後一整天就拿它按照提問的時間做調整。如果你堅持手工繪製星盤，不大可能產出足以熟練技法的星盤數量。

對於沒辦法使用電腦的讀者，〈附錄1〉示範了如何親手計算星盤，並免去一般會加入的多餘步驟。這方法簡化流程，盡可能讓人計算快速不痛苦。

「我需要用特殊的卜卦占星軟體嗎？」不需要！大多數高級占星軟體都會內建專門的「卜卦占星頁面」，這些訊息多到只會讓學生眼花撩亂，而且絕大部分的內容與手上的問題無關，頁面的呈現方式還會誤導經驗不足的新手。我勸你不要使用這些頁面，只用占星軟體中最單純的星盤格式，清單、表格和其他工具都不要。跟著本書講授的方法，你將很快學會精準鎖定卜卦盤的必要資訊，之後再切入盤中查找這些就好。比起你在用不上的資訊中大海撈針，這樣更快更單純。

◆ 我發現我的學生們對這個建議不大領情──這心態對他們的學習一點好處也沒有。卜卦占星最核心的要義是致力於簡潔、合乎經濟，你搞得愈雜亂，就愈有可能犯錯。◆

不需要使用昂貴的占星軟體，你想要從 A 地到 B 地，沒有一定要開勞斯萊斯才會到的道理，網路上免費的占星軟體就綽綽有餘[6]。

◎ 判斷前的準備

我堅信，作為占星師的我們無論技法再怎麼高超熟練，正確的判斷都有賴於上天的恩典。即使我們腦海中全是必要的知識要素，也無法強求它們按應有的方式連結在一起：這是恩典的賜予。因此，我強烈建議，著手解盤前先做恩典祈禱。

就算沒有祈禱的習慣，也可以做些醒腦的事，哪怕洗個手或是靜靜地坐個幾分鐘都好，澄淨你的心靈。在你作為占星師應當解讀星盤的時候，總是太容易讀到自己的思緒；但卜卦占星的要義，就是為問題情境提供一個客觀中立的看法，你需要把自己的觀點和假設放在一邊，並對眼前的問題保持開放的態度。例如，我發現自己經常在聽到問題後當下的反應是「別傻了！」但星盤呈現的就是問卜者剛說的情況，不論在我看來多麼奇怪，全都是真的。千萬要記住，那是你不知道，真正知道的是占星學。

你會發現有些星盤，比如先前關於貓的這個例子，非常直截了當；但也有許多星盤不是這樣。有時候星盤會不清不楚，是因為占星師知識不足，或是從錯誤的角度切入解讀所造成；有時候星盤的不明不白，原因是問題情境的模稜兩可，大多數為矛盾、沒有明確答案的情況。舉一個簡單的例子，有個很常見的問題被這樣或那樣地問到「他是我的真命天子嗎？」明確的回答可能像：「是——他是你的靈魂伴侶！」或「不是——他是個斧頭殺人魔！」但更常見的答案是：「嗯，他還不錯啦，你也許會遇到更糟的人，未來大概也沒什麼好機會了。」這也是答案。

在給出判斷前，先別糾結要有十分把握。有些星盤結果非常明確，有些則需要你從中梳理答案。想要一一確定這些到萬無一失，你大概得耗上一輩子；但要是你已經徹底吸收了基本法則，那你對這類星盤的判斷就會是可靠的，無論過程摸索得多麼小心徬徨。我發現，正是這種像在高空走鋼索步步留心的解盤方式，使我的判斷結果最廣獲客戶讚許，為這些難纏到無計可施的問題，成功地指出一條明路。

有個普遍的迷思是，我們下判斷之前，必得在星盤中找足三個證詞。這規定毫無根據，都是那些害怕做出判斷的人在倡導。如果我們手上只有半個證詞，那就是僅有的著力點，我們必須以此為據下判斷。畢竟，擁有三個明確證詞的卜卦盤實在很少見。回到足球賽的比喻，我們可以六比〇大勝，也可以在比賽最後一分鐘，靠踢進有爭議的一球險勝：結果都是我們贏。

◎ 工作表

我建議你複製這份〈卜卦占星工作表〉，並在每次判斷卜卦盤時使用它。這張表有助於確保你記上判斷時所需的資訊，同時逐漸訓練你確切識別必要資訊的眼力。

「這和你剛剛才說過不要用的軟體內建頁面，不是一樣的嗎？」不，不一樣。那些標榜省力的頁面，基本上是浪費時間的東西，而這張工作表，

---

6. www.astrolog.org提供PC和MAC版本的免費軟體，或是你可以在www.astro.com設置星盤並列印出來。

是別具教育性的工具。如果要填好這張工作表，你需要查看星盤，而且還要看得深入一些。儘管你在工作表填入的資訊，跟卜卦占星頁面提供的資訊，大部分是一樣的；但比起研究占星軟體已備好的清單，光是自己從星盤中挑出資訊這一步，就能學到更多軟體無法教你的事。隨著你逐漸熟悉卜卦占星的流程，需要填入工作表的資訊也會愈來愈少，再過一陣子，你就能完全脫離表格；但不要操之過急。

你可能還不了解這張工作表中的某些術語：將會在後續章節解釋它們。
禱詞：用於提醒自己現在要做的是什麼事。
問卜者與問題：填入問卜者的姓名和所提出的問題。
時間，日期，地點：填入用來設置星盤的資訊。
問卜者與問卜對象的行星：分別填入問卜者和問題中提及到的所有徵象星，視情況有時一顆以上。
月亮：月亮最近期發生的相位，以及下一個入相位。
尊貴：填入每顆行星所在星座之廟宮主星的符號，再陸續標示該星座的旺宮、三分性等主星，以此類推。舉例來說：如果太陽位在日間盤的白羊座3度，那太陽這一欄依序是：

♂ ☉ ☉ ♃ ♂ ♀ ♄

也許你會考慮特別標示出行星是否位在自己的尊貴或無力。

備註：填入任何關於行星的關鍵資訊，例如是否焦傷（combust），逆行，或停滯（station）。
恆星：以1度為範圍，列出所有與主要徵象星合相，或是位在問題相關宮位之宮始點的重大恆星。對於軒轅十四（Regulus）、角宿一（Spica）

卜卦占星工作表
為了神的榮耀

問卜者：

問題：

時間，日期，地點：

問卜者的徵象星：　　　　　　　問卜對象的徵象星：

☽ 從：　　　　　　　　☽ 到：

	廟	旺	三分性	界	外觀	陷	弱	備註
☉								
☽								
☿								
♀								
♂								
♃								
♄								
⊗								

恆星：　　　　　　　映點：　　　　　　　主要的容納：

和大陵五（Caput Algol）這三顆恆星，可以多放寬幾度。

映點：列出所有其映點（antiscion）落在主要徵象星上的行星，或是任何與問題相關宮始點（約 1 度內）互為映點的行星。

容納：列出行星間所有主要的互容（mutual reception）。容納（reception）就有效應，不一定要互容才有意義；不過，有力的互容會有其獨特的意義。所謂的「有力」，我指的是透過廟宮、旺宮或三分性的容納。別忘了還有負面的互容（透過陷宮或弱宮的容納）：這也可能相當重要。

黃金法則

保持單純

無論星盤有多複雜，都不要驚慌失措。不斷反覆問自己關於行星的相位、尊貴及容納這些同樣單純的問題，你就能得到答案。

要忍住咒罵星盤不合作的衝動，然後別老想著只要用了這個或那個新技法——也許是小相位（minor aspect），或是一、兩顆小行星（asteroid）就會揭曉答案。如果覺得沒答案，那是因為你還沒找到它。專注在星盤上，持續用這些同樣單純的方法進行評估，你很快就會找到解答。

這提到了黃金法則第二條：

星盤裡的某個地方一定有答案。

在你決定堅持不放棄之後，往往走沒幾步就會發現它了。

加以斟酌的藝術

這是里利經常使用的詞彙，意思是「用點常識」。

與問卜者對話

如果你不確定問題真正的意思,要問清楚;假如你還是不懂,那就再問一次。有些問卜者會問一些借物隱喻的曖昧問題:起盤之前,先確定你明白他說的話。

如果你發現星盤中某顆行星很重要,但你不知道它代表什麼,要向問卜者確認;假如你需要知道這問題還牽涉到哪位人物,就直接問吧!不然你很容易會遇到,例如判斷某個細節時,推測遺失物和問卜者的老公在一起,結果問卜者卻告訴你,她還沒有結婚。

犯錯是被允許的

當然,你要力求判斷準確,但從事卜卦占星為非常之事:就算沒辦法百發百中,也不要氣餒。我們能走好該走的每一步,就已經相當了不起了。

第 三 章

宮 位

威廉・里利說得很對,一旦學生學會起盤,接下來最重要的就是了解各宮位的含義[7]。世上所有的存在,都可以分配到星盤十二宮位之中的某一宮;如果我們為問卜者詢問的任何事錯看了宮位,那麼我們很可能就會為問卜者的問題找到錯誤的答案。因此,清楚地了解這些宮位至關重要。

星盤分為十二區塊。就定義上而言,這些分出來的區塊稱為「後天世俗宮位」(mundane houses / earthly houses),相對於稱為「先天黃道宮位」(celestial houses)的黃道十二星座。雖然現今習慣把先天黃道宮位統稱為「星座」(signs),但值得記住的是,星座也同樣是宮位。星盤上,「宮位」(house)一詞通常可以從它的字面意思理解,表示一個實際的房屋,不論先天黃道宮位(星座)或後天世俗宮位,都是如此。舊文本常把星座和宮位都一樣寫成「houses」,雖然這是正確的,但有時會讓人不易區分。我們來將星盤想成一塊蛋糕,有很多方法可以將它切成十二塊,從而成為星盤上的十二個宮位。我們用目測分切蛋糕嗎?還是按照蛋糕上的櫻桃數

量平均分配？或者根據要吃的人想吃多少來切塊，讓每個人都滿意？同樣地，也有很多種劃分星盤宮位的方法，這些方法就稱作「宮位系統」（house systems）。

本書星盤所採用的宮位系統是「芮吉歐蒙他拿斯宮位制」（Regiomontanus house system，簡稱芮氏宮位制）；我強烈建議你在卜卦占星使用這個宮位系統。它是里利所採用的系統，而且驗證有效。選擇芮氏宮位制的原因並不是「我比較喜歡我在這個宮位系統的誕生星盤，因為它會把我的金星放在這個宮位，而不是那個宮位」的這種主觀看法，而是我們可以根據這系統的宮始點位置，做出準確的預測；這是各系統之間的一個變量。

這並不意味著芮氏宮位制是適合所有占星學門的最佳系統：我在本命占星使用「普拉希德斯宮位制」（Placidus house system），而芮氏宮位制則非常適用於卜卦占星。如果你用目視把天空劃分成相等的十二區塊，這就是芮氏宮位制。它是基於觀測者的所在地，把對天空的劃分完全轉換至地球上；而此人於此時提問的此地，正決定了星盤的現實情境。所以，芮氏宮位制用在卜卦占星上再適合不過了。

「可是為什麼星盤中的宮位大小不同？」不，它們都是一樣的。以你的房子為例，從各種標準來看，你的房子可能會跟別人的一樣：因為房子的建地面積一樣、因為房間的數量一樣、因為在房地產市場上的價格一樣。占星學的宮位也是如此：在許多不同的度量上，都是相等的。芮氏宮位制的每一個宮位都是30度，但這30度是赤經（Right Ascension），而不是黃

---

7. *Lilly,* introductory pages: To the Reader.

經（Celestial Longitude）的度數[8]。所以，從黃經來測量每個宮始點的度數（例如金牛座 5 度、雙子座 12 度等等）時，就會使每個宮位「看起來」大小不一──就像我房子的樓地板面積，可能跟你的房子不一樣，但我們可能有相同的房間數量。

研習古老文獻的占星師之間有個狀況，流行用「整星座宮位制」（whole sign houses，簡稱整宮制）練習卜卦占星，這在哲理上令人存疑，還失去了靈敏度。使用芮氏宮位制：它有效，而且非常有效。

赤經和黃經二者的不同意味著，以芮氏宮位制繪製的星盤，常見到一個星座守護一個以上的宮位，使得有些星座完全被包含在一個宮位內，而無法守護任何宮始點，這種狀況稱為「劫奪」（incepted / intercepted）。翻到第 152 頁的星盤案例，可以看到白羊座和雙魚座被劫奪在十二宮；天秤座和處女座被劫奪在六宮。劫奪星座，或是任何位在劫奪星座的行星，並沒有什麼重要意義，不過就是這個星座剛好沒有守護到宮始點──僅此而已[9]。

◆ 拜託，請讓我很大聲地重複這一點：劫奪星座或是位在劫奪星座的行星，沒有特別的意義！位在劫奪星座的行星，沒有被孤立，沒有無法運作，也沒有因為比其他人更敏感而被誤解；它只是剛好位在一個沒有宮始點落入的星座裡，就這樣罷了。

劫奪星座的主星，也不會和劫奪星座所在宮位的宮主星，共同享有這個宮位的主管權，沒有共同宮主星（co-ruler of a house）這種東西。◆

使用芮氏宮位制（或普拉希德斯宮位制）時，位在宮始點前 5 度左右

的行星，視為位在下一個宮位。例如：在第152頁的星盤上，月亮位在巨蟹座26度，而五宮的宮始點在巨蟹座28度，月亮距離該宮始點5度內，所以月亮是位在五宮，而不是四宮。

這個5度的限制非常彈性：用你的常識判斷就好。如果在宮始點之前的那個宮位非常大，包含了一個甚至二個被劫奪的星座，我們可以放寬超過5度；反之，如果前面的宮位非常狹窄，比如說從這邊到那邊只有黃經20度左右，那麼這5度的限制就會相對嚴格。

特別注意：行星必須位在和下一個宮始點相同的星座，才能視為落入下一個宮位，不管它跟那個宮始點有多緊密。如果宮始點在金牛座5.59[10]，我們可以把位在金牛座0.01的行星視為位在該宮位；如果宮始點在金牛座0.20，而行星位在白羊座29.50就不會被視為位在該宮位。

可以把宮始點前的這塊區域當作房子的前院。也許你不在房子內，但人一站上前院便是進入這棟房子的產權——而且再怎麼看你都不在隔壁的房子裡面。這沒有什麼模糊不清的地帶：一顆行星不是位在這個宮位就是在另一個宮位內。

---

8. 赤經是沿著天球赤道的測量值，黃經是沿著黃道的測量值，二者都將天空劃分為360度。試想有兩條可以出城的高速公路，一條是正東向的公路，意味著在這條公路行駛30英里，你將抵達正東方的30英里外；另一條是向東偏北的公路，在這條公路上行駛30英里，你約略是向東移動了25英里，向北偏移了幾英里。但不論走哪條公路，你都開了30英里的距離，赤經和黃經二者關係的比喻大致是如此。
9. 在本命占星的解讀也是如此。
10. 中譯注：即5度59分，其中「.」的用途為區隔度和分數字的小黑點，非小數點；作者對此標示方式的說明參見頁211和213，其餘度數皆以此類推。

這個 5 度法則只適用於宮位，而不適用於星座。行星即使位在某星座的最後幾度，也不會認為是位在下一個星座。

在本書中，當我把一顆行星描述為位在宮始點「上」時，意指它正好位在宮始點前 1 度或 2 度內；當我說它位在宮始點「內」時，則是指行星緊接在宮始點後的幾度之內。

◆ 宮始點位在星座很前段或很後段度數的這件事，從來沒有任何意義。舉個例子，如果宮始點位在任何一個星座的 29.59，這並不意味著該宮位相關的情況即將改變，原因是宮始點不會移動，也從來沒有移動過。要是宮始點會移動，那就像坐在劇院裡見到舞臺上的陽臺正追著羅密歐奔跑。即使宮始點在星座的最後幾度，也不會意味著下一個星座的主星就能成為該宮位事項真正的徵象星。◆

宮位的含義

由於各宮位之間含括了我們世上的一切事物，不可能詳盡列舉一張宮位含義的清單，以下內容只列出每個宮位的重要主題。本書的第二部分，則將會討論各宮位的典型問題[11]。

如果你要把事物歸納到正確的宮位，就必定得先了解事物本身與功能二者之間的區別。事物的本身即物體，而功能可能會有所不同，例如：我的鋼琴是我的所有物，它可以被移動，因此是二宮事項。它與創造力和愉悅感的五宮無關，會扯上五宮是風馬牛不相及的假設：我會彈琴、演奏用的鋼琴、我喜歡彈鋼琴。我的鋼琴是我的動產，所以是二宮事項，就算我只是用它來擋住牆上的一塊水漬也一樣。

◎ 第一宮

這個宮位的主要作用是顯示問卜者，也顯示問卜者的身體；儘管在醫學相關的問題中，整張星盤都可以顯示身體，這時候一宮就指頭部。一宮顯示「我坐上的這艘船」：目前載著我的人事物，就像以身體是靈魂的載體來比喻。問卜者的名字。

一宮是「我」，也可以是「我們」。當配偶一方詢問一些兩人共有的計畫時，星盤上的一宮和七宮就可以分別顯示問卜者和他的另一半，也可以把這對配偶視為一宮：「我們」。這宮位也顯示問卜者所參與的大團體（「我們能得到這張合約嗎？」）或是問卜者所認同的群體（「我們──意指問卜者所支持的足球隊──週六的比賽會贏嗎？」）。

一宮顯示問卜者所在地點的概況。因此，假如我問：「我們會不會有個炎熱的夏季？」我看向一宮：此人所在之處的概況。

◎ 第二宮

這個宮位顯示問卜者可移動的財產。如果它無法被移動（例如你的房子或土地），或是有生命的東西，那就不可能真的完全被占有；假如那是屬於你的、無生命又可被移動的事物，就歸在這宮位裡。所以你的車子由二宮顯示：它是你的，而且可以被移動。它並不是三宮：記住事物本身與

---

11. 關於各宮位及所屬事項的討論，參閱我所寫的《實踐真正的占星學》，*The Real Astrology Applied,* Apprentice Books, London, 2002, p. 147. 以下此書簡稱為 *RA Applied*。

功能之間的區別。

二宮是問卜者任何形式的錢財：貨幣、銀行帳戶、股票和債券。也是問卜者的自尊、自我評價，而且還有對合作夥伴的重視程度：尊重或價值感，視為一種可轉讓的事物。

二宮是你最親密的顧問，就像《教父》(*The Godfather*)中的「家族軍師」(consigliere)：在你耳邊提供建議的人。你在決鬥中的副手，法庭上代表我方的律師和證人。你的律師只有在目前提問的這個案件中，才能算入二宮；否則，律師屬於九宮的學識淵博者。

二宮是喉嚨，以及任何通過喉嚨的東西，因此是食物，也就是維持住一宮的東西。

◆ 嘴巴和下巴應該視為二宮而不是一宮；同為喉嚨的一部分，進入和通往喉嚨的地方。頭部的其餘部位則屬於一宮。◆

◎ 第三宮

你的兄弟姊妹和同輩的親戚。你的日常行程，你處理生活圈中日常事務的路程。通常這些生活圈的路程會短於我們特意規劃的行程，所以這宮位通常稱為「短程旅行」。但是，如果我是走到巷口的宮廟參拜，雖然這路程很短，卻是屬於九宮的朝聖之旅。你的辦公室可能就在你常去的教堂隔壁，但是你上班通勤的路程屬三宮，而你前往教堂的路程則是九宮。

你用來處理日常事務所需要的知識：「3 Rs」[12]。你學習這些知識的小

學教育。你要發送的信件。你等著收到的信件,通常由九宮(七之三宮)顯示;你出於個人情感因素所保留的信件則視為財產,所以是二宮。傳聞和八卦。

三宮是九宮(問卜者的老師)的對宮,顯示問卜者的學生。

鄰居。有時候這是聖經意指的「我日常生活中遇到的所有人」,更多時候特指那些住在我家隔壁的人。

手臂,肩膀和雙手。

◆ 釐清要點:你等著收到的信件通常由七之三宮所顯示,是因為問卜者最常詢問的信件,往往由七宮人物(心上人,配偶,和我們有業務往來的人)寄出。他人的來信,會由此人身分的宮位起算的第三個宮位表示:假如是我的老闆或母親寄的信,十之三宮;如果是我的孩子來信,五之三宮。和信件一樣的,還有電子郵件、手機通訊,以及你在看這本書時「流行」的其他交流方式也是如此。

但書籍和網站並不是三宮事項。如果我想向某人傳送一個訊息,我不用寫一本書就可以辦得到。我寫的書詳見下文,是五宮:「我的寶貝孩子」。注意,這本書和我在書中究竟寫了什麼知識(九宮)二者是不同的。如果你的網站用在推廣個人業務,那是你的店面櫥窗:十宮;因此,你的業務獲利會是十之二宮,也就是十一宮。你在發布可愛小貓照片的網站是五宮:

---

12. 中譯注:閱讀(reading)、寫作(writing)、算術(arithmetic)。

娛樂。◇

◎ 第四宮

你的父親；一般泛指父母，祖先。不可移動的資產：房產和土地。你在西班牙的度假別墅仍然屬於四宮：這是你的房產剛好在海外，與九宮毫無關聯。你的果園以及果園中生長的一切——包括你客廳裡的那株盆栽。你的祖國（「異鄉外國」是九宮）。

四宮是「事件的結局」：情境發展的最後結果。這在關於審判的問題中可以顯示判決結果，以及詢問疾病時可以顯示預後狀況，除此之外通常可以忽略。如果在其他主題遇上證詞不分軒輊時，查看四宮及其主星可能值得一試；不過這是萬不得已的最後手段：必須先致力於從主要徵象星做出判斷。

四宮位在星盤的底部，它顯示礦產以及其他地下的事物，例如埋藏的寶藏。

胸部和肺部。

注意，四宮雖然位在星盤的底部，但它指的是北方，這與地圖慣用的方位不同：上升點是東方，下降點是西方，十宮是南方。四偏方的方位即是從這四正方的中間點得出。

四宮的宮始點，也稱為下中天（IC，*Imum Coeli*：天空的最低點）。

◆ 我標準放太寬了，即使我先前寫下四宮顯示「事件的結局」的概念，但請忽略這點，除非「事件的結局」在該情境中扮演了關鍵角色。這主要見於法庭案件中的判決，理所當然的，判決就是該事件的結局。我們會覺得這概念可以在其他問題派上用場，只不過是作為占星師指望有個B計畫，可以不用向客戶說一些他不想聽的消息：「你認為她好像喜歡你？你瘋了嗎！啊，但是，如果我們來看看這件事的結局……」無論接下來要講的備案是什麼，真相早已蕩然無存。

里利把城市歸入四宮，他效法波那提（Bonatti）假想問卜者正把城市圍住，因此，這座城市就被視作問卜者想要擁有的一處房產。城市可以由不同的宮位來顯示，怎麼決定就看問題的脈絡。通常情況會是一宮，問卜者的「所在之處」。如果我問「華沙（Warsaw）的天氣如何？」這城市就不屬於四宮，只單純表示我所居住的「這個地點」：一宮。假如我住郊區正在考慮搬到某座城市，那麼這城市會是七宮，視為我可能要去住的「那個地方」。◆

◎ 第五宮

愉悅，以及我們享樂的地方：如里利所說的「宴會、啤酒屋和小酒館」；劇院、派對、運動。

子女和懷孕。注意，孕婦不算：孕婦是一個剛好在懷孕的女人，因此她的宮位跟沒懷孕時一樣（例如我的姊姊是三宮、我的妻子是七宮等等）。這宮位是懷孕的宮位，也是性的宮位（性絕對不是八宮事項！）但是，無論問卜者和他性伴侶之間的感情有多薄弱，性伴侶是一個人，所以由七宮顯示，而不是五宮。即使問卜者結婚了，他的情婦仍然屬於七宮，而他對

情婦做的事是五宮；這又回到事物本身與功能之間的區別。雖然懷孕屬於五宮，但分娩本身是十二宮（「分娩期」）[13]。我寫的書或我畫的圖被視為「我的寶貝孩子」：五宮。

作為四之二宮，五宮具有重要的意義，是父親的錢及問卜者的房地產獲利。

各類使者與大使。

在身體上，包括心臟、肝臟、胃、身體的側面和背部。

◆ 這裡所說的使者，就含義而言是指可以替自己發言的人。例如一位大使，他可能會帶著一封信，但已概略知悉信件中的內容及相關事項，他的工作不是默默地轉交這封信，而是進行闡述、說服，甚至演示。郵差投遞信件但他不知道信中內容，所以他不是使者，是僕人（六宮）。從這個角度來看，那些把聖保羅（St Paul）的信件送到目的地教堂的人，即是這意義上的使者。◆

◎ 第六宮

這個宮位是世界加諸在我們身上的壞事，命運暴虐的毒箭[14]，其中最主要的是疾病。六宮代表各類醫院——因為醫院實際上就是疾病的房子。醫院並非由十二宮顯示：它是治療疾病的場所，不是囚禁壞人的地方。

無論是多不體面或低下的工作內容，六宮都跟問卜者的工作無關。它是問卜者的雇員和僕人，比如說幫他修理汽車的技師。因此，「我應該僱

用這名建築工人嗎？」就從六宮來判斷。

六宮是問卜者工作上的下屬。這是指那些為他工作的人，並不是他親自動手做的工作。當里利說問卜者的房客由六宮顯示時，他是假定二人為主僕關係，但這不是現代社會的情況：如果我把公寓租給某人，那我的房客是我的七宮，而不是我的六宮。

這宮位顯示的是小動物，傳統的判斷標準是體型比山羊小，或太小不能騎乘的動物，因此這是走失貓狗的宮位。是我們的叔伯姑姑和姨舅們（四宮起算的第三個宮位：父母的手足）；除非我們想要特指母親的手足，這時候阿姨和舅舅就會是十二宮。

六宮顯示下腹部、大小腸和結腸。

◎ 第七宮

七宮顯示問卜者的夥伴，從情感面到業務上的合作都算。配偶和戀人，無論這段關係有多短暫，或是問卜者有多少位感情對象。即使八字沒一撇，只是問卜者正在想（「凱莉會跟我約會嗎？」）或期待未知的伴侶（「我何時才能遇到我想結婚的女人？」），這個人就由七宮顯示。「前任」也是七宮。

---

13. 中譯注：原文confinement指因分娩而無法離開床或不能外出的限制，包括產後坐月子。
14. 中譯注：原文the slings and arrows of outrageous fortune出自英國文學莎士比亞的戲劇《哈姆雷特》（Hamlet）第三幕第一景，為主角哈姆雷特思考如何面對生命的痛苦與不公時的著名獨白，用以描述命運的殘酷與無情。

只有在醫學相關的提問中，七宮合作夥伴的概念會擴展至醫生，包括另類療法的執業者，以及占星師；而且這位醫生必須正在治療這疾病（因此他是患者恢復健康的夥伴），或是這名占星師正在判斷這張卜卦盤（問卜者得知真相的夥伴）。不然的話，醫生和占星師身為博學多聞者，屬於九宮。

重要提示：如果你正在判斷自己的提問，不會再另外得到七宮！你是問卜者，你的宮位就是一宮，而你沒辦法分身成為自己的夥伴。

更重要的提示：雖然理論上七宮確實顯示了正在解盤的占星師，但我從沒想過有必要向客戶解釋我在星盤中的角色。雖然有些現代學派的卜卦占星理論者會鼓勵這種互動，但我只見到自我膨脹的介入，沒有任何其他的意義。星盤是屬於問卜者的：別把你自己和你那雙沾滿泥巴的靴子踏進來！

夥伴也是和我們進行交易的人，買或賣的對象都算在內，儘管合作的時間很短暫。「我的房子賣得掉嗎？」這類問題的重點不是房子，而是潛在買家、我未來的交易對象：七宮。

還有一類我們會頻繁交流的人，那就是公開的敵人：七宮。我參加國際西洋棋比賽的對手、訴訟中的另一方、求職的競爭者、我支持的球隊的對手：全是七宮。小偷被視為公開的敵人。

七宮表示對我們而言最重要的人；也顯示那些最不重要的人。它是「隨便一人」（any old person）的宮位：所有無法歸入其他宮位裡的人。因此，「那個超級電影明星會被定罪嗎？」或是「那個失蹤的人會回家嗎？」都

是七宮。將這概念與交易對象加以結合，七宮則表示社會大眾、顧客、委託人。如果你是一位執業占星師，那麼你的客戶就是七宮。

在身體上，七宮是生殖系統和骨盆。

◎ 第八宮

八宮是死亡的宮位，卜卦占星中更明白地指出這件事：死去，這裡並沒有什麼隱喻之意。然而，八宮更常指他人的錢財，因為是七宮起算的第二個宮位。所謂的他人，包含問卜者進行交易的對象（「他會付錢給我嗎？」）、配偶（「他真的像他說的那麼有錢嗎？」）或敵人（「我這次下注能贏莊家的錢嗎？」）等等。

如同二宮表示問卜者的自我價值感，八宮則是伴侶的價值感，這個宮位幾乎像是另一實體被看待。假如感情問題中，問卜者對八宮主星（主管第八宮的行星）明顯感興趣，通常表示希望得到對方的重視，而不是看上了他的錢財。

只有在最一般的層面（「會有一筆錢給我嗎？」），八宮才是遺囑和遺產；一旦問題和繼承有關（「我會得到某某人的錢嗎？」），要查看亡者的二宮。

里利提到，八宮「象徵心中的恐懼和痛苦」[15]。他的意思是，如果問

---

15. *Lilly*, p. 54.

卜者的徵象星位在八宮，卻沒什麼理由出現在這裡（例如問題關於死亡或配偶財產等），就表示問卜者對這問題感到痛苦不堪。恐懼本身作為事物而言（「我可以克服幽閉恐懼症嗎？」）是十二宮事項。

在身體上，八宮是排泄器官[16]。

八宮與性無關，完全無關。性屬於五宮。

◆ 里利提到遺囑和遺產屬於八宮，但這個說法有誤導之嫌[17]。他的出發點是指一般性的提問，例如「我會發財嗎？怎麼發大財的？」有顆吉星位在八宮可能顯示因死亡而受益；可想而知，死亡帶來的最大好處就是遺產。不過嚴格來說，遺產是亡者的錢：從八宮起算的第二個宮位，而不是八宮本身。實務上，遺產總是跟特定的人有關，所以來自那個人的宮位起算第二宮，無論他是死是活。因此，我可能從父親那裡繼承的財產，是四宮起算的第二個宮位。簡單來說，把遺囑視為純文件（「遺囑放在哪裡？」），即是財產的一種：二宮。◆

◎ 第九宮

九宮表示特殊的旅程。它是神、宗教和一切精神事物的宮位，包括我們的朝聖之旅，以及通往神聖的路途。由於我們的特殊旅行往往比日常行程（三宮）還要長，因此九宮也涵蓋大多數的長途旅行。但是，區分一場旅行所屬宮位的重點，是基於旅行的目的而不是旅程長短。如果我每週兩次從倫敦通勤到紐約，這算是例行旅程（三宮）；但如果我隨後前往離家二十英里的水療中心度過週末假期，那算是一次特殊的旅行（九宮）。所有的假日[18]和異國外地，都屬於九宮。

九宮是較高深的知識：本質上，這類知識是超出日常生活所需並帶領我們更接近神。這也是專校和大學，讓我們學到這種知識的地方。九宮是老師和牧師。把修道院歸到十二宮是一個普遍的錯誤：它們不是監獄，而是祈禱的居所——九宮[19]。所有學識淵博的人，以及他們的知識研究；包括占星師。

　　這宮位是夢境、預測和預言，以及給出預測和預言的人。九宮作為智者之宮，在某些文化的婚姻提問中有個重要的作用：代表婚配機構，遞補了過去在地的智者耆老負責安排婚配的角色。

　　在身體上，九宮是髖部和臀部。

◎ 第十宮

　　十宮表示國王、所有的雇主、政府、總理或總統、法庭案件中的法官（負責審判者、陪審團和整個法庭系統，都可以視為「法官」）。尊顯、成功、榮耀（「我會贏得奧運金牌嗎？」）。問卜者的母親。

　　它是問卜者的工作或職涯，不管什麼職業——無論多麼貴賤。

---

16. 中譯注：人體的排泄器官包括皮膚、肺和腎臟。
17. 同注15。
18. 中譯注：原文holidays為holy day二詞複合而成，本義是宗教的神聖之日。
19. 順便說一句，當里利提到「修道院生活」（monkery）時，他通常是指獨身禁慾的修道行為，而不是修士的隱居生活。

十宮和婚姻之間存在某種聯繫。這種聯繫在現代社會「只」與包辦婚姻（arranged marriage）[20]或王室聯姻（dynastic marriage）有關，而且「只」表示婚姻的形式本身；假如是二人之間實質的感情關係，屬於七宮事項。

這個宮位表示大腿和膝蓋。就像十二宮位的分布，身體的各部位都是從宮始點開始，順著星座往下延伸對應。所以十宮的宮始點是大腿的根部，十宮的末端則是膝蓋，正好位在十一宮的宮始點之前。以此類推，一宮的宮始點就是頭頂，接在二宮始點前的一宮末端，則是下巴。假設，我們要找到代表問卜者膝蓋的徵象星，會去查看十宮（大腿和膝蓋）；但如果十宮內有星座交接的情形，意思就是：接近十一宮始點的十宮末端星座與十宮始點的星座不同，那麼十宮內第二個星座的主星（主管十宮末端星座的行星），我們就會把它作為膝蓋的徵象星。舉例來說：十宮始點位在白羊座 8 度，十一宮始點位在金牛座 15 度；因此金牛座自十宮的中間開始，一直涵蓋至該宮位末端，因此我們會取用主管金牛座的金星代表膝蓋，而不是火星。

◆ 我現在發現，這邊下巴的例子舉得不大好：參見前文關於二宮的描述。不過，我所講的要點應該已經很清楚了。◆

◎ 第十一宮

就像八宮作為七宮起算的第二個宮位所獲得的核心意義，十一宮作為十宮起算的第二個宮位，也得到了許多它最重要的作用。因此，它顯示了老闆的錢，或是我的工作的錢：非常重要，因為這就是我的薪水。它是十宮的顧問或助手。如果十宮顯示國王，十一宮可能是首相或大維齊爾（Grand Vizier）[21]。如果十宮顯示總理，那十一宮就是他的內閣。十一宮

顯示國王的財富，因此也是「國王的恩賜」，所以當問卜者希望獲得居上位者的支援時（「我會得到政府補助嗎？」），就與十一宮有關。作為國王的財富，在「我要繳多少稅？」這類問題中至關重要。

十一宮顯示「天上掉下來的財富」：不勞而獲的意外之財——所以是中了樂透或足球彩票（football pools）。

十一宮是「期待和願望」的宮位。這含義的相關性很少，除非反過來從負面提問：到底是什麼妨礙了「我何時會結婚？」得不到理想的答案？那麼顯示你期待和願望的十一宮主星，就是那顆絆腳石：每當你遇見理想對象時，大大敲響的婚禮鐘聲就會把人給嚇跑。據說十一宮涵蓋了「信任」和「讚美」這類的抽象概念，但就我的實務經驗來說，從未發現這樣子的關聯。

這宮位是我們的朋友。在這裡要小心：就現代而言，至少在英國「朋友」的定義要比以前寬鬆得多。工作上相處融洽的人是同事（七宮）而不是朋友。在酒吧裡相談甚歡的陌生人，是點頭之交（還是七宮）。十一宮並不表示現代學派所說的「社會組織」，例如工會是由一大群的同事所組成，問「我應該加入工會嗎？」：七宮。而工會是「我們」，所以「我們能從老闆那裡得到加薪嗎？」：一宮。工會也是一群僕人，「我名下工廠的工

---

20. 中譯注：包辦婚姻指的是並非由結婚者的第三方來決定對象的婚姻，例如由父母、媒人或婚配機構居中介紹、商議、決策到完婚一手包辦。
21. 中譯注：君主制伊斯蘭世界的首相。

會將選出新的領導人嗎？」：六宮。工會也可能是公開的敵人，「我可以打贏讓我工廠關門大吉的工會嗎？」：七宮。他們可不是一群朋友的團體。

特別注意：仔細看最後一段，觀察同一件事，根據不同人所提出的不同問題，是如何對應到不同的宮位。

在身體上，十一宮是小腿和腳踝。

◆ 就像四宮作為「事件的結局」一樣，把十一宮作為「期待和願望」的概念，主要是為占星師提供 B 計畫：認為與其正確判斷星盤而讓客戶失望，倒不如我們故作若有所思，托著下巴說：「啊⋯⋯但如果我們來看看你的期待和願望宮位──哇喔！」就我的建議，做人要正確地判斷星盤。◆

◎ 第十二宮

十二宮是祕密的敵人，對比於七宮公開的敵人。注意，是敵人傷害我們的行為本質，使他們成為十二宮的敵人，不在於我們知不知道他們是誰。巫術、散布惡意的謠言、告密：這些都是十二宮類型的攻擊，就算每個人都知道幕後黑手是誰。十二宮是祕密的宮位，把問卜者蒙在鼓裡的事物。

我們深知如何有效地攻擊自己，所以十二宮是「自我毀滅」：我們挖坑給自己跳，去做讓原本生活變得更艱苦的蠢事。十二宮是我們的惡習；罪（sin）。我們的自我也受恐懼侵蝕，因此各類恐懼症蟄伏在十二宮。

十二宮是自我毀滅的宮位，從這概念延伸便成了我們囚禁自己的地方，

所以它也執掌監獄。

十二宮顯示體型比山羊大的所有動物。在身體上,十二宮主管腳掌。

正如我們在十一宮那段看到的工會例子一樣,我們為任何人事物選擇宮位的依據,會因問題內容而有所不同,**星盤的現實情境全由問題本身決定**。如果首相問:「我會連任嗎?」他和所有其他問卜者一樣,是一宮。如果我問:「首相會連任嗎?」由於首相是我的國王,所以是十宮。假如美國人問:「首相會連任嗎?」這位首相對他而言是外國的國王:九宮起算的第十個宮位,就是六宮。如果是首相的妻子問:「我的達令會喜歡我聖誕節買給他的襪子嗎?」這裡首相的角色是她的丈夫:七宮。

◆ 最後一點非常重要。人們經常在我們的生活中扮演各種角色,並由星盤上的不同宮位來顯示。哪一個才是與問題脈絡有關聯的角色?例如,假設我問:「我可以用西洋棋擊敗我的朋友嗎?」這和十一宮一點關係也沒有,在西洋棋局中他就是我的對手:七宮。就這個問題而言,跟他是不是我的朋友無關緊要。◆

轉宮

本章節關於宮位含義的討論中,我舉了幾個從其他宮位衍生宮位的例子,像是上一段「外國的國王」是從九宮起算的第十個宮位。從某個宮位衍生出另一個宮位稱為「轉宮」(turning the chart)[22]。

---

22. 中譯注:此技法也稱為「衍生宮」(derived house / derivative houses)。

舉例來說：如果我問「我女兒的職業生涯會如何發展？」查看星盤的十宮對這問題一點用處也沒有，因為它是我的職業，而不是她的職業。我需要看的是我女兒的十宮。首先，我必須找到我女兒的宮位（五宮），然後從這個宮位找到她的十宮，從五宮起算的十宮，是星盤上的二宮。

我們在這裡的做法是，把五宮作為上升點，然後從該宮起算十個宮位——因此稱為「轉宮」。

進行轉宮時，務必把你起算的宮位當作「一宮」。所以星盤的五宮是我女兒的「一宮」，六宮是她的「二宮」，七宮則是她的「三宮」。在你還不熟悉轉宮的算法之前，把手指放在起算的宮位上，數「1」開始，然後依序往下數，你可能會發現這個方法很有幫助。我們通常以一宮顯示問卜者而使用的星盤，稱為根本盤（radical chart）；這取自 radical 即「根源」（root）的字義。如果我是問卜者，那麼我是由根本盤的一宮顯示，而我的女兒就是根本盤的五宮。

接著，從根本盤的五宮開始起算，在星盤上找出下列事物的宮位。別只是當文字看過去：看著星盤，然後實際把手指放上去計數！

我女兒的手鐲是她的二宮。從五宮起算的第二個宮位（五之二宮），即是根本盤的六宮。

我女兒的鄰居是她的三宮。從五宮起算的第三個宮位（五之三宮），即是根本盤的七宮。

我女兒的果園是她的四宮。從五宮起算的第四個宮位（五之四宮），

即是根本盤的八宮。

　　我女兒的兒子（也就是我的孫子）是她的五宮。從五宮起算的第五個宮位（五之五宮），即是根本盤的九宮。

　　我女兒的狗是她的六宮。從五宮起算的第六個宮位（五之六宮），即是根本盤的十宮。

　　我女兒的丈夫是她的七宮。從五宮起算的第七個宮位（五之七宮），即是根本盤的十一宮。

　　我女兒的丈夫的錢，是從「她的」七宮起算的第二個宮位。這等於從十一宮起算的第二個宮位（五之七宮的第二宮），也就是根本盤的十二宮。在這個例子，我們進行了兩次轉宮。

　　我女兒的鋼琴老師是她的九宮（五之九宮），即是根本盤的一宮。那她的丈夫的哥哥，也是根本盤的一宮，因為這是從她的七宮起算的第三宮（五之七宮的第三宮）。

　　我女兒的事業是她的十宮，即是根本盤的二宮。她的公公也是二宮：因為公公是她丈夫的父親，所以是從她的七宮起算的第四宮。

　　我女兒的朋友是她的十一宮，即是根本盤的三宮。所以我女兒可能期待從公公那裡繼承的錢，也在同一個宮位：七之四宮的第二宮。（她的七宮是她的丈夫；七之四宮是她的公公；七之四宮的第二宮就是公公的錢。）

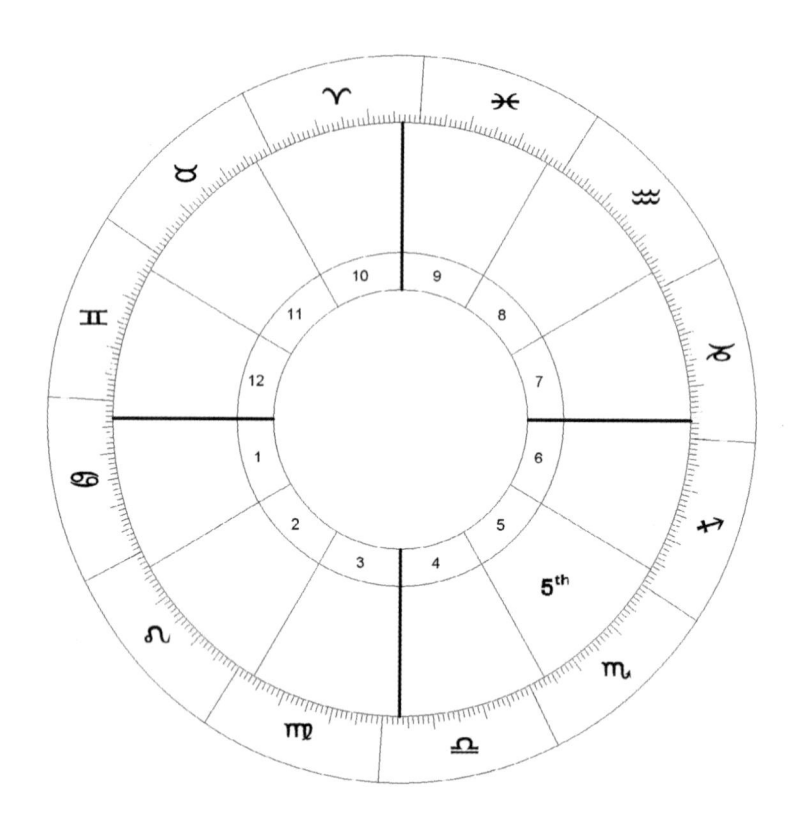

我女兒的馬是她的十二宮，即是根本盤的四宮。她丈夫的僕人也在同一個宮位，是從她的七宮起算的第六宮。

你看到這裡轉宮的例子還轉了不止一次，如果有需要，你可以愛轉幾次就轉幾次。但轉宮的次數愈多，就愈容易失焦：如果有少轉的捷徑，就不要錯過。例如，我女兒的母親，絕對不是五之十宮；她是我的妻子，所以是我根本盤的七宮。即使我現在和其他人結婚，又或者我和她母親從未結婚，情況也不會改變。我女兒的父親，也不會是根本盤的八宮（五之四宮）；她父親是我，我是問卜者：一宮。

轉宮時，不要把中途路過的那些宮位意義也加在一起解讀。從四宮（我父親）起算的第八宮（死亡）是十一宮（我的朋友），這樣並不是指我的朋友會殺死我的父親，而是十一宮僅僅代表我父親的死亡。

轉宮意味著某種「所屬權」（belonging to），假如實際意義上該對象並不屬於某人所有，就要避免使用轉宮。所論及的事物愈重大，我們就應盡可能地查看原始的宮位，而不使用轉宮。如果問題是「我兄弟的新工作做得怎樣？」要看三之十宮。但如果問題是「我兄弟會贏得奧運金牌嗎？」請直接用根本盤——不要使用轉宮的——十宮。這仍然是十宮事項，只是奧運比賽的輸贏，沒辦法跟他兄弟的工作一樣為他所有。或者「我兄弟的老師在幫助他嗎？」這位老師會是三之九宮；如果是「我兄弟在大學的表現好嗎？」則是根本盤的九宮。從某種意義上來說，這位老師可以是「屬於」我兄弟的，但大學卻無法這樣歸屬——儘管我們會說「我兄弟的大學」。

然而，如果問題是「我的孫子會念大學嗎？」那我們就得準備轉宮了。孫子本人就是九宮（我子女的孩子：五之五宮），所以我們不能也用九宮顯示大學，我們有必要轉一次，用九之九宮。

對於死亡和監禁的相關問題，「同時」查看轉宮後和根本盤的八宮或十二宮，通常二者其一會有明顯的作用，有時兩個宮位都涉入其中。

有的時候，對於我們應該要查看哪個宮位並沒有一個明確不變的解法：實務上，我發現如果其中真的存在矛盾，星盤上也會反映這狀況，並且從可能相關的宮位都給出相同的答案。

◆ 有時轉宮是必要的,以便區分多個同類的人事物。我兄弟念的大學是根本盤的九宮,因為這間大學並不屬於他。因此,如果我的問題是「我的兄弟會上大學嗎?」我只需關注三宮(我兄弟)和九宮(大學)。但假如我的問題是「我兄弟上的大學比我的好嗎?」我就必須使用三之九宮定位他的大學,因為根本盤的九宮已經用來顯示我就讀的大學。

這跟配偶過去關係中的孩子是類似的狀況,無論問卜者是否為孩子的親生父母,子女關係通常都要看根本盤的五宮。但如果我們需要區分(「誰把蛋糕吃光了?」),我們可以使用根本盤的五宮顯示問卜者自己的孩子,並以七之五宮顯示配偶的孩子。有時甚至在不需要區分的情況下,也從七之五宮來看配偶的孩子。這只會用在當問卜者和孩子之間的感情非常薄弱的情況下——可能是問卜者和配偶結婚前,這個孩子就已經長大離家,並且兩人之間的接觸極少。◆

◆ 有人問我,為什麼本書開頭關於「貓咪在哪裡」的例子,沒有轉宮用三之六宮代表鄰居的貓?這是因為我不認為牠是鄰居的貓,這隻貓跟我們愈來愈親,並且大部分時間都跟我們同住,所以我絕對會這麼問:「我們的貓在哪裡?」◆

我們已經從五宮開始做了各種情境的轉宮,現在來試試我隨意配對的其他例子:按這些例題練習,並寫下你的答案。不要只是空想:要把它們寫下來,然後翻到〈附錄 2〉核對答案。有些例子需要轉宮,有些則不用。先假設你自己就是問卜者,因此:你的父親是四宮,你的貓是六宮。其中許多問題也許你永遠都遇不到,但是每個例子都會增加你轉宮的能力,從而增加你占星學語言的流利度。

第三章　宮位

即使你是一位老練的卜卦占星師，也要進行以下練習並覆核答案：附錄裡有很多重要的資訊。

你兒子的寵物兔
你父親的房子
你懷孕的姊妹
你的新車
你的出差旅行
你的老闆
與你共用辦公室的人
你的朋友告訴你的那個夢
你的兄弟
你的弟弟，和你的哥哥一起比較時
你的孩子
你較年幼的孩子，和你較年長的孩子一起比較時
你的前任配偶
當地的牧師
牧師的兄弟
牧師的兄弟的妻子
牧師兄弟的妻子的鄰居
西班牙的國王
你父親的肝臟
你今天早上買的那包米
你今天早上買的那包古柯鹼
你從圖書館借來的書
你寫的書

告訴警察你背地裡是犯罪首腦的那個人
你的管家
你作為管家的工作
礦產
來替你修理水管的人
剛剛在你耳邊告訴你下一場比賽熱門情報的那個人
你的大學
你女兒的大學
你的老師的大學
占星學
粒子物理學（Particle physics）
你情婦的兄弟的大丹犬
你想要參加的遊輪之旅
你將要搭的船
你的狗的球
你媽媽的朋友的孩子

第 四 章

行 星

　　行星取得意義的方式有兩種：一是經由它們主管的宮位，另一種則透過它們的自然徵象（natural association）。在卜卦占星的領域，前者可說是比後者重要多了。

　　每顆主管宮始點星座的行星，同樣主管該宮位，並稱為「宮主星」（Lord of the House）。因此，假設二宮始點在巨蟹座 15 度，主管巨蟹座的月亮就會主管二宮，成為二宮主星；如果四宮始點在處女座 29 度，主管處女座的水星即為四宮主星。這顆行星也是該宮位的「徵象星」，正因如此，它代表著星盤中該宮位的事項——不論什麼人事物都要與問題提及的內容有關。如果月亮是二宮主星，即可以是問卜者的錢或律師的徵象星；假如水星是四宮主星，則可以代表問卜者的父親或家庭。行星作為徵象星的意義全視問題而定。

　　究竟是哪顆行星都沒有差別：如果它主管該宮位，就是該宮位事項的

徵象星，即使這顆行星看起來不大像要描述的人事物也一樣。舉例來說：如果有個男孩問：「我的女友真的愛我嗎？」女友由七宮主星代表，即使這顆行星是火星；而男孩則由一宮主星代表，就算這顆行星是金星。這並沒有告訴我們他是個陰柔的男孩，也沒說到他女友很男性化。行星是星盤的演員，當選角導演分配角色時，很明顯不會花太多時間在挑誰得到了哪一個角色。

◆ 行星是演員，但我們感興趣的是角色。只有在需要描述一些什麼的時候，我們才會去關注演員本身。如果問卜者問：「我什麼時候會遇見未來的老公，他是什麼樣的人？」我們需要形容他的樣子，就可以從這行星的相關狀態來描述。假如她問：「我的男友會跟我結婚嗎？」她當然知道自己男友的長相，所以再透過星盤描述這男人就很多此一舉。又假設她男友的徵象星是土星，我們也別試圖說服她，這男人的實際年齡比她大兩倍，把這個祕密放心裡就好。戲劇如是，星盤如斯：大多時候，選哪位演員並不會對角色本身造成影響。哈姆雷特（Hamlet）由莎拉・伯恩哈特（Sarah Bernhardt）飾演：這段介紹並沒有說明哈姆雷特對歐菲莉亞（Ophelia）的情感本質。◆

一個宮位只會有一顆行星擁有主管權，即主管該宮始點星座的行星，宮主星。即使宮始點位在該星座的 29 度 59 分，也是如此。沒有所謂的「共同宮主星」這東西：那是現代衍生的一種謬論。

不過，宮位內另一個星座的主星可能具有意義，但這只在問題情境涉及「下一個」的概念時才存在。「我的下一份工作會比現在的好嗎？」十宮始點的星座主星會顯示目前的工作；依照一般星座順序，十宮始點星座的下一個星座主星便是顯示預定的下一份工作。（這個「下一個」同樣可

以由快要離開目前所在星座的十宮主星來代表,它即將進入的星座就顯示下一份工作。)

◆ 假設宮始點在摩羯座,那麼下一個星座的主星和摩羯座一樣,還是土星。這不成問題:「我下一份工作會比現在的好嗎?」,「不,這兩份工作都差不多。」

但是,在幫兩個屬於同一個宮位的對象尋找徵象星時,務必嚴謹運用「下一個」這概念。假設我的醫生給了一些診斷,而我現在要尋求第二意見(second opinion),那麼即將諮詢的醫生就是下一個醫生;但如果我正同時接受兩位醫生的治療,一位診斷某事,另一位診斷其他事,那就沒有道理把其中一位當作下一個醫生,所以不要這樣做!還有其他技法可以區分二者,見第 303、340 和 405 頁。

一顆行星同時主管兩個與問題相關的宮位,從來都沒有重要的意義,也不是這兩個宮位有所關連的意思。◆

◎ 星座主星

每個星座的主星如下:

♈	♂	♎	♀
♉	♀	♏	♂
♊	☿	♐	♃
♋	☽	♑	♄
♌	☉	♒	♄
♍	☿	♓	♃

你會注意到，這裡沒有列出天王星，海王星或冥王星。如果你過去的占星研習曾教過這三顆行星有主管星座，那麼學習卜卦占星時要先擱置這個觀念。你很快就會發現，古典的星座主星系統（the traditional sign-rulers）就能起作用[23]。

◎ 宮主星的替代行星

宮位內下一個星座的主星，永遠不會是該宮位的共同宮主星；如果該宮主星已忙於其他某個角色，那麼下一個星座的主星就可以成為該宮位的唯一徵象星。假設問「我會得到這份工作嗎？」然後我發現處女座守護上升點，雙子座守護十宮始點，而水星作為這兩個星座的主星，將同時代表我（問卜者：一宮主星）和工作（十宮主星）。此時，我們可以把十宮始點星座的下一個星座主星，作為工作的徵象星（依照一般星座順序）。通常只在我們為了回答問題，需要找出問卜者和問卜對象之間的相位時，才有必要替代宮主星；在這種情況下，我們當然必須為二者選擇不同的徵象星。

有時候，並沒有必要區分問卜者與詢問的對象。例如，當自雇者詢問工作時，通常會發現一宮主星和十宮主星是同一顆行星，這很正常：在這個問題的脈絡中，問卜者跟他的工作實際上是一體的。但假如問題是「我會得到這份工作嗎？」那我們就必須為問卜者和這份工作找出不同的徵象星。

◆ 注意，這和我上面的補充內容沒有矛盾，我們不能因為同一顆行星主管一宮和十宮，就推斷這個人是自雇者。反正事實擺在眼前，要是不同的行星主管了這兩個宮位，只要我們的問卜者是自雇者就好。◆

就問題來說，有時問卜者本人沒有比問卜對象重要，所以問卜對象可以得到這顆身分有爭議的行星。而在許多以第三方為主的問題，問卜者並沒有參與事件，所以也不需要給他徵象星。「我的朋友生病了，她會好起來嗎？」：我們完全不需要把問卜者納入判斷。「這隻貓在哪裡？」：就看貓牠自己在哪裡，也與問卜者無關。所以，如果一宮主星和六宮主星（小動物：六宮）是同一顆行星，我們可以使用該行星作為貓的徵象星。但這樣的問題通常隱含著「我何時會再見到牠？」：我們仍然可以透過月亮代表問卜者來回答。

我們可以不用下一個星座的主星，而改用另一顆行星替代宮主星，如果——且只有在——這顆行星位在問題相關宮位的宮始點幾度之內，並和該宮始點同一星座。這是行星身為宮內星卻可以作為宮位徵象星的「唯一」情況：宮主星已另作他用，而這顆行星正好就位在該宮始點上，否則：**宮內星只會為所在宮位帶來正面或負面的影響，不會真的主管該宮位。**

◆ 認清這一點：行星「不會」取得所在宮位的性質。如果我問：「這隻貓在哪裡？」而一宮主星位在六宮，這並非指我是一隻貓。在任何其他情況下，行星都不會具有所在宮位的性質，這是你求也求不來的事。唯一僅有的例外，就是我上述提到的時機點：只有當宮主星已經忙於其他角色，而且我們必須為該宮位所顯示的某個東西找出特定的徵象星時，那麼一顆位在該宮始點一兩度內的行星，才可以湊合出場。◆

---

23. 關於近年新發現行星的完整討論，參閱我所寫的《真正的占星學》，*The Real Astrology*, Apprentice Books, London, 2001, chapter 6. 以下此書簡稱*Real Astrology*。

我們也可以使用宮始點的「勝利星」（almuten）來替代，但我建議你緊要關頭才出這招：只有上述候選沒一個能用的時候。就印象中，我只有一張卜卦盤這樣用過。第 106 頁說明如何找出勝利星。

◆ 我現在強烈呼籲，在任何情況下，不論哪個占星學門都不要使用勝利星。這東西又是某個變種的 B 計畫，好讓占星師可以不顧真相，隨時給出常保客戶好心情的判斷，淪為備足門面庫存的道具而已。勝利星的概念毫無意義，關於這點的完整討論，見第 107 頁。◆

◎ 月亮

月亮一向是問卜者的共同徵象星（cosignificator），除非所問事項的主要徵象星是月亮。這意思就是問卜者通常會有兩顆徵象星：一宮主星和月亮。不過，假如問題是「我會得到這份工作嗎？」而月亮主管十宮，它便是代表這份工作，不是問卜者；然而要是月亮已經代表了所問事項，則需要優先主演這角色，那就必須排除它作為問卜者的共同徵象星。

在第三方為主的問題中（「我姐姐會和這個人結婚嗎？」），不會將月亮交接給問卜對象：它是問卜者的共同徵象星，可不會人人共有。就這類型的問題，一般沒有必要涉及問卜者的徵象星，但是月亮的所在位置通常會顯示問卜者的關注點。

◆ 本段開頭「一向」這用詞是一種誇飾，某些特定主題的問題中，特別是關於疾病、法庭案件和賽事的提問，不要使用月亮作為問卜者的共同徵象星。這一點將在後續相關章節進一步討論。◆

雖然月亮和一宮主星都代表問卜者，但月亮更偏向問卜者的情緒，尤其是在感情問題。雖然月亮和一宮主星都代表問卜者，而且它們其中任一顆與所問事項徵象星形成的相位，通常都會給出肯定的答案，但來自月亮的相位驗證性遠遠不及一宮主星。在這種情況下，如果能找到其他支持的證詞，我們的答案會更有可信度。

◎ 這顆行星代表著什麼？

我們從問題相關的宮位著手，把它們的宮主星作為該宮位事項的徵象星，這些行星是我們主要的登場人物，也就是戲劇中扮演主角的演員們。不過通常會有另一顆行星參與演出，不論是透過相位、有力的容納，還是位在相關的宮位內。像這樣的行星，我們該如何找出它代表著什麼？

要採取非常謹慎的步驟。正是這一步，我們面臨到犯下卜卦占星師大忌的終極危機：把自己的故事和自己的假設帶到星盤中。試想我們正在判斷一個感情問題，一宮主星和七宮主星是事件的二位主要登場人物，我們注意到還有另一顆行星參與演出，並看到它主管了九宮。「哈！」我們心想，「九宮是七之三宮：妻子的兄弟！」於是我們迅速編了一個其中要角是妻子兄弟的生動故事。結果我們卻被告知，妻子並沒有兄弟，但這對夫妻的孫子（五之五宮＝九宮）才是問題的核心。任何一個宮位都可以顯示很多人事物，而我們很少靠運氣就猜中正確的答案。

在決定一顆身分不明的行星代表什麼意義時，先別過度聯想，並盡可能向問卜者覆核自己的假設。請記住這是一場諮詢：為了解讀星盤所需，我們可以盡情地向問卜者提問，即使是一個完全開放式的問題，也可能奏效：「這事似乎還有其他人參與──那個人是誰，你有想法嗎？」

有時候，行星主管的宮位會提供我們相關資訊，但更多時候這顆行星能夠作為「一些其他的人物」，那它透過主管宮位所得到的含義就無關緊要。一般來說，都要從最具體的選項著手，例如，十宮主星可以顯示榮耀或名譽，有時確實如此；但它更有可能代表某個沒那麼抽象的人事物：老闆、工作，或母親。

◆ 和往常一樣，這又是一個星盤和戲劇舞臺的有效對照。戲劇演員很少扮演像榮譽或願望這一類的抽象角色，在星盤中也是如此。

而舞臺和星盤很重要的一個差別是，所有行星都會出現在每一張星盤上，但這並非意味著所有的行星都涉及每一次的判斷。始終從最少的已知行星著手，只在必要時引入其他行星。◆

◆ 一條通用的法則：**除非必要，否則絕對不要讓行星一人分飾多角**。從不同的切入點做判斷時，行星可以扮演不同的角色，假如有必要，自然可行；但是，如果你很想要行星再演第二個角色，往往會發現這叫畫蛇添足。假如沒必要，就不要這樣做。◆

一旦你已經為那顆行星決定好適當的身分，接著要研究它的容納──因此其他登場人物對它的看法以及它的回應──通常可以驗明正身，不然就證實有誤；然後，你就可以繼續進行判斷，或是重新評估該行星究竟代表著什麼。

◆ 識別不明行星的決定性測試是：「它適合這個畫面嗎？」也就是說，這行星的身分是否符合目前整體的情況，不論從我們已知的內情或星盤的推演顯示，都和現有的證據相符，毫無矛盾。這就像一部偵探電影，

劇中管家的個性可能很討人厭,他的襯衫上有血跡,不過只要有一個證據不支持我們懷疑他的這項假設,我們就知道他不是兇手。在這種情況下,我們必須排除他,再尋找下一個嫌疑犯。當證據不支持我們的假設時,我們很容易視而不見;但是,卜卦占星不是用來確認我們的假設;而是為了找到真相。◇

行星的自然徵象

　　星盤中,我們主要關注行星透過主管宮位所獲得的「偶然徵象」;但行星也有自己主管的「自然徵象」。天地萬物皆由七顆行星各自不同程度的影響所共同組成,而我們可能討論到的任何人事物身上,都會有一或二顆行星的作用特別明顯,究竟是哪一顆行星會引起我們的注意,將視提問的內容及脈絡而定。其中一個經典的例子是玫瑰:它有金星徵象,顯現在花的美麗;也有火星徵象,表現它莖上的刺。或者蛞蝓:它有土星徵象,因為它是黑色的、噁心的,以及生活在石堆下的;而月亮徵象在於它又軟又濕,且晝伏夜出。

　　這些自然徵象偶爾在星盤中帶有意義。例如,假設我們正在尋找一些遺失的文件,就可以看看水星,文件的自然徵象星。關於男女性別的問題,我們會查看太陽作為男性的自然徵象星,以及金星作為女性的自然徵象星。月亮是任何失物的自然徵象星,尤其是有生命的東西。有時自然徵象星會為我們補充宮主星沒提到的訊息;有時星盤會以非常明顯的方式突顯自然徵象,甚至讓我們只憑這部分就可以下判斷。

　　儘管在宮主星的偶然徵象面前一比,行星自然徵象的重要性小多了,但還是值得熟練掌握這部分。要做到這一點,最好隨時把行星和日常生活

遇到的物品對應起來，就像你在學習一門語言，會把所見所聞全翻譯成那種語言來學習一樣。跟著以下的步驟進行，你很快會發現這很簡單：「玉米片：太陽，因為玉米是主食；土星，因為它們很脆；水星，因為它們體積很小且數量又多。牛奶：月亮，因為它是液體，而且是白色的。糖：金星，因為它是甜的；火星，因為它會提供能量。」

　　如果你需要找出某件物品的自然徵象星，就從這件物品的本質著手。思考一下：相機的自然徵象星是什麼？相機是一種機械裝置：水星。可以拿來拍攝漂亮的照片：金星。可以用來做報導：水星。相機的運作模式是，透過鏡子（月亮），用光線（太陽），書寫（水星）。以上都是對的。但相機的本質是什麼？相機能做的又是什麼？相機的本質就是它自己，而不是它的用途（拍攝漂亮的照片，報導），也不是它的作用原理（機械，用光線書寫）。相機本質上的功能是抓住變化的瞬間，所以它的本質是捕捉及保存，自然徵象星是土星。順著這個邏輯思考其他任何物品，你就不會出錯。

　　要詳細列舉行星主管的自然徵象是不可能的：這意思就是得列出所有存在的東西。以下內容應該提供了足夠的線索，讓你可以為任何物品找到適合的自然徵象星。

◎ 土星

　　冷乾；日間（diurnal）[24]；陽性（masculine）。
　　土星主管老舊、黑色、堅硬、沉重、死亡、腐朽、限制、乾燥、寒冷、孤獨、悲傷的事物。

例如：根莖類蔬菜，因為它們生長在地底下；顛茄（nightshade），因為它的顏色，也有致死性這原因（它的美容效果則是金星）；甘草，因為它的顏色，而且本身是根；黴菌；所有廢棄物和垃圾；鉛，因為它的重量，也包含使用鉛管的水管工；下水道的工作人員；殯葬人員；礦工；農場工人；園丁（土星是農業之神）；紀律；監獄、廢墟、廁所。

鴉片，是一種會上癮的麻醉劑，因而造成新的障礙；紫杉具有非常典型的土星徵象：它有深色的葉子，帶有毒性，樹齡很長，且生長於墓地；土星主管鎖頭，而水星主管鑰匙；在夜間盤，土星是父親的自然徵象星[25]。

鼴鼠、狗、貓、食腐動物、各種生活在石頭下的生物；藍寶石、青金石。土星主管的身體部位：右耳、骨頭、牙齒、皮膚、關節、脾臟。

◎ 木星

熱濕；日間；陽性。

木星主管的事物為、大的、膨脹、昂貴、豪華、宗教性、紫色、瀉劑（對比引起便祕的土星）、慷慨。

例如：果樹，因為它們能夠生產大量的好東西；有錢人、貴族、法官、牧師；大黃；盛宴；鵝肝；老師（擁有知識並傾囊相授者）；大師（guru）；常春藤的蔓生性由木星主管，而它的暗色，生長於暗處和容易染病腐敗的特徵，則由土星主管；雨；慈悲。

---

24. 日間行星喜歡位在日間盤的地平線以上，夜間盤的地平線以下；夜間行星則相反。見頁136，關於區間（hayz）。
25. 在夜間所起的星盤稱為夜間盤；在日間所起的星盤稱為日間盤。日間盤中，太陽會落在第七到十二宮；而夜間盤中，太陽在地平線以下，會落在第一到六宮。要在日間盤的上升點和下降點附近放寬個幾度，因為日出前和日落後都會有段時間天還是亮的。

大型動物；所有性格溫和且能為人類帶來益處的動物；紫水晶、藍寶石（同時具有木星和土星的性質）、祖母綠、水晶、錫。

木星主管的身體部位：左耳、肺、肝臟、血液、精液。

◎ 火星

熱乾；夜間（nocturnal）；陽性。

火星主管鋒利、燃燒、切割、紅色、磨蝕、炙熱、攻擊性的事物。

例如：士兵、屠夫、裁縫、外科醫生、理髮師、海盜；任何工作上會用到火的人，如煉金術士、廚師、消防員；行刑者；辣椒、大蒜（也由月亮主管，因為它是白色的）、蘿蔔（也由月亮主管）；蕁麻、薊（也都由土星主管，因為它們生長在荒地）；離婚；發燒；慾望。

任何凶猛或可怕的動物；會咬人或刺人的生物；鐵、雞血石、碧玉、珊瑚。

火星主管的身體部位：膽囊和生殖器（尤指男性）。

◎ 太陽

熱乾；日間；陽性。

太陽主管的事物特質為獨一無二、皇家、金色、賦予生命、誠實。

例如：作為生命的賜予者，太陽主管所有的食物，特別是主食；柑橘類水果，因為它的外表，因此還有向日葵、萬壽菊等等；各種事物之首：作為金屬之王的黃金、禽鳥之王的老鷹、百獸之王的獅子、珠寶之王的鑽石；驕傲；負責人；金匠、鑄幣者；琥珀；宮殿及其他宏偉的建築；在日間盤，太陽是父親的自然徵象星。

太陽主管人體的精神活力或生命力、心臟、大腦（視為控制中樞）和

眼睛——一般而言指雙眼，特指男性的右眼和女性的左眼。

◎ 金星

　　冷濕；夜間；陰性（feminine）。
　　金星主管柔軟、漂亮、芳香、迷人、令人愉悅的事物。
　　例如：花（泛指所有的花：每個品種都有自己的自然徵象星）；軟的水果；巧克力；親吻；婚姻；協定；樂趣；藝術、音樂；美妝品和香水。
　　珠寶商、音樂家，以美麗為賣相的職業，如時尚界、妓女、布料商、室內風格師；床、衣櫃；妻子、年輕女性。
　　可愛柔軟的動物——兒童動物園內的動物就是典型代表；銅、黃銅、紅玉髓、天藍色的藍寶石、青金石、綠柱石、貴橄欖石。
　　在日間盤，金星是母親的自然徵象星。
　　金星主管的身體部位：腎臟、嗅覺和生殖器（尤指女性）。

◎ 水星

　　冷乾；如果走在太陽前面（東出）屬日間行星，跟在太陽後面（西入）[26]屬夜間行星；兼具男性和女性的特質，如果伴隨陽性行星則為男性，反之靠近陰性行星則為女性。

◆　儘管水星以兩性化（androgyny）著稱，但偏向男性的機率較高：除非有其他更充分的理由，否則會把它視為男性。◆

---

26. 參見頁135東出與西入的解釋。

水星主管各類多變、模稜兩可、靈巧、狡猾、混合的事物。

例如：糖醋醬、雞尾酒、披薩；體積小但數量多的事物：漿果、葡萄乾、大茴香子；各種在殼內生長的生物，就像包在頭骨裡的大腦那樣——特別是核桃，看起來很像大腦；會產生氣體的豆類（水星主管氣體，不論大氣或是身體產生的氣）；地震（地球內部的風）；任何會說話或像人的事物：猴子、鸚鵡、木偶、蜜蜂、鬣狗（因為牠們會笑）；揮發性的東西，例如薰衣草油；乾燥劑；比擬心智過程的事物，像是鑰匙，可以解鎖也解開問題；小偷、僕人、魔術師、騙子、扒手；雜耍；各類技藝超群者；拍賣商、代理商和經銷商；商人；任何交易所需的知識；機智聰明者，幽默詼諧的作者或表演者；人類；發音、說話、說謊；電腦；占星學和占星師；職員、會計師、抄寫員、送信人、「媒體人」；醫生、藥品；律師（替你說話的人）；任何人的「得力助手」；文件、報紙、書籍、雜誌。

水星主管的身體部位：舌頭、大腦（理智的主位）、手臂、手和手指。

◎ 月亮

冷濕；夜間；陰性。

月亮主管所有液體、柔軟、幾乎沒有味道或形體、不定形、白色、新生的事物。

例如：高麗菜，因為它的形狀；黃瓜、甜瓜，因為水份含量高；嬰兒；助產士；在夜間盤中代表母親；蘑菇，因為顏色、形狀，以及可以在一夜之間長出來；蠟燭，因為它們點亮了黑暗；遺失物；酒類；變動及善變的特性；新穎；普羅大眾；皇后，但只有指國王（太陽）身邊不具統治權的妻子，有權的女王會是太陽；流浪者、朝聖者、乞丐、水手、酒保、照護者、清潔工。

生活在水中的生物：魚類、水獺、青蛙、鴨子、牡蠣；還有那些夜行

性的生物：蛞蝓、貓頭鷹、嬰猴；珍珠、月光石、雪花石膏。

月亮主管的身體部位：乳房、子宮、腹部和腸子。

◎ 年齡

有個階段性增加的年齡徵象，從主管嬰兒時期的月亮開始，接著水星、金星、太陽、火星、木星輪替，最後換主管老年期的土星。這就是行星版本的「人生的七個階段」（the Seven Ages of Man）[27]。

◎ 外行星

天王星、海王星和冥王星，在卜卦占星中確實有用，但作用有其限度。它們的重要性，遠不及大多數當代占星師投入研究時付出的零頭。三王星似乎各自與極少數事物有些自然關聯：天王星是分離和各種干擾，例如搬家；海王星是幻覺和欺騙；冥王星一般來說是凶星，但形式不明。

解讀三王星的方法跟恆星一樣：忽略它們，除非它們正好就位在和問題相關的宮始點上，或者和主要徵象星有立即形成的相位。

舉例一：如果問題是「我和塞德里克有未來嗎？」而天王星位在上升點，這就有力地證明這段感情快要結束；但如果天王星在一宮中間飄來盪去的，就沒有任何意義。

---

27. 中譯注：原版本出自莎士比亞的劇作《皆大歡喜》（*As You Like It*）第二幕第七景，劇中將人生分為七大階段，包括嬰兒期、學生期、青少年期、青年期、中年期、老年期和死亡期

舉例二：有位客戶接連問了幾個關於出售公司的問題，而這些星盤裡的所有海王星，不是位在七宮始點（買方）就是八宮始點（七之二宮：買方的錢）上，這表示她被騙了。

三王星「不」主管任何星座，也「不」和任何星座有特定關聯，所有提出兩者可能相關的推論，完全沒有根據。熟悉現代占星的讀者可能不願意放棄這些觀念，但是如果你堅持把它們納入星盤中，就會一直得到錯誤的答案。這不是見仁見智的問題。

假如外行星的位置明顯引起我們的注意，那它的效應會類似一顆強大的恆星，提供一個簡略的答案。我們完全不需要主動去找它們（「這張星盤裡的天王星代表什麼意思？」）。而且，我們也永遠不會發現三王星所透露的任何訊息，跟古典宇宙秩序那七顆行星所顯示的有什麼不同。

舉個例子：有位客戶詢問她即將離婚的事情，天王星坐落在上中天，居於代表上升點（問卜者）和七宮始點（問卜者的丈夫）的中間位置；而火星，是離婚的傳統自然徵象星，也精準四分了上升點和下降點的這條軸線；這兩顆行星都顯示出相同的狀況。

凱龍星（Chiron）、所有小行星（asteroid）、暗月莉莉絲（Dark Moon Lilith）、賽德娜（Sedna）：這些都沒在卜卦占星裡佔有一席之地。無論你對這些小傢伙有多重視，把它們納入星盤只會讓你眼花撩亂。

◎ 朋友和敵人

如果你閱讀過舊文本，會看到哪些行星和哪些行星友好，又哪些行星

是敵人的列表。卜卦占星不使用這種列表，因為「誰與誰交好」最直接的關係——也就是我們要關注的一切——都會透過行星的容納顯示出來。例如：火星基本上是金星的朋友，這沒什麼問題，但現在火星就是討厭這張盤的金星，這才是我們判斷特定星盤時要關注的地方。

◈ 又說到演員和角色。我們關心的是羅密歐喜不喜歡朱麗葉，演員本人的意見沒很想知道。◈

◎ 外側與內側

「外側」行星（superior planet）是火星、木星和土星；「內側」行星（inferior planet）是水星、金星和月亮。會這樣稱呼的來源，是因為從地球的視角來看，外側行星的軌道在太陽之上（*superior* 在拉丁文＝較高的），而內側行星的軌道在太陽之下（*inferior* 在拉丁文＝較低的）。這種區分就卜卦占星而言也沒有實質的意義。

第 五 章

星座

　　黃道十二星座在古典占星和現代占星的解讀方式截然不同，該是時候搜搜你自己的腦袋，找出所有從現代占星學到的星座知識，然後把它們擱在一旁。

　　星座負責描述位於其中的行星。在我們的占星造句中，行星是名詞，星座是形容詞，相位是動詞。星座什麼都「做」不了：它沒有任何行動的力量。只有描述的用途。

　　關於行星所在星座提供的描述，有三種不同面向：

1. 告訴我們該行星**擁**有多少必然尊貴。
2. 告訴我們該行星對待其他行星的態度。
3. 星座本身的某些特質。

第 1 點將在第六章介紹，第 2 點將在第八章討論。在這裡，我們關注的是第 3 點：把星座分類為幾個具有共同特性的群組。

大多數問題中，這些星座的特性多半無關，就像我跟朋友借錢時，他走路跛腳的事實並不重要；但在某些問題，這些特性可能就至關重要。如果問題是「我今年會生小孩嗎？」結果每一顆徵象星都位在荒地星座（barren sign），那不管還有什麼相位，判斷上都很難偏「會」。我們急著找相位定論時，很容易就忽視了這種基本訊息。

注意：雖然星座確實有一系列共同的特性，但它們並沒有現代占星所賦予的完整人格。例如，行星在獅子座不會展現皇室作風。獅子座是野獸星座，所以傾向表現得像頭野獸──如果問題脈絡支持這點的話。要同時既像野獸又像皇室，這大概是辦不到。

◎ 性別

♈♊♌♎♐♒是男性；♉♋♍♏♑♓是女性，這組分類主要對判斷嬰兒或小偷的性別有幫助。當我們有多種選項需要區分時，也幫得上忙；例如「我該僱用哪些應徵者？」在這樣的問題中，我們必須找個方法來區分不同的候選對象，所以性別的分組可能有所幫助。

◎ 元素

♉♍♑是土象星座；♊♎♒是風象星座；♈♌♐是火象星座；♋♏♓是水象星座，這一組主要好用在尋找遺失物的位置。關於選擇職業的問題也會有幫助：「我應該成為會計師（風象，因為有關理性思維能力）

還是農夫（土象）？」十宮主星有力地位在風象星座：支持成為會計師的證詞。

土象星座，冷乾；水象星座，冷濕；火象星座，熱乾；風象星座，熱濕；這幾句話，幾乎就包含了卜卦占星預測天氣時所需要的一切資訊。

◎ 模式

♈♎♑♋ 是基本星座（cardinal sign）；♉♌♏♒ 是固定星座（fixed sign）；♊♍♐♓ 是變動星座（mutable sign）。基本星座，顯示迅速但不持久的行動；固定星座緩慢而穩定；變動星座則是來來去去地改變；這組分類在許多情況下都很有用。

如果疾病的徵象星位在固定星座：慢性病；位在基本星座：急性的；位在變動星座：反覆復發。

「我想贏得這場紛爭，但我認為這件事不值得打官司，我能贏嗎？」對手的徵象星在固定星座：「不，他會盡全力跟你拼了。」如果在基本星座：「警告他你是玩真的，他就會讓步。」

變動星座傾向不可靠或不誠實。

基本星座也稱為「啟動星座」（moveable sign），在這裡要小心：「啟動」和「變動」二詞很容易混淆。

◎ 雙體星座

變動星座也稱為「雙體星座」（double-bodied sign），主要強調這類星座本質中最重要的雙重性（duality）。

當問題有關某人考慮離開一份穩定的工作，轉職自由工作者或兼職工作時，這種轉變往往透過徵象星進入雙體星座來顯示。雙重性：自由工作者意味著有一位以上的老闆，有時還橫跨多個不同的行業；而兼職工作和職務分擔則是時間或職責上的分割。

某些問題中（「『我們』應該要這樣那樣做嗎？」），在不確定是否應該把一宮給這對夫妻或團體，或是一宮應該只代表問卜者本人，而他的配偶或夥伴要分開另外看七宮的情況時，假如一宮主星位在雙體星座，即是直接用它代表夫妻或是團體的有力證詞。關於數量的問題（有幾個小孩或小偷），雙體星座顯示一個以上。

注意：只有 ♊♍♐♓ 這些是雙體星座。不管你能不能夠在這些星座圖象中看見雙重性，或是見到其他星座有雙重性圖案，一樣只有這四個而已。

◎ 肥沃星座和荒地星座

水象星座都是肥沃星座（fertile sign）；雙子座，獅子座和處女座是荒地星座（barren sign）；其餘六個星座可以視為中性的[28]。這一組當然有關

---

28. 這部分只有在卜卦占星中是如此。在本命占星的運用上，我們會把其他六個星座分為半肥沃（mildly fertile sign）或半荒地星座（mildly barren sign）。

生育，但也與其他事項相關。假如我的投資位在肥沃星座，當然會比位在荒地星座更有可能成長。

荒地星座中的雙子座和處女座也是雙體星座，所以類似「我會不會有孩子？」的問題，這兩個星座是「不會」的證詞；但要是整個星盤的判斷傾向「會」，那麼它們雙體的意象將是多於一個孩子的證詞。

◎ 有聲星座和無聲星座

水象星座都是無聲星座（mute sign）；其他有聲星座（voiced sign）中，雙子座、處女座和天秤座的音量較大；白羊座、金牛座、獅子座和射手座的音量一般；摩羯座和水瓶座則是音量偏弱。

這組分類在關於選擇職業的問題很有用（「我要當歌手還是詞曲創作者？」）。舉另一個例子：有位女性詢問她的婚姻問題，其他證詞的分析顯示，她的心看似還愛著丈夫，但她的頭腦卻不喜歡他；而她的頭腦位在音量很大的有聲星座，她的心卻位在無聲星座——所以他丈夫聽到的全是她討厭他的想法。

◎ 類人星座和獸類星座

所有風象星座和處女座是類人星座（humane sign）；白羊座，金牛座，獅子座，射手座和摩羯座是獸類星座（bestial sign），其中獅子座和後半段的射手座屬於野性星座（feral sign）。

假設我問，如果我向鄰居抱怨他發出的噪音，他會有什麼反應：鄰居

的徵象星在類人星座是個會講道理的證詞，他會以文明人的方式應對；在獸類星座則暗示他的反應像一頭野獸；要是在野性星座，那來的就是頭野生的猛獸。

◎ 殘形星座

白羊座，金牛座，獅子座和雙魚座被描述為殘形星座（maimed sign）。這組分類對於描述形體的樣子可能幫得上忙。

星座還有許多其他像這樣的共同特性，不過只有這些是我在實務上發現有效的分類。重點在於：所有這些證詞是「萬物皆平等」，任何單一證詞都可以被推翻，這得用你的常識來判斷。例如，固定星座顯示穩定，但行星位在固定星座的末端度數，則顯示這種穩定的情況即將結束。「巴格西會告密嗎？」他的徵象星位在天蠍座的末端度數，天蠍座是固定、無聲的星座：「現在還不會，但快了。」

雖然這些證詞都有可能被推翻，但在某些星盤中，上述基本的星座分類所透露的訊息就足以讓我們下判斷。「我的工作還安穩嗎？」十宮主星位在固定星座的中間度數，接下來我們只需迅速瀏覽星盤，檢查有沒有反對的證詞，如果沒有就可以直接給出答案：「是的，很安穩。」判斷可以這樣簡單。

◎ 身體

人體可區分成各個星座部位，從頭部的白羊座開始，一直到腳趾的雙魚座。

♈ 頭部	♎ 泌尿系統，下背部
♉ 頸部	♏ 生殖器和肛門
♊ 雙手，手臂和肩膀	♐ 大腿和臀部
♋ 胸部	♑ 膝蓋
♌ 心臟和肋骨	♒ 小腿和腳踝
♍ 大小腸及腸道相關器官	♓ 腳

◆ 關於四軸點或其他宮始點所在的星座性質，從來沒有任何的意義。守護宮始點的星座，唯一的功能就是告訴我們該宮主星是哪顆行星，再也沒有別的用處。以上的星座要點，全部都是有關徵象星的所在星座，與宮始點的星座毫不相干。例如，某人的徵象星位在水象星座，如果是關於生育問題，可以成為他生育力肥沃的證詞；假如是關於言談問題，可以成為他寡言無聲的證詞；要是這個人的宮始點位在水象星座，那就什麼都證明不了。◆

第六章

必然尊貴

　　卜卦占星在一般看來是相位在成事。找出你的徵象星,找到了它們之間的一個相位,然後你就得到了「Yes」的答案。這很好用——只要你不在乎老是判斷出錯!

　　相位是判斷中一個重要的部分,但就只是一部分。相位提供的是事件發生的觸機,沒有觸機:沒有事件。這夠清楚了吧,不過,我們可以有觸機但沒有發生任何事件,或是沒有發生成我們預期的那種事件。我們有個觸機:我向她求婚,但她看到我就討厭,所以她說:「不!」單憑觸機無法提供一個完整的答案。

　　基於這個原因,尊貴和容納才是最重要的,它們是定下判斷的雙重關鍵。

> 尊貴顯示行動的力量。
> 容納顯示行動的意向。
> 相位顯示行動的觸機。

理論上，必然尊貴（essential dignity）和偶然尊貴（accidental dignity）有明確的區別，偶然尊貴顯示行動的力量，必然尊貴則顯示該行動背後的動機有多純粹。但我們並不是活在理論的世界裡，因此實務上這種區別常常很模糊，甚至糊到跟沒有一樣。如果問題的脈絡有機會讓區別表現，就會表現出區別來──例如有關法庭案件的問題，必然尊貴展現誰是正義的一方，偶然尊貴則表明哪一方會勝訴。

偶然尊貴將在第七章討論，容納將在第八章討論。本章節是討論必然尊貴。

使用「必然」（essential）這個字在於它的嚴格意義：這是種屬於事物本質的尊貴。「本質」（essence）來自拉丁文的 esse，意為存在。它是事物的「本然」（is-ness），成為了那一個存在，而不是其他的。我內在的「約翰本然」（John-ness），使我成為我，而不是其他人；我的狗瑪琳卡的內在「瑪琳卡本然」（Malinkaness），也使牠成為牠，而不是其他狗；你內在的「你本然」（you-ness）是一種看不見但非常重要的本質，使你不同於其他和你相同種族、性別、身材、髮色、姿態等等的所有人。現代世界並不接受本質的概念，因為我們沒辦法抓起一大坨本質還秤它量它；但從這個字最普遍的意思就可以知道，它是不可或缺的（essential）[29]。

神創造了萬物；祂無限良善，所造之物必為善，包含行星在內。邪惡本身不是事物：沒有本質，沒有存在；它只是缺乏善，就像黑暗本身不存在，

只是缺乏光一樣。因此，雖然土星和火星被認為是「凶星」，一顆是大凶星，另一顆是小凶星，但它們的本質並不是邪惡的；我們只是不大喜歡這兩顆行星，就算它們處於最佳狀態也一樣。例如火星主管外科手術：不論外科手術有多麼重要，都不討喜。當木星或金星——大吉星與小吉星——落陷或入弱時，可能會用美好的外在掩飾一些不愉快或有害的東西。有個案例是一位女性喝了一杯無酒精飲料後，起了嚴重的過敏反應，這杯飲料由金星在處女座代表，該星座是它的弱宮：這杯飲料很好喝（金星），但卻是有害的（入弱）。

行星擁有愈多的必然尊貴，就愈能順應其天生的良好本性，發揮出自己的最佳狀態。行星愈虛弱無力，就愈扭曲偏離其先天的良好本性，因而表現出更醜陋的一面。任何行星都不例外：

任何行星只要落陷或入弱，就會有害；
任何行星只要入廟或入旺，就會表現良好。

這是占星學中最重要的法則之一。儘管一般認為木星和金星是吉星，土星和火星是凶星，但我奉勸你把任何必然無力的行星視為凶星，任何必然尊貴有力的行星視為吉星。

◆ 我們的占星學前輩們，例如里利，都堅持認為火星和土星一定是凶星，而金星和木星一定是吉星。雖然上一段我有說明，但在寫這本書時，還是不免用了這種慣稱。例如，本書第一頁寫著：「這隻貓就由這

---

29. 有關行星本質和占星學的關聯，詳見 *Real Astrology* 第七章。

顆尊貴有力的大吉星所代表,所以牠好得不得了。」但是,假設這隻貓由一顆尊貴有力的土星所代表,牠的狀況也一樣會很好。再強調一次,行星只是演員,我們有興趣的是角色。扮演馬克白(Macbeth)的演員可能很討喜,但這和舞臺上演出的內容一點關係也沒有。◇

這種有力或虛弱的狀態,通常就包含在問題的脈絡中。有位問卜者問道:「我會得到這份工作嗎?」而他的徵象星是逆行在白羊座的土星,我們第一反應很可能是:「有人會僱用入弱又逆行的土星嗎?」這個最初的想法就是一個重要的證詞。不過這並非意味著我們的問卜者是個壞人,而是指她正處於一團糟的狀態,很可能因為走投無路才來應徵,而且大概沒什麼資格能做這份工作。始終從問題的脈絡解讀證詞。同樣地,另一位問卜者詢問她什麼時候可以找到下一個男友,她的徵象星是位在金牛座的金星和位在巨蟹座的月亮,這意思也不是她好到可以去選聖人,只是說她很漂亮,而她也知道自己長得很漂亮。再次強調,注意問題的脈絡。

對於與問題脈絡相關的直接描述,可以無視任何尊貴或無力的正負面跡象,不論必然或偶然。一把遺失的雨傘由位在巨蟹座的土星所代表,正是對這物品的完美描述:雨傘是一個屏障(土星),哪一種的屏障?一種濕的屏障(巨蟹座)。就算土星位在它的陷宮,這個配置也可以視為一種描述,並不意味著它是一把破爛的雨傘。

舉另一個例子:位在雙魚座的木星是一顆獲得強大尊貴的吉星,但假如我問海邊的天氣怎麼樣,木星、雨神,位在水象的雙魚座,那麼在我的問題脈絡下,它就會是一顆凶星。

各行星的必然尊貴與無力就列在下文的表格。行星經由位在某些星座

或星座的某些區段而得到尊貴或無力。讓我們從左到右看一下這張表。別擔心——你不需要死記硬背！你會發現主要的尊貴和無力很值得用心去記；界和外觀用久就會記得了。

◎ 入廟／星座主管權（Sign rulership）

行星待在自己的廟宮是最強大的必然尊貴。例如：火星在白羊座、木星在雙魚座。這就好比我們人待在自己的家裡，某種意義上的「英國人的家就是他的城堡」；他是這裡的主人，可以依照自己的意願決定一切，並因此感到滿足。有這樣配置的行星可以很順利地展現本質中好的一面。在這一欄的行星符號旁邊，舊文本通常會再標上 D 或 N，代表日間（Day）或夜間（Night）。但是，行星的日間星座和夜間星座的區別，純粹是理論上的意義：在實務上沒有效用，應該忽略。

◎ 入旺（Exaltation）

每顆行星都在一個星座入旺，有些星座就沒有入旺的行星。例如：金星入旺在雙魚座、土星入旺在天秤座。一顆入旺的行星會比喻成某人家中尊貴的客人。就某些層面而言，尊貴的客人比一家之主過得更好：招待客人會用所有最好的東西——他不會在午餐吃到加熱的隔夜菜。不過這種優勢是有界線的：客人不能隨便走進臥室還把櫃子整理一遍。奉為貴客，也有種誇張的感覺：我們對他的待遇好到超出他所應得的。這種誇張感對於理解入旺很重要。

假想一隻正準備要打架的貓，牠豎起全身的毛。這不會讓牠真的變強，但可以「看起來」更強壯，牠在拉抬自己的氣勢，就像由入旺行星顯示的

必然尊貴與無力表

星座	廟	旺	三分性		界					外觀			陷	弱
			日間	夜間										
♈	♂	☉ 19	☉	♃	♃ 6	♀ 14	☿ 21	♂ 26	♄ 30	♂ 10	☉ 20	♀ 30	♀	♄
♉	♀	☽ 3	♀	☽	♀ 8	☿ 15	♃ 22	♄ 26	♂ 30	☿ 10	☽ 20	♄ 30	♂	
♊	☿		♄	☿	☿ 7	♃ 14	♀ 21	♄ 25	♂ 30	♃ 10	♂ 20	☉ 30	♃	
♋	☽	♃ 15	♂	♂	♂ 6	♃ 13	☿ 20	♀ 27	♄ 30	♀ 10	☿ 20	☽ 30	♄	♂
♌	☉		☉	♃	♄ 6	☿ 13	♀ 19	♃ 25	♂ 30	♄ 10	♃ 20	♂ 30	♄	
♍	☿	☿ 15	♀	☽	☿ 7	♀ 13	♃ 18	♄ 24	♂ 30	☉ 10	♀ 20	☿ 30	♃	♀
♎	♀	♄ 21	♄	☿	♄ 6	♀ 11	♃ 19	☿ 24	♂ 30	☽ 10	♄ 20	♃ 30	♂	☉
♏	♂		♂	♂	♂ 6	♃ 14	♀ 21	☿ 27	♄ 30	♂ 10	☉ 20	♀ 30	♀	☽
♐	♃		☉	♃	♃ 8	♀ 14	☿ 19	♄ 25	♂ 30	☿ 10	☽ 20	♄ 30	☿	
♑	♄	♂ 28	♀	☽	♀ 6	☿ 12	♃ 19	♂ 25	♄ 30	♃ 10	♂ 20	☉ 30	☽	♃
♒	♄		♄	☿	♄ 6	☿ 12	♀ 20	♃ 25	♂ 30	♀ 10	☿ 20	☽ 30	☉	
♓	♃	♀ 27	♂	♂	♀ 8	♃ 14	☿ 20	♂ 26	♄ 30	♄ 10	♃ 20	♂ 30	☿	☿

那個人，正刻意展現出比平常更好的一面。行星位在自己廟宮的力量比位在它的旺宮時更強——只有一種特定的例外情況。在任何有關競賽形式的問題中，一顆入旺的行星會勝過另一顆入廟的行星。畢竟連貓都知道，重點不在於你多強悍，而是你看起來有多強悍。

注意不要刻意放大這種誇張的感覺，入旺非常好，只是沒有像做出來

的效果那麼好。學生們有時會過度強調這種落差，搞得入旺快變成一種無力狀態。其實不然：入旺是最強化的狀態。例如：問卜者最喜歡的球隊一直有超水準的表現，在聯盟中的排名出乎意料地高，這支球隊的徵象星位在它的旺宮：非常好──不過看起來比實際上的狀態還要好。

行星在它旺宮星座的所有度數都是入旺的（因此，太陽入旺於整個白羊座），但是它會在其中某個度數特別強大。該度數稱為「旺宮度數」（exaltation degree），就標在表格入旺那一欄的行星符號下方。特別注意：這個數字是序數（ordinal number）而不是基數（cardinal number），所以太陽的旺宮度數是白羊座的第 19 個度數（從 18.00 到 18.59），而不是白羊座 19.00 到 19.59；月亮的旺宮度數是金牛座的第 3 個度數（從 2.00 到 2.59），而不是金牛座 3.00 到 3.59。「我可以組一支球隊嗎？」你的徵象星正位在旺宮度數：你能夠成功組隊並被任命為隊長。

月交點入旺沒有實質的意義。

◎ 三分性（Triplicity）

星座分成四大組，每組三個星座（因此稱為「三分性」）：土、風、火、水。每種元素都有自己的三分性主星組合。你會看到三分性這欄又分成兩部分：日間和夜間各有不同的主星。

「我怎麼知道要使用哪一顆？」查看你正在判斷的星盤，連接上升點和下降點的那條線代表地平線，如果太陽位在地平線上方（位在七至十二宮內），則為日間；如果太陽位在地平線下方（位在一至六宮內），則為夜間。這條線的兩端可以放寬個幾度給日間，所以如果太陽位在上升點或

下降點下方的幾度內，都算是白天。這是因為在日出前和日落後，我們可以看見太陽的光線。這裡寫「幾」度是完全必要的精確度：確切的數據會跟著緯度和一年之中的時間在變化。

　　火象星座（白羊座、獅子座、射手座）的日間主星是太陽，夜間主星是木星；土象星座（金牛座、處女座、摩羯座）的日間主星是金星，夜間主星是月亮；風象星座（雙子座、天秤座、水瓶座）的日間主星是土星，夜間主星是水星；水象星座（巨蟹座、天蠍座、雙魚座）的日間主星和夜間主星都是火星。

　　「但是火星和水有什麼關係？」水象星座的水並不是甘甜的淡水，而是海水：狂野、洶湧、控制不了。它是我們的慾望天性——因此和火星有關。

　　行星位在自己的三分性（像是夜間盤的木星位在火象星座，或是日間盤的金星位在土象星座）是舒適的。這就是字面上「位在自己基礎元素」的意思，事情可以更好，但現在已經很不錯了。它待在自己的舒適圈，具有中等強度的力量，所以我們有那顆行星良好表現的中等版。

　　三分性還有另一套主星系統，為每種元素分配三個主星，而這兩套系統都可以追溯到古代：以為雙主星制（the 2-ruler system）是現代改作的用法，這反而是錯誤的觀念。三主星制（the 3-ruler system）在解讀本命盤時有某些特定的用途；這裡討論的雙主星制才是卜卦占星使用的版本。

◎ 界（Term）

　　表格的下一行，是把每個星座分成五個不相等的區塊，稱為「界」。

太陽和月亮並不主管任何界，而其他每顆行星在每個星座中都主管一個界。「界」指邊界，意思就像「終點」或「終止」。「界」有時稱為 bounds。

表格中的數字表示每顆行星那一小塊權力的終點或邊界在哪裡，和旺宮星座度數一樣，這些數字是序數，而不是基數。看看表格中白羊座的這一列，第一個界由木星主管，它的邊界是第 6 個度數：木星主管白羊座的這塊一直到第 6 個度數結束，也就是到白羊座的 5.59。金星從 6.00 開始接手，直到第 14 個度數結束，即到 13.59。然後，水星的界從 14.00 到 20.59；火星的界從 21.00 到 25.59；土星的界從 26.00 到 29.59。行星必須位在該星座屬於自己的小區塊裡，才能獲得界的尊貴。例如：金星位在金牛座的 7.30，就位在自己的廟宮、自己的三分性（如果是日間盤的話）和自己的界。如果是位在金牛座的 8.30，就是位在自己的廟宮、自己的三分性（日間盤），但沒有位在自己的界。

界主星可以比喻為軍隊中的士官，他們的權力很小，而且沒有像軍官（主要尊貴）那麼顯赫。儘管如此，當個下士還是比二等兵（完全沒有尊貴）要好得多。界最大的重要性是發揮在本命盤上的推運；在卜卦占星中，與其說它們是個加分的要素，倒不如說是沒有扣分比較貼切。身為下士就算沒有多好，但好過做個二等兵，所以行星在自己的界雖然沒有太大力量，但還是比完全沒有尊貴好上一些，算是一個非常小的加分。

為什麼界長這樣，至今我仍未見過任何一種令人信服的說法。

有好幾種各執一詞的版本，而本書這版可以驗證。

◎ 外觀（Face）

　　界是一個非常小的加分要素，而外觀甚至更小。外觀把每個星座分成三個相等的區塊，每個區塊各占 10 度。這數字也是序數，表示每個外觀的界線。沿著白羊座的那一列，第一個外觀由火星主管，火星的外觀到白羊座 9.59 結束；然後太陽接手 10.00 到 19.59 這塊；再換金星從 20.00 到 29.59 接管。

　　當一顆行星位在自己的外觀，可說是一個人站在自家屋前的門廊上，差一點就要被趕到大街上。它的處境不大好，但起碼比在外頭受風吹雨打好得多：有個外觀的尊貴，總比什麼尊貴都沒有要來得好。

◎ 落陷（Detriment）

　　一行星位在它主管星座的正對面，即是位在它的陷宮星座（例如火星在天秤座，金星在天蠍座），這是行星極度無力的狀態，對它所代表的一切來說都非常不利，具體表現就看問題的脈絡。例如，有一個身患重病的人由一顆落陷的行星所代表，這顯示他的病情非常嚴重，而不是說他本人是一個壞人。

◎ 入弱（Fall）

　　行星位在它旺宮星座的正對面，就位在它的弱宮星座；而旺宮度數的正對面，即是弱宮度數，行星在這個度數處於超級無力的狀態。就像入旺帶有誇張的膨脹感一樣，入弱也會這樣，變成一種被放大的缺點。入弱是否比落陷更好或更壞，取決於問題的脈絡：至少可以知道情況不會像你恐

懼的那樣糟糕,這一點令人欣慰。當行星落陷時,事物看起來很糟,而且實際狀況真的跟看起來一樣糟。當行星入弱時,事物的實際情況沒有看起來這麼糟——但它們仍然是不好的。在許多脈絡下,可以從字面上理解「入弱」的概念。

◇ 伊本・埃茲拉(Ibn Ezra)將行星的弱宮星座稱為「行星的恥辱之處」(the house of its dishonour)。這有時也可作為解盤的參考。◇

特別注意:我們一般把落陷或入弱的行星稱為「虛弱的」。從行星獲得多少必然尊貴的角度來看,的確,它們是虛弱的,但這並不能轉換成行星的行動力很弱。落陷或入弱的行星是令人不悅的或不開心的;不論它們強大還是虛弱——在會不會採取行動上——偶然尊貴比必然尊貴更能顯示這能力。

◎ 外來的(Peregrine)

一行星沒有位在自己的任何尊貴,也不在自己的陷宮或弱宮,即是「外來的」。它就像無家可歸的流浪者,四處漂泊。波那提認為,這代表「識善惡之道者,反趨於作惡」[30]。它缺乏必然尊貴的內在道德指引(素行良好),甚至缺乏必然無力(素行不良)的因子;它是沒有行為準則的。但是,根據萬物的天性,漂泊不定的人更可能傾向作惡而不是行善。

---

30. *Bonatus*, aphorism 55.

互容沒辦法終結一顆行星的「外來的」身分：必然尊貴不能從一顆行星轉移到另一顆行星上。

一如前述，問題的脈絡可能會給外來的狀態一個良性的含義。如果有位踏上長途旅程的人，一顆外來的行星恰好是他的寫照。所以正在找工作或找房子的人，也是如此 [31]。

◎ 勝利星（Almuten）

每一個度數都有自己的勝利星，即是在這度數上獲得最多必然尊貴的行星。放大解釋後，這顆行星就被說成是位在這個度數上任何東西的勝利星；例如，另一行星、宮始點或阿拉伯點（Arabian Parts）的勝利星。

要計算勝利星，就把各行星在這度數上的尊貴全加起來，廟 5 分、旺 4 分、三分性 3 分、界 2 分、外觀 1 分。舉例來說：哪顆行星是日間盤天秤座 5 度的勝利星？金星得到 5 分，因為它是該星座的廟宮主星。土星在這裡入旺得 4 分，獲三分性尊貴得 3 分，作為界主星再得 2 分；總計得 9 分。月亮為外觀主星，得 1 分。土星的得分最高，所以它是勝利星。

在許多度數上，會有兩顆甚至三顆行星具有相同得分可以作為勝利星。視每張星盤的狀況，從中選擇力量最強的那一顆。例如，選擇位在上中天的那顆而不是十二宮內的；或是那顆和上升點有緊密相位的，就選用它。

勝利星在卜卦占星中只有一種用途，而且非常罕見。當我們無法使用宮主星作為宮位的徵象星時，啟用該宮始點度數的勝利星就成了我們的選項之一。

◆ 我現在明確主張沒有勝利星的這種用法，不論在卜卦占星或任何占星學門都沒有。勝利星的概念完全沒有道理。首先，我們不能透過這種 54321 的計分方式來增加尊貴，因為尊貴不是同一種東西變多變少的問題（例如，入旺是界的兩倍尊貴）。每種尊貴都有不同的本質，不同本質的事物沒辦法相加：二顆蘋果＋二顆蘋果＝四顆蘋果，但是二顆蘋果＋二張桌子＝二顆蘋果＋二張桌子。其次，每種尊貴的力量差異甚大。廟和旺這二種尊貴的力量，都比三分性強大許多，三分性本身又比界或外觀的尊貴強大許多。試想：如果有位將軍（廟宮主星）和一位士官和一位下士起爭執（分別為三分性主星和界主星），哪邊會贏？當然是將軍。但是根據勝利星的理論，他們兩邊的力量是相等的。

那為什麼這種荒謬的理論還存在？這又是一個提供占星師 B 計畫的法子。「喔！親愛的，她不愛你。啊，等等——如果我們看勝利星的話……！」◆

◎ 定位星（Dispositor）

某一行星或阿拉伯點的定位星，即是它們所在星座的主管星。因此任何位在白羊座的配置，其定位星都是火星；任何位在金牛座的配置，其定位星都是金星。火星處置白羊座的一切，金星處置金牛座的一切。有時你會在文本中讀到其他尊貴的支配權（disposition）：土星作為旺宮主星處置天秤座中的一切；在這種情況總會考量行星的尊貴。

---

31. 自從提筆寫下 *The Real Astrology*（見頁81）之後，我更加清晰地理解「外來的」行星。我認為對它最佳的描述，就在但丁《神曲》的〈地獄篇之三〉（canto III of Dante's *Inferno*）。

◈ Dispositor 這個字已經是過時的英文了，在占星學之外的用法，就只是指「負責人」或「老闆」。我很開心地發現，華沙機場的停車場經理職稱是「dyspositor parkingu」。◈

◎ 尊貴有多少？

各種尊貴是累積的。太陽在白羊座為入旺；日間盤的太陽在白羊座也是待在它的三分性，所以太陽在白羊座時，白天比晚上擁有更多的尊貴，它在夜間盤就得不到三分性。

雖然 5-4-3-2-1 的評分足以判定勝利星，但它並不能準確反應尊貴的相對強度。廟和旺（以及陷和弱）的效應都比三分性強大許多，三分性本身又比界和外觀強。世上沒有一種方法可以準確地衡量一顆行星擁有多少的尊貴。沒辦法也不重要：我們從事的是占星學而不是算術。有時你會讀到一些卜卦案例中「木星的強度有 10」之類的敘述，這一點意義也沒有。10 什麼？在實務上，尊貴用「很多」、「一些」或「一點點」來算就很準確了。

◎ 矛盾之處

你可能已經注意到，〈必然尊貴與無力表〉中顯然有一些矛盾之處。例如，火星在巨蟹座入弱，但也是其三分性主星；金星在處女座入弱，但在日間盤也是其三分性主星；還有很多其他的例子。這並不矛盾，因為每種尊貴不只是力量不相等，本質也不一樣，所以力量不是一手給了又另一手拿走的相互抵銷。這種明顯的矛盾反映出日常生活中模稜兩可的地方：世事並不一定是絕對的好或壞。

舉個例子：有位問卜者詢問她兒子的毒癮。這個男孩由火星代表，火星位在巨蟹座——很合適，因為月亮是所有麻醉劑的自然徵象星。火星位在它的三分性：它在那裡很舒服。這很合邏輯：如果兒子有吸毒，他很可能就是喜歡這些東西。火星同時也入弱：他正受到這些東西的傷害。入弱的負面效力遠比三分性尊貴的正面效力強大許多，因此傷害遠勝於愉悅。但它是入弱、壞處被誇大的感覺，還沒落陷：他是受到傷害，但還沒到問卜者那麼擔心的程度。

　　講課時，我發現有些例子在解釋尊貴如何運作時很好用。想像一下，你擁有一家拉斯維加斯的賭場，你正坐在辦公室裡享受著創業成功帶來的幸福感，同時品嚐著波本威士忌和上等雪茄。你正位在自己的廟宮，因此能夠表現出最好的一面。所以，當賭場的荷官膽怯地敲門，向你道歉並解釋他在上一輪的俄羅斯輪盤賭桌上損失了五萬元時，你寬宏大量地微笑，還扔給他保險箱的鑰匙。但隔天早上，你醒來發現床上有一顆馬頭[32]，經調查一切後發現你不再是安全的領導者：你不僅沒有待在自己的廟宮，更是已經落陷。當你拚命守著自己的顏面時，就不會展現出最好的一面。因此，當荷官再來道歉解釋他又損失了五萬元的時候，你會彈一下手指，直接送他去餵魚。

　　或者想像一下典型太陽天秤座風格的起居室：井然有序又窗明几淨，有小巧的裝飾品，每個坐墊都放在該放的地方。接著火星上門做客，就查爾斯・布朗森（Charles Bronson）好了，待在這個起居室，對他而言就是

---

32. 中譯注：引用一九七二年改編自同名小說的電影《教父》著名場景「馬頭恐嚇事件」。

待在一個陌生的環境：他正處於落陷的狀態，與環境格格不入的緊繃感可能讓他表現失常，展現出火星天性中最糟的一面。

這並不意味著火星是個壞東西。如果你是一位被土匪包圍的墨西哥村民，會很高興看到火星、那位查爾斯‧布朗森和他強壯的朋友們，攻上山頂奔向你，戰鬥力十足；火星在那裡，正是位在最適合自己的環境，所以可以表現出最好的一面。要是你和村民們看見爬到山頂走上前來的人是瑪格‧芳登（Margot Fonteyn）和她的芭蕾舞團——就算金星是名義上的吉星，你們也不會開心到哪裡去。

第 七 章

偶然尊貴

　　有支足球隊的領隊（manager）[33]必須從兩名球員中選出一人參加週六的比賽，這兩名球員都有很多的必然尊貴：他們都是好手。這位領隊只考量選手的球技高下還不夠：他必須考慮其他因素。其中一位球員知道，出色的表現可以讓他進入英格蘭國家隊，所以他鬥志高昂；另一位球員的母親上週去世了，所以他情緒低落。一位球員逐漸顯出老態，並且動作愈來愈慢；另一位球員上週被踢傷還沒有完全康復。這些因素都是「偶然」的尊貴與無力。判斷時把它們納入考量至關重要。

　　試想：我是世界上最善良的人——我有很多必然尊貴。但是我被鎖在單人房裡關禁閉——偶然無力。無論我多麼善良，這項偶然無力都會讓我難以表現出善意，如同各種偶然的因素會幫助或阻礙足球員表現自身的最佳狀態。原則上，必然尊貴告訴我們行星所代表的人事物，是好的還是壞的；偶然尊貴告訴我們這一人事物不論好壞，都有行動的力量。有顆行星正好位在上中天（強大的偶然尊貴）：它有很多能量可以採取行動，就坐

在駕駛座。入廟：它會開車。落陷：它不會開車，但它位在上中天，所以仍然坐在駕駛座上。

實務上，必然尊貴和偶然尊貴之間的區別常常是模糊的，但從這個原理出發，再視情況加減調整，就會讓你繼續走在正軌上。

廣義上來說，行星的偶然尊貴愈多，行動力愈強；偶然無力愈多，就愈虛弱，行動力也愈差。但是，這些尊貴或無力不一定與眼前的問題有關。我朋友有一條腿斷了，這是個嚴重的偶然無力。如果我的問題是「他能借我一些錢嗎？」這種偶然無力沒關係；假如我的問題是「他會和我一起打網球嗎？」這就非常重要。

◆ 不要把行動力強弱或有無的概念，套入與它無關的情況，也就是大多數的情況。假如我問：「我會贏得金牌嗎？」有能力採取行動是重要的；但如果我問的是「明天天氣如何？」這就和行動力無關。即使是「我會得到這份工作嗎？」這種問題，行動力通常也和實際情況無關：我除了準時抵達面試現場把頭髮梳整齊，就沒什麼可做的了。或者「信件什麼時候會送到？」不管它的徵象星有多少偶然尊貴，這封信都沒有行為能力。星盤反映現實，如果某件事在現實中沒有意義，那麼它在星盤中也不會有意義。◆

偶然尊貴或無力不一定可以相加減，用常識思考你就會知道這個問題能不能做加減。如果那位隨著年齡增長動作變慢的足球員，和母親剛去世的足球員是同一位，那這些偶然無力可以相加；但要是我已經用皮帶繫緊褲子，那就算再加上一副吊帶，也不會把褲子繫得更緊。

第七章　偶然尊貴　113

偶然尊貴與無力核對表

行星位在哪一個宮位？是否喜樂？
是否逆行？
行進動態是快、慢，或是停滯？
是否焦傷、在太陽光束下、與太陽對分，或在太陽的核心內？是否被圍攻或被射線圍攻？
是否有緊密相位？
是否位在北交點或南交點？
是否合相軒轅十四、角宿一或大陵五？
月亮的亮度如何？增光還是減光？月亮是否空虛？
月亮是否位在燃燒途徑？

你很快就會發現，自己幾乎不用特別思考就能注意到這些情形。但現在，先使用這張表一步一步來。

　　偶然尊貴與無力的評估清單要多少有多少，因為每個問題都可以列出一張什麼對自己有利又什麼對自己不利。如果問題是「我會成為歌劇演唱家嗎？」卻發現我的徵象星位在無聲星座，這種配置會是一種偶然無力；假如問題是「我會成為一位優秀的默劇演員嗎？」這配置就成了一種偶然尊貴。上方是一份實用的狀態評估核對表，我同時列出一些可以完全忽略不計的條件，讓這清單更完整；況且你也會在其他書籍讀到這些術語。通

---

33. 中譯注：英國足壇的專用職稱，相當於主教練，並持有球隊管理權。

常這類清單會有數字，加注每項評估狀態的得分，我省略了這些，原因是占星師太執著於計算這些分數，只要給任何一位占星師兩個數字，他就會立刻相加，這是最沒有意義的事。這些數字唯一的功用，就只是給所有尊貴與無力的相對強度有個大方向的指引，把數字放入表格造成的混亂大過它的價值，這部分我後續會加以說明。

◎ 宮位配置（House Placement）

這很重要，一定要納入考量。一般原則是「角宮強，續宮平，果宮弱」。三宮和九宮雖然是果宮，但只在論力量時可視為榮譽的續宮；而八宮雖然是續宮，卻被認為和六宮或十二宮同樣虛弱。

把宮位依照力量強弱排序太小題大作了：所有角宮的力量都差不多，所有續宮（包括榮譽續宮）的力量也差不多，所有果宮的力量也是差不多。簡單地說：

- 所有的角宮強大。
- 六宮、八宮和十二宮虛弱。
- 其他宮位力量中等。

這條法則的例外情況是，問題存在充足的理由讓行星待在某個宮位。舉例來說，假如問題是「我收得回之前借出的錢嗎？」並發現一宮主星位在八宮（七之二宮：他人的錢財）。它在八宮並不弱：這是個合適的位置，因為我考慮的正是八宮的問題。

位在角宮的行星，位置愈接近宮始點就得到愈多力量。如果行星在宮

位內和該宮始點不同星座（例如：宮始點在白羊座 25 度，而行星位在金牛座 4 度），就好比行星和宮位之間有一層絕緣體，它在這宮位的力量就不如和宮始點同星座時那樣強大。但不要過度強調這一點：位在角宮的行星，就算和宮始點不同星座，還是比一顆位在續宮的行星強大。

記住，行星距離下一個宮始點約 5 度以內，並且和這個宮始點同星座時，它就算位在下一個宮位。

◆ 注意大多數情況下，行星位在哪一個宮位並不重要。就像在劇場裡：有時某位演員待在特定的位置很重要——例如陽臺下，或是一道暗門上；但是大部分時候，這位演員在哪裡都可以，他只要有站在某處就好，星盤中的行星也是如此。◆

◎ 喜樂（Joy）

這一狀態影響不大，但仍然值得關注。每顆行星都在某一個宮位得到喜樂：水星在一宮、月亮在三宮、金星在五宮、火星在六宮、太陽在九宮、木星在十一宮、土星在十二宮。這就像行星發現該宮位是個適合待著的安樂窩。由於它喜歡待在這裡，這裡讓它自我感覺更良好，那就多了那麼一點動力，也更有可能依照本性採取行動——水星會做出水星風格的事，火星會做出火星風格的事。這個概念和必然尊貴背後的原理非常接近。

◆ 大多數的問題，可以放心忽略喜樂。它在卜卦盤的主要用處，是在我們需要從兩顆行星中決定較強一方的時候，比如關於競賽型的賽事問題（「我們會贏得這場比賽嗎？」）。即使是這種情況，通常其他的證詞已足夠有力，喜樂也就不重要了。◆

◎ 逆行（Retrograde）

除了太陽和月亮，所有行星都會不時在天空中倒退著走：它們逆行了。如果徵象星正在逆行，就要納入評估。它不一定是折磨；如果是的話就很嚴重。

許多問題中，逆行正是我們希望見到的：「我有機會復職嗎？」、「我能和布蘭妮復合嗎？」、「這隻貓會回家嗎？」在任何涉及事物歸還或返回的情況，一顆逆行的徵象星非常貼切，而這種逆行就不是無力。即使想要的不是返回什麼，但就問題脈絡來說還是能有意義：「我什麼時候會有對象？」形成相位的是顆逆行的行星：「你會和前任復合。」

這是一個我稱之為「充足理由律」（the law of sufficient explanation）的例子。如果問題脈絡已經說明了無力，那就沒有無力。

假如問題脈絡沒有提供這種有利的詮釋，那逆行就是個問題。這顆行星方向走錯了：它與本性背道而馳。這是一股強大的破壞力，而且還違背了本性，事情不大可能有好結果。試想：這顆行星獲得許多必然尊貴，所以他是好人之一。它位在上中天，從宮位得到有力的尊貴：他有一把槍還有很多子彈。但它逆行了：徒有世上最強大的意願，他也是朝錯的方向開槍。

如果這顆行星最近才逆行，那麼想想它有什麼是之前做過但現在又要再做一次，或是本來想做卻沒做成的事，這些可能很重要。查看這顆行星曾經到過的地方，還有它沒去成的地方。但是：逆行過程中，行星總會和太陽合相或對分相，假如你所衡量的行星正入相位和太陽合相或對分，不

要再去看它離開該相位後的動向。

順行通常被認為是一種尊貴；沒這回事。順行即是事物的常態，從這一點來看，逆行才是一種脫離常軌的現象。

◇ 我最著重強調上述要點，因為我知道學生們會多麼不情願放棄「逆行一定是壞事」的觀念。逆行可以是好事也可以是壞事，或兩者都不是，這取決於問題的脈絡，以及行星的動向是正在靠近或遠離。機場的入境處充滿愉快的逆行景象；如果我的車正滾到懸崖邊，發生逆行就是個好主意；但逆行要是正朝著我所逃出的監獄，那我就笑不出來了。◇

◎ 停滯（Station）

一顆行星從順行轉逆行，或從逆行轉順行，都會經歷停滯狀態：「第一次停滯」是要轉逆行，「第二次停滯」則是轉順行。之所以稱為停滯，是因為行星的視運動（apparent motion）逐漸減慢至零，讓它在天空中靜止不動。這一點非常重要。

停滯是行星非常虛弱和脆弱的時期，只有最強力的情勢驅使下，才會讓行星在這種時候有能力採取行動。第一次停滯，就像某位男子因病情太重而決定臥床休養：他很不舒服，而且病情還會變得更糟。第二次停滯，就像這位重病的男子離開病床剛起身的那一刻：他感覺很虛弱，可能比臥床時期還要差，但他會逐漸康復。我想這還沒辦法說明第二次停滯的嚴峻程度。

在衡量停滯時，觀察行星周圍的狀態至關重要。也許這顆行星轉逆行

後，避開了土星的對分相：這可能顯示該行星所代表的人物，正採取明智的行動以避開某個討人厭的東西。也許逆行發生在某個星座的末端：這顆行星是避開失去必然尊貴？還是來不及得到？逆行運動通常會讓行星重回到它最近離開的星座：這很可能與我們的提問有關。行星在換星座的容納變化，又告訴了我們什麼？

◆ 和逆行一樣，要決定停滯的效應是好、是壞，或是不好也不壞，最大關鍵還是問題的脈絡。我住處附近的那條河氾濫時，我起了張卜卦盤，看看堤防會不會被沖走。堤防的徵象星停滯中，太好了！如果它不動就哪裡也不會去：堤防不會被河水沖走。在這種情況下，停滯的力量極為強大，因為不移動正好就是堤防該做的事——正是它的力量所在。◆

◎ 速率（Speed）

太陽總是接近等速移動（意即每日走過幾乎相等的黃道距離）。月亮的移動速率在其平均值上下波動。其他行星在停滯時速率會減慢至零，而其他時候的移動速率則快於它們的平均值。這可以具有很大的重要性。

行星移動得愈快，其作用力就愈大。這是個動力問題，就像在上物理課一樣：一輛時速六十英里的汽車所造成的傷害，會比一輛時速二十英里的汽車大得多。

「我要如何知道行星的動態是快還是慢？」我相信你已經接受我的建議，關閉了占星軟體中提供這項以及其他超量資訊的「輔助」頁面。你可以把星盤的日期往前挪一天，查看行星在這段時間內移動多少，並和它的日均速（average daily motion）做比較；或者查閱你的星曆書，得知行星從

昨日中午到今日中午之間移動了多少。《拉斐爾星曆》（*Raphael's Ephemeris*，暫譯）[34] 內有個便利的表格，提供太陽到火星之間所有行星的每日移動值。

每顆行星的日均速為：

月亮	13°	11'
水星	0°	59'
金星	0°	59'
太陽	0°	59'
火星	0°	31'
木星	0°	05'
土星	0°	02'

這單位是度和分（指弧角，不是時間）。60 分 = 1 度。因此，太陽，水星和金星的平均速率略少於 1 度。不過這是以它們每日前進的動態來看，逆行期間在計算上會是負數。行星可以快速移動，但朝逆行的方向走。行星跟自己的速率標準相比，移動得愈慢行動力就愈低。一顆快速移動且逆行的行星，行動力很強卻用錯地方：我們的牛仔很起勁地不斷射擊，卻射錯方向。

---

34. Foulsham, Slough, annual publication.

	高於數值為快速：	低於數值為慢速：
月亮	13° 30' ／一天	12° 30' ／一天
水星	1° 30'	1° 00'
金星	1° 10'	0° 50'
火星	0° 40'	0° 30'
木星	0° 10'	0° 05'
土星	0° 05'	0° 02'

不必對這些數字吹毛求疵：行星必須明顯比它的標準更快或更慢，才值得我們關注。一天移動了幾分，對慢速的木星來說是很大的差距，但對月亮來說就沒有意義。太陽的速率始終不會有很明顯的快慢變化。對於其他行星，這張列表提供了一個概略的指標；但在編寫列表時，我第一次發現有必要思考如何界定「快速」和「慢速」，所以不要把它當作是個確切的定義。

當然，這確實對速率相關的問題特別有參考性：「我能跑贏這場比賽嗎？」、「他們會迅速處理這筆交易嗎？」在某些情況下，一顆移動緩慢的行星可能正是你需要的：「這個案子打延長戰會對我有利嗎？」

「速度即強度」這法則唯一的例外就是土星。快速移動違背了土星遲緩沉重的本性，因此對土星而言，應視為虛弱。但這並不意味著土星慣常的慢速就一定是優點，反而經常顯示事物以這樣或那樣的方式陷入困境。例如，當土星在土象固定星座的金牛座緩慢移動時，我被一個便祕是生理性還是精神性的醫學卜卦問題所困。

◆ 儘管以上內容相當正確，但是太過關注這個主題，反而誇大了速率的重要性。幾乎所有星盤中，行星的移動是快是慢都不大重要。「我應該買下這匹賽馬嗎？」就這類問題來說，速率當然非常重要，但這樣的情況就很少見到。◆

◎ 焦傷（Combustion）

這個狀態極為重要，光憑這一點就能下判斷。「我的團隊會戰勝對方隊伍嗎？」七宮主星（對方隊伍）焦傷了：你的隊伍會獲勝，判斷結束。對行星來說，沒有比焦傷更大的折磨。

理論上，行星距離太陽八度半內就是焦傷。但焦傷的嚴重程度有所區別：一顆距離太陽八度且離相位的行星，比距離太陽二度且正入相位的行星所遭受的折磨小多了。特別注意：要焦傷，行星必定得和太陽位在同一個星座。

焦傷除了具有完全的破壞性之外，也可能顯示該行星所代表的人事物看不見，或無法被看見。這可以帶給焦傷一個正面的意義：「我能夠在沒有申請許可的情況下這樣那樣做嗎？」問卜者的徵象星焦傷了：「可以，沒有人會看到：你可以為所欲為。」

如果代表失物的徵象星焦傷，通常失物會在其徵象星於現實時間離開焦傷的時候被發現。

如果這顆行星看不見，那它所代表的人也不明事理。徵象星焦傷的問卜者，將不會採納解答所提供的任何提醒。這是一再重覆出現在一張又一

張卜卦盤的事實，令人遺憾。

◆ 太陽的主管宮位，可以讓我們找出影響問卜者判斷力的是什麼。里利在判斷自己購買房產的卜卦盤時，無意中示範了一個例子[35]。他的徵象星焦傷了，太陽是十一宮主星，而十一宮是七之五宮。是什麼干擾了他的判斷？賣方美麗的女兒，讓他因此付了遠超出房產價值的錢。◆

有些說法認為，火星和太陽一樣又熱又乾，所以焦傷影響不了它；這一樣會影響。焦傷的概念是，靠近國王是不安全的（除非你在他的懷抱裡）；就算你是一位士兵（火星），也不會比王后安妮・博林（Ann Boleyn）（金星）安全多少。

如果和太陽合相會為問題帶來「是」的肯定答案，那麼焦傷可以忽略：不然永遠都不會想跟可憐的太陽合相。

關於焦傷如何影響入廟行星的爭論（例如金星在金牛座焦傷），是個老問題了。把它完全視為一種互容：行星作為太陽的定位星取得支配權，而太陽也因焦傷對行星取得權力。因此，這種焦傷並不會傷害行星；但依舊存在看不見或不被看見的效應。

◆ 焦傷對入旺行星的影響也是同樣的道理（例如金星在雙魚座焦傷）。◆

雖然焦傷如此具有破壞性，但這是行星入相位太陽的焦傷，還是行星正在離相位的焦傷，其中會有很大的差異。「我能熬過這場病嗎？」焦傷且入相位：可能不行。那離相位：最壞的情況已經過去了。

不受焦傷通常被認為是一種尊貴；沒這回事。不受焦傷即是事物的常態，從這一點來看，焦傷才是一種脫離常軌的現象。

◆ 焦傷使某些事物不被看見的概念，莎士比亞（William Shakespeare）提供了一個美妙的例子。國王愛上了一位有夫之婦，但她完全不想跟國王扯上任何關係，所以國王透過這位婦女的父親來影響她。父親用盡各種理由，說服她不要害怕名譽受損；因為，如果她親近國王，陛下如此耀眼的光芒不會讓任何人看見她。（《愛德華三世》，Edward III, 2.1.399-401）◆

◎ 在核心（Cazimi）

焦傷範圍的中心有個小小的綠洲，稱為「在核心」，或是「在太陽的心臟」。要位在核心內，行星必定與太陽相距 17 分半內——儘管實際量到半分就太吹毛求疵了。雖然焦傷是行星會遇上的最慘事件，但在核心是最棒的：位在核心內的行星，好比一個備受提拔坐到國王身旁的人。如果你是國王的寵兒，在他的懷抱裡，你就握有很大的權力。在核心內的行星，必定要和太陽位在同一個星座。

不要以為「這顆行星焦傷了，但它正朝著核心前進，所以一切都會好起來」。焦傷是完全的破壞性：不可能通過它進入核心。這原則的例外情況是在使用卜卦盤進行擇時的時候，我們希望變強的那顆行星已經焦傷了（見第二十七章）。

---

35. *Lilly,* chapter XXXVIII.

◎ 太陽光束下（Under the sunbeams）

在焦傷範圍之外，還有個對行星傷害較小的區域是「太陽光束下」，也稱為「太陽射線下」（under the rays）或「次焦區」（sub radiis）。這範圍從焦傷邊界向外延伸到行星距離太陽 17 度半的地方。就像焦傷一樣，這效應的強度也有區別：距離太陽 9 度即將焦傷的入相位是嚴重的；距離太陽 16 度的離相位是輕微的。

行星不需要和太陽位在同一個星座，就可以算在太陽光束下。

「為什麼是這些距離？」太陽在星盤上的符號標示了它的中心位置，而太陽擁有一個可見的圓盤。當然，該盤面大小會變動，但以直徑 35 分為標準，這在觀測天空時是個實用的測距指標：太陽和月亮的視直徑通常大約是半度。

由於太陽盤面的直徑是 35 分，半徑是 17 分半。所以如果行星距離太陽 17 分半，即是位在太陽的圓盤內（至少從黃經來看是這樣。行星在黃緯可能會高於或低於太陽；但這影響不大。）透過外推法，把單位從分轉換到度，任何距離太陽 17 度半的東西都是在它的光束下。焦傷只是再把這個距離減半。

◆ 雖然在太陽光束下的行星可以和太陽不同星座，但如果它距離太陽超過八度又位在不同的星座，那在太陽光束下的效應就更弱，弱到可以忽略。

焦傷會遮蔽視線看不見或不被看見；在太陽光束下就不會這樣。◆

◎ 與太陽對分（Opposition to the Sun）

和太陽呈精準對分相的左右八度範圍，也是個極度折磨的地方，沒像焦傷那麼嚴重，但傷害也沒減多少。這段範圍內並沒有相當於在核心的區域。

◎ 圍攻（Besiegement）

如果徵象星位在兩顆凶星之間，即是被圍攻。不論行星轉到哪個方向，都會遇到一些討厭的東西：岩石和硬壁間的進退兩難。如果一顆行星位在兩顆吉星之間，仍然是「被圍攻」；但這種圍攻者會彼此搶著送上厚禮：在抱枕和軟墊間難以取捨。同樣的，我們必須注意這兩顆行星的狀態：卡在摩羯座的火星和土星之間，在這裡它們都有很多尊貴，情況就沒那麼糟；卡在處女座的木星和金星之間，這裡的它們都很無力，就具有破壞性。

進行圍攻的兩顆行星愈靠近彼此，圍攻的效應就愈強。如果它們不在同一星座內，其效應就微不足道。除非你遇到這個非常罕見的情況，即所有的行星——或是所有相關的行星——都整齊地排成一列，而位在兩端的是進行圍攻的凶星或吉星。

行星被凶星圍攻但有吉星的相位，它的問題可以得到慰藉：好吧，雖然我被圍攻了，但儲藏室裡有滿滿的魚子醬，也還能看電視。行星被吉星圍攻卻有凶星的相位，就會有一些什麼來壞了好事：我可以吃冰淇淋，我可以吃蛋糕，但我的牙痛了。

◎ 射線圍攻（Besiegement by the rays）

徵象星本體沒有位在進行圍攻的兩顆行星之間，而是把它的相位投射至兩星之中。例如：金星在雙魚座5度，木星在雙魚座8度，一顆位在雙魚座6度的行星，就處於強力的正向圍攻。一顆位在天蠍座6度的行星，其本體並沒有被圍攻，但它往金星和木星之間投射了三分相：它被射線圍攻了。這也算圍攻，但力道弱上許多。

◎ 相位（Aspects）

一行星和另一行星有緊密相位或緊密合相，就會受到該行星的影響，無論好壞。舊文本指出，這種來自木星或金星的接觸會帶來強化；火星或土星則帶來衰弱。但並非總是如此：正如我們所知，落入必然無力的木星和金星幫不上忙，獲得必然尊貴的火星和土星也非有害。即使是這個說法也需要加以限定，因為我們必須考量行星在星盤的角色：例如，死亡可能由有力的木星所代表，就算這顆木星是獲得非常多尊貴的吉星，也不會讓這人的死亡少一些。不論形成相位的行星是強是弱，我們都必須考量它和徵象星的容納：例如，位在巨蟹座的木星很強大，也很友善；但巨蟹座是土星的陷宮，所以就算木星和土星有相位，對土星也不會有什麼幫助。容納在第八章中會有更詳細的說明。

這原理的一個明顯例子是詢問比賽的卜卦盤：「我的隊伍會打敗他的隊伍嗎？」在這類星盤，我們只有兩顆徵象星，一宮主星代表我的隊伍，七宮主星代表他的隊伍。如果一宮主星和位在白羊座的土星有相位，這是顆討人厭的土星，我的隊伍會吃盡苦頭；假如七宮主星和位在巨蟹座的木星有相位，那他的隊伍就會取得優勢。在這種狀況下，並不大需要去找出

土星和木星代表什麼；這在某些問題可以找，雖然不一定有把握都能找得到。

占星學中有一條普遍的法則：愈緊密，愈強大。相位愈緊密，就有愈強大的效應。但我們必須考量形成相位的行星本身的強度：土星位在十宮的對分相，從中獲得很多偶然尊貴，會比土星位在六宮的對分相影響更大，因為六宮沒什麼尊貴。關於相位對行星的影響力，一般而言如果超過 3 度，其效應就弱到可以忽略：超過這範圍的影響，都微不足道。不過更多時候，我們查看相位是為了推測未來，或偶爾回顧已經發生的事件，在這種情況下，不論這些相位差幾度，都可以拿來參考。

◆ 我在這裡說「3 度」是非常寬鬆的。關於行星受相位變好或變壞的影響，我們不需要說完成相位才會顯現事件；但這個相位大約要在 1 度內才會產生強大的效應。只有合相可以放寬到 2 或 3 度內。◆

◎ 月交點（The Nodes）

月交點是兩個點，彼此直接相對，為月亮繞行地球的視路徑和太陽視路徑的交叉點。

月交點無法形成相位，也不會受投射而有相位，只能透過合相對行星產生影響。行星合相北交點會得助，強化或增長；行星合相南交點會受傷，衰弱或減少。這些月交點的含義，哪一個有相關性，放到問題脈絡中就會很清楚。某些狀況下，我們可能會認為：「那顆徵象星剛離開南交點：那個人最近發生了一些不愉快的事。」換句話說，我們把位在南交點附近的意思，解讀為不論那顆行星的代表事項是什麼，都正在衰減中。

舉例來說：假設我問「我今天賭馬會贏嗎？」並發現八宮主星（七之二宮：敵人的錢財）和我的徵象星之間有個入相位：是，我會贏。如果八宮主星合相北交點，我會贏很多；如果它合相南交點，我還是會贏，但贏不了多少。八宮主星，也就代表我贏得的錢，會因為遇上其中一個月交點而增加，遇上另一個月交點而減少。

如果其中一個月交點位在與問題相關的宮位上，就會對該宮位造成影響。北交點位在哪個宮位就對該宮位事項有好處，或顯示問卜者能從該宮位得到好處；南交點位在哪個宮位就對該宮位事項有損害，或顯示問卜者因該宮位的人事物而遭受損失。如果月交點落在宮始點附近，其效應會更加顯著。

舉例來說：「我會得到這份工作嗎？」北交點位在十宮（事業宮）：這不會增加問卜者得到這份工作的機會，但指出如果得到這份工作，對她來說是件好事。「我該僱用這位建築工人嗎？」南交點位在六宮（奴僕宮）：「不！」

但要記住，月交點是成對出現的：其中一個永遠在另一個的正對面。這意味著我們很少會一起使用兩個月交點的宮位配置，否則我們會落入一個陷阱，認為如果媽媽是好人，爸爸就必定成了壞人；我的小寵物會幫我，那大寵物就會害我。如果其中有狀況，問題脈絡會告訴我們應該關注月交點軸線的哪一端。

要注意避免沒必要的時候還把月交點扯入判斷。當它們沒戲分時，星盤裡並沒有更衣室可以讓它們進去休息：月交點會出現在每一張星盤上。但在大部分星盤中，它們沒有什麼事要跟我們交代。如果其中一個月交點

落入與我們有關的宮位，我們可以留意一下；要是月交點都位在與我們無關的宮位，就不用絞盡腦汁去猜想這些宮位可能指的是什麼，直接忽略它們。

雖然月交點既不投射也不接收相位，但你常會看到徵象星四分了月交點（即位在它們的正中間）。這似乎表示這個人糾結在兩個行動方針之間，通常他兩個都不是很想做。這只描述了他的困境，配置中並沒有任何凶星的作用，這顆行星也不會因為四分了兩個月交點而受影響。某些現代學派的書中，把任何星座中的月交點度數視為「宿命的度數」，這是毫無根據的論點。

我們可以選擇使用「平月交點」（Mean Node）或「真月交點」（True Node）：大概的位置或準確的位置。既然有得選，那我們就使用準確的位置；大多數的占星軟體可以讓你自行設置要用哪一個。

◆ 關於月交點效應的爭論自古以來就有。是「北交點吉，南交點凶」？還是「北交點增加，南交點減少」所指的：如果一顆好行星位在北交點上，它會增加，變得更加良好；但假如是一顆壞行星位在北交點上，它也會增加，而變得更加惡劣？里利傾向簡單的「北交點吉，南交點凶」；儘管多數意見反對他。這些看似不同概念的交會點就在人體生理學（Human Physiology）：透過觀察很容易發現，好的事物具有擴張和放大的效應，壞的事物則具有縮小和收縮的效應。如果搞不清楚，就把視線專注在問題的脈絡。你幾乎總會發現在那脈絡下，不是好或壞就是擴張或收縮，都有一個明顯比其他更有意義的。

假設我們的土星位在白羊座──成了一顆壞土星或不開心的土星──

它在二宮合相南交點，我們該怎麼解讀這情況？如果我們關注的是土星的狀態，我們會說這顆壞土星受到南交點的折磨；其宮位配置在大多數情況無關緊要。假如我們感興趣的是二宮狀態，我們會說這個宮位同時受到壞土星和南交點的折磨。我們不會將這情況解讀為，這個宮位正受到壞土星折磨，但只是用一種有限的方式（即土星折磨該宮位的力量，因為它合相了南交點而減弱）。

你有時會看到某些版本的〈必然尊貴與無力表〉（第100頁），會印上南北交點有旺宮星座。這是一些閒不下來的人試圖填補表上的幾個空格：忽略它。南北交點的本質不會改變，所以月交點位在旺宮不可能有什麼意義。意義也不在於月交點是順行還是逆行（這是它們平常的運行方向）。

南交點有時候是受歡迎的。如果問題是「這種節食法我真的會變瘦嗎？」一宮主星合相收縮的南交點，就會是一個強烈肯定的證詞。◈

◎ 月亮（The Moon）

一般來說，月亮的光愈多──愈接近滿月──它就愈強大，所以行動力也愈強。如果月亮在增光（從新月到滿月），也都比它在減光（從滿月到新月）時更強。但月亮在滿月時是虛弱的（見前述與太陽對分的觀點），所以它的最佳位置在剛離開太陽的三分相附近：它在這裡有很多光，而且還在增加。如果月亮正是顯現所問事件的那顆行星，這一點就很重要。

「我要怎樣才能知道月亮是不是在增光？」查看你手邊星盤中的太陽，哪一邊比較短：從太陽到月亮的這段弧距，是順時針方向短？還是逆時針方向？如果順時針方向的弧距比較短，那月亮就是愈來愈接近太陽，為滿

月到新月，所以是減光。如果逆時針方向的弧距比較短，那月亮就趨向滿月（與太陽對分），所以是增光。

◇ 通常月亮除了即將入相位對衝太陽（即滿月）是個小缺點之外，它的亮度以及是增光或減光，幾乎都沒什麼意義。除非問題脈絡讓月亮代表的事項與它的亮度或可見度有關，不然這些術語都可以忽略。◇

◎ 空虛（Void of course）

據傳聞，昆汀・塔倫提諾（Quentin Tarantino）拍攝電影《霸道橫行》（Reservoir Dogs）的靈感來源，就是看到占星師在討論月亮空虛的意義。這很簡單，而且不用見血。

如果月亮在離開它現在的星座之前，無法完成另一個相位，即是月亮空虛。如果月亮一離開它現在的星座就完成了相位——也許就在下一個星座的 0 度——它目前還是空虛；只要一換星座，它就不會是空虛。原則上，任何行星都可能空虛，但這術語只對月亮有實質的意義。對幸運點或任何其他阿拉伯點的相位，並不會中止月亮空虛。

如果月亮在卜卦盤空虛，這通常暗示不大會有什麼事情發生。舉例來說，如果問題是「我該移民嗎？」不論這是不是一個好主意，月亮空虛都顯示問卜者不大可能付諸執行。月亮空虛可以為問題提供一個完整的答案，結果要麼有利要麼不利。「我會失去工作嗎？」、「我會中樂透嗎？」對這兩個例子，月亮空虛都會給出這答案：「不：什麼事都不會發生。」

然而，月亮空虛並不總是最終的定局。就像其他個別的證詞，它也可

以被推翻。如果主要徵象星都很有力,並且還有入相位,事件仍然會發生。

如果月亮形成下一個相位前還要運行很長一段距離,就算在同一個星座內完成相位,也是月亮空虛。例如:月亮在金牛座 4 度,正離開和金星在巨蟹座 3 度的六分相,它要走到金牛座 22 度才會完成下一個相位,這時候就可以視為月亮空虛,因為這通常顯示問卜者在找到行動的意願之前,會停滯不前一段時期。這裡沒有固定的距離:只是「一段很長的路」,也和入相位或離相位的容許度無關。我建議至少要抓 15 度左右。

有時候,月亮空虛顯示的沒有事件發生,會有明確的原因。有位問卜者應徵某個職位,因為他得知現任在職者要離職了。這位在職者由位在固定星座呈空虛的月亮所代表:她什麼地方都不去。她沒有離職,所以這次應徵也沒有結果。多數情況下,沒有事件發生是因為問卜者沒有行動。由於月亮通常是問卜者的共同徵象星,所以它的空虛可以顯示這種行動意願的不足。「她會嫁給我嗎?」、「如果你不向她求婚就不會。」

偶爾月亮會一直走完整個星座,而沒有形成任何相位。這時的月亮充滿野性,就像一頭野獸,是一種強力版的空虛。在這種情況下,幾乎沒什麼可以指望的了。

◆ 在一般占星學的說法,似乎認為「月亮空虛」就完整解釋了任何事物發展不如預期的原因;沒這回事!上面寫的已經比大多數以月亮空虛為主題的文章更含蓄,但仍舊誇大了該術語的重要性。除非月亮在劇中已經扮演了特定的角色,它所代表的人或事因缺乏行動而阻止了任何事情的發生——就像先前應徵職缺的案例——它的空虛,最多,只會是個次要的證詞。

里利說，月亮空虛時「事情難以發生」，這句話常被錯誤解讀。從里利的時代至今，「難以」的含義已經改變了。會變成「沒有任何事會發生」的說法，是加上了現代「幾乎沒有」（scarcely）的意思。而對里利來說，「難以」（hardly）就是字面上的意思，即困難（hard）的副詞：以一種困難的方式，也就是事情要有所進展很困難。當然，如果事情的進展很困難，人們通常會放棄，所以這說法也算殊途同歸，但這不是里利的本意。

當月亮位在星座很後段的度數——比如說在 28 或 29 度——空虛的概念也變得不重要。空虛的概念是指月亮不會做任何事；但月亮位在這麼後段的度數時，就會做某件事：它要去換星座。◇

◎ 燃燒途徑（The via combusta）

意思是「燃燒的道路」，這是黃道上介於天秤座 15 度到天蠍座 15 度的區域，只對月亮有影響，月亮根本就不喜歡待在這裡。這裡並不會削弱月亮，但會讓它感到痛苦。這主要是當問卜者的情緒對問題很重要的時候，才有意義：月亮位在燃燒途徑顯示一段不愉快的情緒動盪期。注意月亮之於燃燒途徑的相對位置：是正要進入，卡在中間，還是快要離開？所以「如果我甩了他，我會開心嗎？」月亮在天秤座 13 度，即將進入這段不愉快的情緒動盪區：「不會。」（儘管這本身還不算是完整的判斷。）

「為什麼是黃道的這一段？」燃燒途徑的概念，與古老的經期淨化儀式有關。會在天秤座 15 度到天蠍座 15 度之間，而不是黃道的其他區段，是因為月亮（陰性本質）在這裡對上太陽（陽性本質）旺宮白羊座的這種關聯。認為古代恆星的位置，或火星和土星對天秤座和天蠍座的影響力才是決定這段區間的想法，很明顯都不正確。

◎ 恆星（Fixed Stars）

恆星會在第十一章討論。只有三顆恆星對行星強弱的整體評估具有重要意義：軒轅十四（獅子座 29 度），角宿一（天秤座 23 度）和大陵五（金牛座 26 度）。恆星既不給也不接收相位：我們只關注合相。如果徵象星或相關宮始點，特別是上升點，和這些恆星其中一顆在幾度內合相，就會受到以下方式的強烈影響：

● 「軒轅十四」帶來強大的物質成就。它不一定使人幸福，但的確會帶來成功。

● 「角宿一」通常是幸運的。它沒有軒轅十四那種外顯的權力意志，但卻是顆更快樂的星星。它有很強的庇佑能力，因此暗示事情就算發展不如預期，後果也不會太糟。

● 「大陵五」會帶來困難。它通常是失去頭部（losing one's head）的暗示，不論實際上或隱喻失去理智時，都會帶來不幸的結果。例如：某位問卜者問道：「我愛上了那位出現在電視上的男人，我們的關係會有結果嗎？」她的主要徵象星合相了大陵五。

◆ 恆星確實會移動，儘管速率比任何行星都慢得多。軒轅十四目前位在處女座 0 度。◆

次要參考點

我會加入以下內容，純粹因為你可能會在其他文本遇到這些術語。有些在微調判斷時（非常）偶爾會用到，但是，記住我們的黃金法則「保持單純！」它們都可以忽略。我們總是有比這些更加重要的證詞，所以沒顧

到這些也不用怕出錯。

◎ 東出（oriental）與西入（occidental）

　　意思是「東方的」和「西方的」，這些術語指的是行星相對於太陽的位置。如果行星先於太陽升起，它在黎明前的東方天空是可見的，所以是「東出」。如果在太陽之後升起，那它在日落後的西方天空還可以看得見，所以是「西入」。

　　「我要如何知道行星是東出還是西入？」在你解讀的星盤中，查看太陽的位置。哪一邊比較短：從太陽到你正在判斷的行星這段弧距，是順時針方向短？還是逆時針方向？如果順時針方向的弧距比較短，這顆行星是東出；如果逆時針方向的弧距比較短，那這顆行星是西入。請看第152頁的星盤。金星，以及天王星，海王星和冥王星都是東出；而其他行星都是西入。月亮正在增光且即將滿月。

　　東出的行星，行動上會比較明顯。如果問題是「我適合上舞臺演出還是做幕後工作？」這可能是一項次要的評估狀態；但就算如此，你會發現更重要的證詞在那裡，所以可以忽略這一點。火星，木星和土星適合東出，水星和金星適合西入；這只有在本命盤上參用，其中東出和西入的差別就很重要。

　　月亮西入為增光，東出為減光。這一點很重要，先前已經討論過。

◎ 區間（Hayz）

就像動物有夜行性和晝行性一樣，行星也有此分類。太陽很明顯是日間：它屬於高掛在白天天空上。月亮是夜間：它屬於高掛在夜晚天空上。木星和土星也是日間；火星和金星則是夜間。水星東出是日間，西入則是夜間。

如果日間行星在日間盤的地平線上方（七至十二宮），或在夜間盤的地平線下方（一至六宮），那它就位在自己的半球（halb）內。夜間行星在夜間盤的地平線上方，或日間盤的地平線下方，也是如此。半球是非常次要的評估狀態，以至於可以完全忽略：它在其他證詞面前顯得微不足道。

太陽、火星、木星和土星是陽性；月亮和金星是陰性。水星的性質取決於（按優先順序排列）：和它緊密合相的行星，和它相位最緊密的行星，或是它的定位星。如果行星位在自己的半球，同時也在和自己同陰陽性（gender）的星座上，那就是在區間內 [36]。陽性星座是白羊座、雙子座、獅子座、天秤座、射手座和水瓶座；陰性星座是金牛座、巨蟹座、處女座、天蠍座、摩羯座和雙魚座。

例如：位在白羊座的土星，如果位在日間盤地平線上方，或是夜間盤地平線下方，就在區間內；位在天蠍座的金星，如果位在夜間盤地平線上方，或是日間盤地平線下方，就在區間內。火星會有點棘手，它是陽性的，但不同於其他陽性行星，另為夜間行星：它必須要在陽性星座，且位在日間盤地平線下方，夜間盤地平線上方。

區間在本命盤值得注意，但卜卦占星就可以忽略。如果你在解讀一張

必須量化某個東西的星盤，正想斤斤計較時（「上一任老闆貪污了多少錢？」），你可以把區間內作為這數量上的微量增加。

◎ 黃緯（Latitude）

黃道是太陽繞行地球的視路徑，雖然其他行星全順著這條軌道走，但在天空中相對於它上下穿梭。想像有一條橫跨天空的道路，所有行星沿著這條路前進：太陽嚴格保持在這條路中間的白線上，而其他行星則是從一側漫遊到另一側。這樣地兩側遊走就是行星在天球黃緯上的運動狀態。

打從占星學一出生，北半球一直被當作是標準。在北半球，北黃緯使行星在天空更高一些，南黃緯使它更低一些。行星愈高，其射線需要穿透的地球大氣層就愈少，所以它看起來就愈亮。基於這個原因，北黃緯會增加，南黃緯會減少。這差距並不大，但如果你要估計數量，可以加上它一起算。如果你想描述一個人，一顆北黃緯顯著的行星會讓人高一些寬一些，而南黃緯顯著的就矮一些瘦一些。

---

36. 里利，以及那些沒有其他參考文獻只引用里利的作者，錯誤記錄了夜間行星應該位在日間盤的地平線上方，夜間盤的地平線下方。里利（*Christian Astrology* p.113）追隨的是法國占星家達里奧特（Claude Dariot），而他的版本是正確的；但卻以這樣一種糊裡糊塗的方式流行，不難看出里利是完全搞錯了。（參見Claude Dariot, *A Brief and Most Easie Introduction to the Judgment of the Stars,* trans. Fabian Wither, London c. 1583, reprinted Ascella, Nottingham, n.d., p. 19。雖然里利使用的是一五九八年出版的翻譯本。）比魯尼（Al-Biruni）的著作中清楚地解釋了正確的版本：Abu'l-Rayhan Muhammad Ibn Ahmad Al-Biruni, *The Book of Instruction in the Elements of the Art of Astrology,* trans.R. Ramsey Wright, Luzac, London, 1934; reprinted Ascella, Nottingham, n.d.; para.496.

你沒辦法從星盤上查看行星的黃緯。大多數占星軟體的某個地方都有黃緯選項；有些星曆書，例如拉斐爾的會列出行星每天的黃緯。如果你找不到，別擔心：你沒有錯過任何重要的資訊。

◎ 缺陷（lame）、殘缺等

里利給了一張度數表，其中包括深處（deep），殘缺（azimene），可疑（smokey）或空無（void）[37]。這些度數是基於恆星的位置，雖然恆星相對固定，但還是會緩慢移動。即使在里利的時代，這張表格也已經回天乏術過時了，就這樣一本傳過一本，沒有人想到要更新它，也沒有人知道它最早是怎麼寫成的。這些點可能頗具價值——如果有人能夠找出它們到底在何方。在那之前，就別管它們了[38]。

◎ 運行數字增加（Increasing in number）

里利經常提到這一點，雖然他提及時也說明了這是一個他不知道意思的口頭禪。它的含義並不是像有些說法所解釋的，行星正在往數字變大的度數移動，比如從白羊座 26 度到白羊座 27 度：那就跟順行運動沒兩樣。它指的是在托勒密的行星運動模型中，這顆行星位在自己本輪（epicycle）上的位置。占星家愈是依賴星曆書繪製行星位置，就愈容易遺忘如何計算的知識。早在里利的時代就沒有人為這傷腦筋了；你也應該不用去煩惱。

◎ 其他參考點

還有更多更為次要的評估狀態，但除非你是一位對古代文本特別狂熱的讀者，不然你永遠都不會遇到它們。如果占星家們沒有把這類參考點流

傳下來，是因為他們知道這些並不重要；所以，要是你遇到某個沒有列在這裡的術語，那你的卜卦占星也不需要。

---

37. *Lilly,* p. 116.
38. 參見伊本・埃茲拉（Avraham Ibn-Ezra）的著作：Avraham Ibn-Ezra, *The Book of Reasons,* 12th century, trans. Meira B. Epstein, Berkeley Springs, 1994; pp.69-70。梅拉・埃普斯坦（Meira B. Epstein）女士指出埃茲拉提供的表格製於西元前五六八年，但我認為它們的年代應該更早。

第 八 章

容 納

　　偵探片中，偵探僅僅證明嫌疑人有機會犯罪是不夠的，他還必須確立動機。卜卦盤上也是如此。如果我們要完全理解星盤描述的情境，並從中得出正確的推論，就必須了解各個相關人物的動機。

　　基於事件的卜卦盤以行動為中心展開，人們沒有動機就不會行動。基於狀況的卜卦盤通常能透過對態度和動機的分析（「他對我的真正感覺是什麼？」）找到全部的答案。因此，關鍵在於我們要知道如何從星盤中找出各種動機、態度和價值觀；而這種知識就要透過研究容納找出來。

　　我們需要的訊息都取自這張〈必然尊貴與無力表〉。當評估一顆行星擁有多少尊貴時，我們只看它有沒有位在自己的尊貴或無力；當評估容納時，我們必須考量它位置上的所有尊貴與無力。

　　文本中使用令人困惑的字句談論容納，會說行星之間彼此「接受」，

或是一行星對另一行星「提交美德」）。倒不如直接說「金星位在木星的廟宮」或是「火星旺化 [39] 土星」要單純得多。

必然尊貴與無力表

星座	廟	旺	三分性 日間	三分性 夜間	界					外觀			陷	弱
♈	♂	☉ 19	☉	♃	♃ 6	♀ 14	☿ 21	♂ 26	♄ 30	♂ 10	☉ 20	♀ 30	♀	♄
♉	♀	☽ 3	♀	☽	♀ 8	☿ 15	♃ 22	♄ 26	♂ 30	☿ 10	☽ 20	♄ 30	♂	
♊	☿		♄	☿	☿ 7	♃ 14	♀ 21	♄ 25	♂ 30	♃ 10	♂ 20	☉ 30	♃	
♋	☽	♃ 15	♂	♂	♂ 6	♃ 13	☿ 20	♀ 27	♄ 30	♀ 10	☿ 20	☽ 30	♄	♂
♌	☉		☉	♃	♄ 6	☿ 13	♀ 19	♃ 25	♂ 30	♄ 10	♃ 20	♂ 30	♄	
♍	☿	☿ 15	♀	☽	☿ 7	♀ 13	♃ 18	♄ 24	♂ 30	☉ 10	♀ 20	☿ 30	♃	♀
♎	♀	♄ 21	♄	☿	♄ 6	♀ 11	♃ 19	☿ 24	♂ 30	☽ 10	♄ 20	♃ 30	♂	☉
♏	♂		♂	♂	♂ 6	♃ 14	♀ 21	☿ 27	♄ 30	♂ 10	☉ 20	♀ 30	♀	☽
♐	♃		☉	♃	♃ 8	♀ 14	☿ 19	♄ 25	♂ 30	☿ 10	☽ 20	♄ 30	☿	
♑	♄	♂ 28	♀	☽	♀ 6	☿ 12	♃ 19	♂ 25	♄ 30	♃ 10	♂ 20	☉ 30	☽	♃
♒	♄		♄	☿	♄ 6	☿ 12	♀ 20	♃ 25	♂ 30	♀ 10	☿ 20	☽ 30	☉	
♓	♃	♀ 27	♂	♂	♀ 8	♃ 14	☿ 20	♂ 26	♄ 30	♄ 10	♃ 20	♂ 30	☿	☿

---

39. 中譯注：原文exalt於此文意脈絡下包含提升、推崇、榮耀、美化等含義，為將作者的容納學說和必然尊貴與無力之中文術語結合，取行星於特定星座中因備受禮遇而得以表現自我的旺盛、興隆的入旺意象，轉為以「旺化」來描述一行星對其所在星座的旺宮主星如此特殊誇大尊崇、傾其所有的態度與行為。

讓我們再次逐欄地瀏覽這張表格。假設我們的徵象星是月亮，位在日間盤的白羊座 3 度。它位在火星的廟宮（第一欄）；位在太陽的旺宮，或說月亮旺化太陽（第二欄）；位在太陽的三分性（因為這是日間盤）；位在木星的界和火星的外觀；位在金星的陷宮和土星的弱宮。

「這告訴我們什麼？」在大多數情況下，容納可以視為喜歡或是愛慕。**徵象星——在這個例子是月亮——會對自己位置上不同尊貴的行星，帶有不同程度的喜歡或愛慕。**用最簡單的話來說，我在這個例子看到，月亮愛慕火星和太陽，但對太陽多了一點溫和的喜歡，因為它位在太陽的三分性；對木星有少許的喜歡，然後再對火星加上比木星更少一些的喜歡；它受不了金星和土星。

喜歡或愛慕的概念看似侷限了問題脈絡的關連性，其實不然。假設我正在問什麼時候會收到薪水，如果發現薪水「愛」我（它的徵象星位在我徵象星的有力尊貴），會讓我信心倍增：如果薪水愛我，就會想要跟我在一起。愛這個字，傳統科學看到了許多不同於現代科學所解釋的現象，遠比現今常見的用法更加廣泛。舉個例子，例如鐵，就愛上了磁鐵。

就像每種尊貴的本質都不相同，容納也是如此：

◎ 廟／星座主管權

行星愛慕主管自己所在星座的那顆廟宮主星，了解並愛它的本質，簡單明瞭。月亮（或任何其他行星）位在白羊座 3 度，會愛慕火星所代表的一切。

◎ 旺

　　行星位在哪顆行星的旺宮，實際上即是在旺化那顆行星：把它供上臺座。旺化一樣帶有我們討論行星尊貴時那種誇大優點的感覺。因此在我們的例子中，所有月亮代表的人，都會認為太陽所代表的一切超級優秀。這種感覺你會似曾相識：正是每次墜入情網的感受——情人眼裡出西施，對他們的缺點視而不見。這即是「某人家中貴客」的概念：這位客人理所當然要奉為上賓；我們招待貴客時不會多想他們真正應得的待遇。

　　不要過度放大這種誇張的感覺：這並非暗示被稱讚的人一定有不好的地方，他們只不過是成了情人眼裡的西施。透過旺宮的容納，在感情萌芽期的卜卦盤中很常見到。正如你必定經歷過的，旺宮往往好不了多久：美好的泡泡總會幻滅。

　　某位問卜者詢問她應徵的一份工作。她的徵象星位在這份工作的旺宮（一宮主星木星，在雙魚座，即金星的旺宮；金星是這張星盤的十宮主星），問卜者旺化了這份工作。注意——非常重要——這並沒有告訴我們這份工作的品質：那需要查看十宮主星本身的狀態。但的確會告訴我們，不論這份工作實際上有多好，都不可能達到問卜者過高的期待。

　　這種誇大感可以成為判斷上有價值的重點，不只是當個建議讓熱戀期的情侶們謹慎一些。假設我們的問卜者旺化了他打算告上法庭的某人：他認為對方比實際上更強大，我們可以接著查看對方的徵象星，確認這所謂的強大到底有多大。

◆ 如同以上的案例示範，透過旺宮的容納可能很難實現。關於如何聰明選擇合夥人的問題，問卜者似乎不可避免地會抱持這些誇張的期望，把未來的合夥人選視為「第七騎兵團」和「奧茲國魔法師」的綜合體。同樣地，當某位剛開業的占星師詢問職涯發展時，客戶的徵象星旺化了她的徵象星。就這點來看，可能意味著客人覺得她很棒，非常好！不過從整體來看，這也顯示客人「預期」她會很棒——這種期望不大可能有人辦得到。◇

◎ 三分性

如果說廟（星座主管權）是愛情，旺是迷戀，那麼三分性就像友情：溫暖舒適，但沒有炙熱的情感。大多數的感情提問中，我們的問卜者都希望得到的比這程度更多，不過在大部分的情況有三分性就很不錯了。「我會喜歡這份工作嗎？」一宮主星（問卜者）在十宮主星（工作）的三分性：「會，這不會是世界上最好的工作，但你會滿意的。」

由於旺宮隱含誇大的成分，所以發現還有其他容納的支援往往是件好事。在我們的例子中，月亮旺化太陽，同時也在太陽的三分性，所以月亮對太陽的情感在脆弱的迷戀底下，還有一些紮實的東西在。

◆ 我現在後悔拿友情做了這種比較，那並不是說要從字面上解讀。我的意思是，三分性容納具有一定的力量，但遠不及廟宮或旺宮的容納；就像友情有一定的情感，也遠不及愛情或迷戀那般強大。它可能表現為字面上的友情，也可能不是。◇

◎ 界和外觀

在討論尊貴時，我們了解到這兩種尊貴與其說是加分，不如說是沒有扣分：有總比沒有好。容納也是如此。這裡的月亮位在木星的界：所有月亮代表的人，都對木星代表的人有一點興趣。這比漠不關心好一些，但也沒好到哪裡去。「她會和我約會嗎？」她的徵象星位在問卜者的界或外觀：「會，如果她的男友出城，冰箱空了，而且也沒什麼電視節目好看的話。」外觀顯示感興趣的程度，甚至比界更微弱。

不過累積起來，它們也會變重要。「他愛我嗎？」他徵象星所在的三分性和界，正由她的行星管轄：這也許不是她渴望的那種真愛，但如果她只想談場戀愛，他可能是個值得考慮的人選。

◎ 陷

位在某行星的陷宮，即是位在該行星廟宮的正對面，所以這顯示了憎恨。這例子裡的月亮位在金星的陷宮：所有月亮代表的人，都很明白金星是什麼樣子，並且痛恨它。

◎ 弱

弱宮就在旺宮的正對面，所以也帶有類似的誇張感，顯示厭惡而不是憎恨。就像一段感情萌芽期的卜卦盤裡，經常見到情侶們旺化彼此一樣，在感情出現問題時所起的盤，也常見到他們位在彼此的弱宮：弱宮貼切描述了夫妻在這種時候對彼此懷有誇大的厭惡。

◆ 因為弱宮是旺宮的對立面，把弱宮解讀成失望通常都說得通。如果羅密歐在茱麗葉的弱宮，他對她很失望。◆

◎ 無容納

沒有實際的專業術語可以表示一行星完全不在另一行星的尊貴或無力。這顯示該行星對另一行星所代表的任何東西毫不在意，但這不一定就是故事的結局：動機並非總是直接的。也許她不愛他，只是想要他的錢（她的徵象星位在二宮主星的廟宮或旺宮）。

◎ 容納的矛盾心態

這張表有許多地方，行星會同時位在另一行星的尊貴和無力。例如，任何位在巨蟹座的行星，即同時位在火星的三分性和弱宮；位在獅子座4度的行星，位在土星的陷宮，但也位在土星的界和外觀。正如我們討論尊貴時看到的，這並不矛盾：它反映了模糊性，這是我們人際往來日常經驗的一部分，如果我們要對某個情境進行精確的描述，就必須理解這些狀況。例如：她厭惡丈夫，卻感恩他是孩子們的好父親；他討厭妻子，但喜歡她提供了舒適的家居環境。

喜歡或愛慕的比喻通常很有用，但在某些問題脈絡中，主管權、統治權或是影響力的概念更為貼切。例如，有關三角關係的星盤裡，通常會發現當事人偷情的對象和被欺騙的伴侶，這二人的徵象星位在對方的星座：這並非指他們互有愛意，而是顯示了這種情境的政治角力中，誰握有主導權。某些情況下，行星落入某個人的房子（house，先天黃道宮位，即星座）正是顯示：在這個人的家裡。

◆ 有的時候把陷宮或弱宮容納解讀成傷害，會比憎恨更加貼切。「在化工廠工作對我有害嗎？」十宮主星位在一宮主星的陷宮：沒錯，這對你有害。◆

◎ 容納的示例

一邊跟著這個例子，一邊參考上面那張表。假設問卜者由火星代表，她正被強尼・戴普（Johnny Depp）和李奧納多・狄卡皮歐（Leonardo di Caprio）追求中，他們分別由太陽和土星所代表。

我們讓她的徵象星火星，位在日間盤的獅子座 15 度。她比較喜歡這二人之中的哪一位？

她的徵象星位在獅子座 15 度，同時位在太陽的廟宮和三分性。太陽指什麼？戴普。她愛的是強尼・戴普。

獅子座 15 度同時也是土星的陷宮。土星指什麼？狄卡皮歐。她恨李奧納多・狄卡皮歐。

特別注意：這「只」告訴我們她的感覺，並沒有交待她的這些情感是否得到了回應。

那麼他們對她的情感是？就讓太陽位在天蠍座 4 度，土星位在水瓶座 1 度。

戴普（太陽）對她（火星）有什麼感覺？他位在天蠍座 4 度，就是在

她的廟宮、三分性、界和外觀：他為她癡迷不已。

狄卡皮歐（土星）對她有什麼感覺？土星位在水瓶座1度，不在火星的任何尊貴：他對她毫無感覺。

嗯……那他為什麼要追求她？這對他有什麼好處？土星位在自己的廟宮，三分性和界。土星指什麼？狄卡皮歐。那李奧納多·狄卡皮歐愛的是什麼？他自己。所以他可能把她視為戰利品，而不是對她有絲毫的真感情。這種情況並不罕見，尤其在有關感情議題的星盤裡。

但你看！土星所在的水瓶座，是太陽的陷宮。太陽指什麼？戴普。李奧納多·狄卡皮歐怨恨強尼·戴普，也許這就是他追求問卜者的動機：他想要藉由搶走戴普為之瘋狂的女孩來報復他。

注意這裡，負面的容納可以提供動機，而且和正面的容納一樣重要。同樣地，主要的容納通常會提供我們所需要的一切訊息：我們很少需要參考到次要的容納。

◆ 不是所有的容納都一定要有關係。假設木星是我們的主要徵象星之一，而另一顆主要徵象星正位在木星的廟宮時，這對卜卦占星的大多數問題來說，都會是一個判斷的重點；而假如這顆行星位在木星的廟宮，它也同樣是位在水星的陷宮，這就不一定意味著水星參與了這場戲。一旦確定了主要角色，之後引入新的角色就要很謹慎；只有符合目前發展狀況的，才有必要這樣做。◆

◎ 互容

到目前為止，我們一直在討論容納。火星所在的不同尊貴與無力，告訴我們火星所代表人物的態度。如果火星位在金星的尊貴或無力，而金星也位在火星的尊貴或無力，就是互容。從本質上，互容完全可以說是：以某種方式交換回報的容納。

這種相互作用不需要是相同的尊貴或無力（火星在金星的廟宮，金星在火星的廟宮）；它可以是任何尊貴或無力的配對組合。火星位在金星的廟宮：他愛她。金星位在火星的旺宮：她也為他瘋狂。金星只位在火星的外觀：他的愛落單了──她對他幾乎是無動於衷。金星在火星的陷宮：他愛得比單戀還慘──她無法克制地恨他。我們也可以有矛盾的相互作用：火星在金星的廟宮，金星在火星的三分性和陷宮。他愛她；她喜歡他的某些地方，但整體來說她討厭他。正如上述例子所顯示的，考量行星彼此間容納的具體狀況，能夠確切告訴我們這二人之間的感覺到底是什麼。

負面的容納（透過陷宮或弱宮）通常會被忽略。不要這樣做！它們非常重要。下方的星盤將示範它們如何發揮作用。

尊貴的互容，顯示兩顆行星喜歡彼此，如果它們喜歡彼此，就會互相幫忙；所以正面的互容會強化行星，負面的互容會削弱它們。

然而，我們無法針對行星受強化的程度給出任何固定數值，因為這會變動；怎麼變化，就要看容納的強度，再一起看「兩顆」行星本身的強度。

兩顆行星彼此容納的尊貴愈強，它們相互加強的力量就愈大。行星位

在彼此的廟宮會非常喜歡對方，因此急於提供幫助；行星位在彼此的外觀，可能真的需要幫忙才會勉強伸出援手。如果火星位在金星的廟宮，而金星位在火星的外觀，火星會很想大力幫忙金星，但金星幫助火星的熱忱就少多了。不過，如果金星只在火星的外觀，她也許寧願不要讓火星幫助她：容納的尊貴愈小，行星接受幫助的意願就愈低，想要提供的幫助也就愈少。這一點也不抽象：很單純的人類經驗。如果我陷入一個尷尬的處境，我可能很樂意讓最好的朋友幫忙，卻不願讓點頭之交看到我需要幫助。

要透過互容得到顯著的強化，兩顆行星本身都要有力量。它們需要必然尊貴的強化：好人比壞人更願意互相幫助；也需要偶然尊貴的強化，否則它們缺少幫助的能力——或者更重要的是——缺少接受幫助的能力。

想像一下，正面的互容就像友情，我可以和某人有堅定的友誼（主要的互容）；但如果他是個爛人（他自己落陷），他就不會在我需要幫助時伸出援手。或者他可能很討人喜歡（必然尊貴有力），但缺乏表示友好行為的能力（偶然無力），就像我要向他借一些錢，他很想借但手邊沒有半毛錢。或者我可能過於虛弱以至於沒辦法被幫助：我向朋友借錢繳房租，他借給我了，但我卻直奔最近的酒吧把錢喝光了。他的錢幫不上我，因為我自身的弱點。

因此，即使火星位在金牛座和金星位在白羊座是彼此廟互容，這也沒多少幫助：兩顆行星都太過虛弱，既沒有能力幫助也無法接受幫助。而火星位在摩羯座和金星位在雙魚座的三分性互容，看似較微弱卻更有幫助（假如偶然尊貴的條件都一樣），因為這兩顆行星都入旺，所以它們既有能力幫助也能夠接受幫助。

如果你讀過其他現代學派的卜卦占星書籍，你可能會看到這個觀念：互容的行星可以交換星座；即是如果火星位在金牛座，金星位在白羊座，可以把情況當作火星位在白羊座和金星位在金牛座。這根本就是公然曲解托勒密，毫無道理可言（我可能和某人交朋友，但我不會去住他的房子，他也不會來住我的），必須忽視。

還有一個觀念是外來的行星不可參與互容，它們當然可以。外來的行星就像是一個無家可歸的流浪者，而互容就像友誼，無家可歸的流浪者仍然可以有朋友。他可能幫不上朋友多少，但這種友誼有總比沒有好。

◎ 容納的作用

是時候來看看另一張星盤了。我這裡要超前進度，因為這個判斷中有許多要點在後面的章節才會解釋。現在，把注意力集中在如何解讀容納，然後等你進一步讀到書中其他要點時，再來回顧這張星盤。我建議你把這個判斷多讀幾遍，盡可能遵循你目前為止所學到的知識，然後再延伸理解其他要點。研究這個例子，並時時參考〈必然尊貴與無力表〉：你主動練習這些判斷所學到的東西，會遠比被動閱讀多更多。

問卜者寫道，她很年輕就結婚，只因為她懷孕了。然後她遇到了另一個男人，「他曾經甜言蜜語地說我有多美好」。接著問卜者發現這個男人跟另一個女人上床。他說他並不想這樣做，但那個女人威脅他要這樣做。「他真的愛過我嗎？我們的感情有未來嗎？」

我根據讀信的時間和地點起了這張星盤。她，作為問卜者，得到上升星座和一宮主星，也就是金星。作為問卜者，月亮也是她的共同徵象星。

因為這是一個感情問題——而且也只有在感情問題裡——我們還會分配金星給她作為徵象星，那是女性的自然徵象星；不過她已經有金星了。

由於這是感情問題，所以我們要查看七宮。這狀況牽涉到兩個七宮人物：丈夫和情人。他們不能同時由七宮主星所代表，所以我們必須做出選

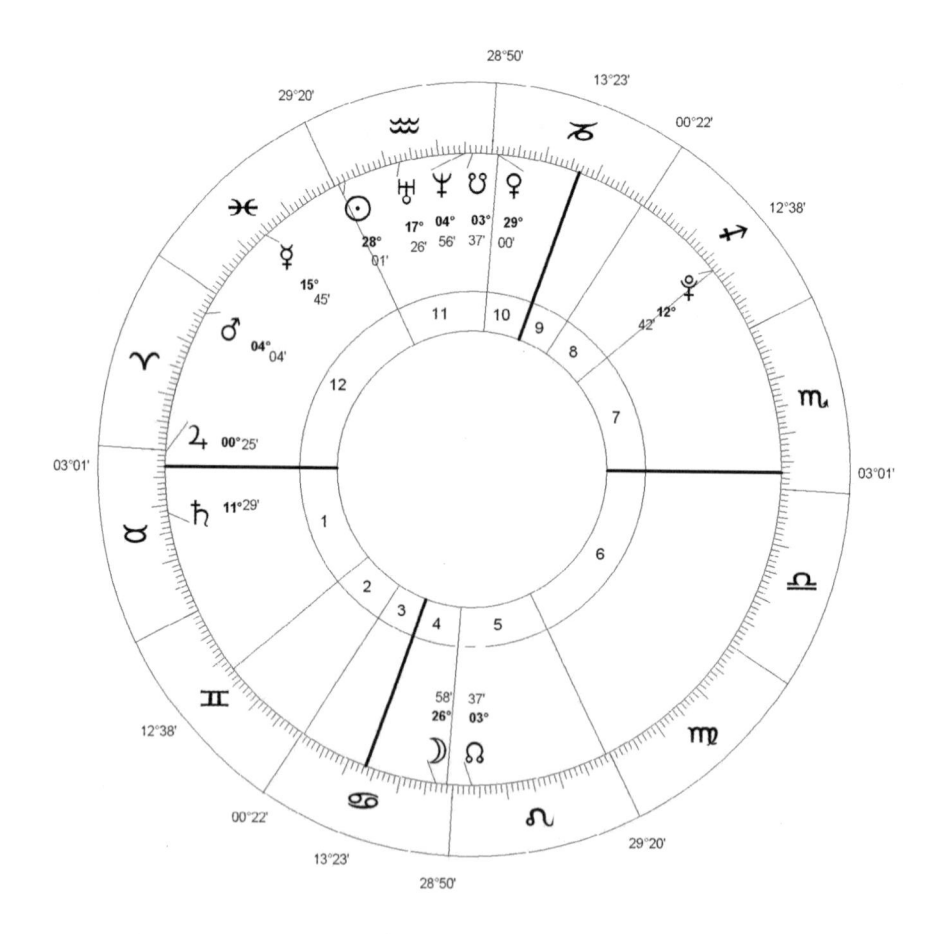

〈他真的愛我嗎？〉格林威治標準時間（GMT）2000年2月17日9:12 am，倫敦。

擇。要選問題裡被問到的那個人，在這個例子是情人：他得到七宮主星，以及──只有在感情問題裡的──太陽，因為他是男人。

他的主要徵象星，火星，位在十二宮；他的第二顆徵象星，太陽，也位在十二宮；因為行星位在宮始點前大約 5 度內，又和該宮始點相同星座時，就算在下一個宮位。由於他的兩顆徵象星都位在十二宮，也就是背著問卜者藏東藏西的宮位，我們可以放棄去相信他被威脅上床的說法是真的了。

他對我們的問卜者有什麼看法？為了確定這一點，我們必須查看他的兩顆徵象星，有沒有位在她那兩顆徵象星的任何尊貴或無力。不論是火星或太陽都沒有受到月亮任何的容納；太陽沒有受到金星任何的容納，火星位在金星的陷宮：他恨她。

◆ 這句應該是：「不論是火星或太陽都沒有受到月亮任何主要的容納」，「主要」一詞排版時漏掉了。太陽，代表她情人男性的那一面，它位在月亮的外觀，但這點微不足道：我們需要一支非常敏銳的溫度計，才能區分完全無感和外觀顯示感興趣的那一點熱度。◆

但她不是問他現在對她的態度，她是問他過去對她的態度。因此，我們必須查看過去，這可以透過回溯行星來辦到，讓它們回到先前過來的方向。

火星，位在白羊座 4 度，最近才換了星座。它最近才進入金星的陷宮：他最近才開始怨恨她。在那之前，它待在雙魚座，那時他對她的態度是什麼？在雙魚座，火星旺化金星：他崇拜她！

火星還在雙魚座的這段期間，他一直在追捧她。所以沒錯，他過去真的很愛她：他的甜言蜜語誠意十足。但旺宮往往好不了多久，一旦美好的泡泡幻滅後，他對她不僅冷漠，也開始憎恨她，這無疑是因為她沒能實現他的女神幻想。這種態度的轉變就是由容納的改變所顯示，即是火星從雙魚座進入白羊座的這變化。

　　當我說「火星還在雙魚座的這段期間」時，我指的並不是火星流運通過雙魚座的實際時間。在這裡，火星經過該星座的期間可以理解為「很長一段時間」。

　　經過練習後，你會發現自己開始在起盤前就知道星盤是什麼樣子，這就來自問題所給你的訊息。當我們一看到「他曾經甜言蜜語地說我有多美好」這句話，就可以確定會在星盤上找到旺化現象。

　　「我們的感情有未來嗎？」儘管我們可能覺得他被威脅上床的說法讓這個問題變得多餘，但重要的是，我們要回答這個問題，而且要根據星盤回答它，而不是從我們自己的假設和偏見來回答。就我們目前了解的狀況來看，事情似乎並不樂觀：他恨她。火星不會轉為逆行回到旺化金星的狀態：一旦旺宮的泡泡幻滅，也許會有一些更持久的東西填補上，但沒辦法再把泡泡黏回去。不過，他的另一顆徵象星太陽，即將進入雙魚座，在那裡它將開始旺化金星。也許還有希望。

　　她對他有什麼感覺？金星位在摩羯座，火星的旺宮。她仍然癡戀他。金星和月亮都代表我們的問卜者，但顯示她的不同面向：頭腦和心。一宮主星顯示問卜者的思維想法，有時則是身體；月亮更偏向問卜者的情感。在這裡它們之間的對分相，顯現了理性和感性的矛盾，這在類似狀況的星

盤裡很常見。人們稱心如意時往往不會來詢問感情。

月亮，她的心，同時位在火星（情人）的三分性和弱宮。她情感上對他仍舊心存愛意，但這片愛意正被厭惡感籠罩著：她現在一定覺得很受傷。

◆ 這裡把弱宮容納解讀成受傷很合理：她的心對他感到失望。◆

金星位在摩羯座的最後一度，即將換星座，也因此將改變它的容納。這種容納的改變，顯示她將經歷心態上的轉變——就像她的情人所經歷過的，火星從雙魚座進入白羊座所顯示那種變化。她的心態將如何轉變？她會停止旺化火星。一旦金星進入水瓶座，就不再位於火星任何的尊貴或無力：她將不再在乎他。

月亮也要換星座了。它拋下火星三分性和弱宮這團惱人的矛盾前往獅子座，到了那裡也不再對火星感興趣；她很快就會完全放下對他的愛。這段感情還有未來嗎？沒有，主要是因為她很快就不想再繼續下去了。

這已經針對問卜者的問題給了一個簡要的答案。我們可能希望進行更深入的觀察，為這答案光禿禿的骨架添點肉。這裡還發生了什麼事？

我們可能會注意到，土星在這張星盤中扮演著重要角色。金星和太陽位在土星的廟宮；火星位在土星的弱宮；月亮位在土星的陷宮。當金星換了星座並停止旺化火星時，土星對問卜者就會變得更加重要：位在水瓶座第 1 個度數的金星，就會位在土星的廟宮、三分性和界。那土星代表什麼？她一停止旺化她的情人時，就突然變得對她更加重要？

在有關外遇議題的星盤中,我們會看到兩個七宮類型的人物。如果七宮主星已經給了外遇對象作為他的徵象星,可以選擇土星代表被欺騙的配偶。假如問卜者正旺化外遇對象,那麼通常會認為配偶就是這顆「大凶星」,阻擋他們追求幸福的未來。這符合星盤上的狀況嗎?

一宮裡有一顆虛弱(外來的)行星,這對問卜者來說是一種折磨。是什麼在折磨問卜者?土星:她的丈夫。

◆「通常可以選擇……代表……」會是更好的說法。這種身分識別不能是假設的,而是必須符合星盤的狀況。如果另一顆行星比土星更合適,就用它替代。◆

金星位在土星的廟宮,可能意味著問卜者愛她的丈夫。但如果你的心正忙於追捧某人,就沒有餘力去愛別人。所以在這裡更合理的解讀是,丈夫對問卜者有很大的影響力,或控管了她,或甚至完全照字面意思來說:她在他的房子裡。

土星位在金星的廟宮,她的丈夫愛她。土星位在月亮的旺宮,這樣丈夫真正想要的是什麼?他旺化的東西:問卜者的心。

問卜者的心對他有什麼想法?月亮位在土星的陷宮:她的心在恨他。而月亮也位在土星的界:她的心看見他有些小小的可取之處。

注意,問卜者分裂的理智與情感,透過金星與月亮的對分相呈現,十分符合她對情人和丈夫的態度。

一旦金星換了星座，對情人失去興趣，就會變得更加受到土星的支配，兩顆行星之間的強大互容會變得更加強勁，這必定意味著她和丈夫的關係得到加強。注意，我們不需要去看她和他之間的相位來顯示這發展，因為這段關係已經存在：我們不需要證明事件。還要注意的是，雖然她會變得更以丈夫為中心（從土星的廟宮和界，進入土星的廟宮、三分性和界），但不會突然開始敬愛他（她的兩顆星都進入無旺可化的星座）。這也是可預見的發展。

與此同時，月亮正進入獅子座，這也是土星的陷宮，她的心還是會繼續恨他的。

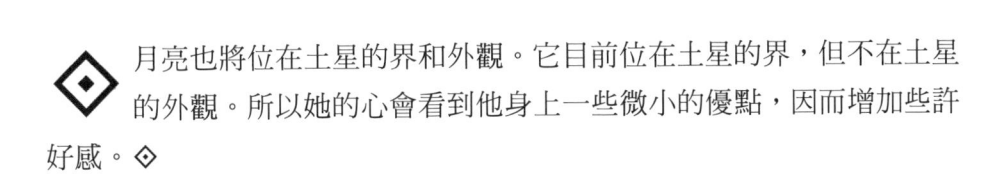

◆ 月亮也將位在土星的界和外觀。它目前位在土星的界，但不在土星的外觀。所以她的心會看到他身上一些微小的優點，因而增加些許好感。◆

為什麼她對這兩個男人的態度會改變？我們的態度不會自行改變：不會在某個早上醒來發現自己愛上這個人或痛恨那個人，會有某個契機觸發這些改變。這種態度上的轉變是由容納變化所顯示（就像在這例子中換星座的變化），而這個觸發的契機，會由容納改變前即將發生的那一個相位呈現。

在金星和月亮換星座之前，即將發生什麼相位？月亮和金星的對分相，這肯定是契機──態度改變的原因。這個相位是什麼意思？

沒錯，我們可以把它解讀成她那理智與情感分裂達到高峰的呈現。不過這無濟於事：我們仍然想要知道原因。

當一顆徵象星正好位在宮始點上，通常是有原因的。這幾乎就像，星盤把它放在那裡當作一種吸引我們注意力的方式，就為了說：「嘿！看這裡！」月亮正好位在五宮始點上——子女宮。月亮是該宮位的主星，所以可能作為五宮主星演出第二角色。月亮是嬰兒的自然徵象星，而且位在肥沃星座的巨蟹座，所以月亮入相位金星必定顯示她將會懷孕。呈現對分相：她並不開心有了這件事，然而正是這一點讓她的理智（金星）專注在她的婚姻上。儘管她的心（月亮）仍然會恨她的丈夫，但可能就在懷孕的期間，那木星的位置、生育力的自然徵象星如此醒目地位在上升點，從而發現了它的重要意義。

「但誰是孩子的爸爸？」顯示她會懷孕的相位（月亮對分金星）還沒發生，所以這事件還沒到來。如果這是一個離相位（假設月亮位在巨蟹座29度正離開和金星摩羯座28度的對分相），我們會判斷它已經發生，即她已經懷孕。所以，目前她還沒有懷孕；她的男友討厭她；她仍然住在丈夫的房子裡；星盤上沒有顯示任何其他的可疑人物：孩子的父親一定是她丈夫。

我們也順帶看見她男友對她丈夫的態度：太陽受土星控管，火星位在土星的弱宮。就像我們問卜者的頭腦和心一樣，這位情人的兩顆徵象星也顯示他的不同面向。七宮主星（火星在這裡）是他作為一個人的想法和感覺。太陽，是因為他身為男人得到的，顯示他的男性動物本能。當我講課時為了娛樂效果，會把主要徵象星、月亮（如果我們正在討論問卜者）和太陽，分別稱為頭（head）、心（heart）和下身（trousers）。這樣的區分可能不夠細緻，但也夠清楚了。如果我們的問卜者不是因為金星本身即為一宮主星而成為她的主要徵象星，我們就會給她金星作為女性的徵象星；在這種情況下，金星會顯示女性的動物本能。由於金星是一宮主星，它在

這裡就扮演著雙重角色。

因此太陽，她男友的男性本色，受她丈夫（土星）所統治。毫無疑問：這位丈夫的存在很可能意味著他沒辦法照自己的意思展露他的男性本色，而他人性中的想法和感覺都厭惡她丈夫（火星位在土星的弱宮）。這不足為奇，因為火星引以為傲的男性本色（旺化太陽）受到丈夫的統治。因此，這位男友對問卜者丈夫的存在感到徹底挫敗，進而憤恨不滿。

你可能已經注意到，行星即將換星座的變化，會立即為我們的問卜者和她的情人帶來一些正面的容納：太陽將進入雙魚座，在那裡旺化金星，而月亮會進入獅子座，在那裡受到太陽控管。他的男性本色（太陽）會開始讚美金星，這裡我們可以把金星的角色解讀成問卜者的女性動物本能；而她的情緒（月亮），仍然痛恨著丈夫，還變成受到她男友的男性本色（太陽）所牽引。正如我們看到的，問卜者和她情人的這段感情不會繼續下去，我們可以把這解讀為他們將與沮喪的懷舊感為伴，深深地回味這段兩人實現得太少的激情。

第 九 章

相 位

　　有些卜卦占星的問題是詢問有關事件的狀況:「我懷孕了嗎?」、「我放假那天的天氣怎麼樣?」、「他真的愛我嗎?」這些可以透過評估相關徵象星的狀態來判斷。然而大多數的問題,想詢問的是某件事會不會發生或何時會發生。對於這些事件,我們不只要考量徵象星的狀態,還得查看它們有沒有相位讓彼此連結。如果彼此有相位,該事件至少有機會發生;如果沒有相位,那就沒機會發生。

　　如果我問「她會嫁給我嗎?」——儘管這問題擺明最好問當事人而不是找占星師——發現自己和她的徵象星之間有強烈的容納,令我信心大增:我們是相愛的。但要是沒有任何相位把我們的徵象星聚在一起,不論我們多麼相愛,都不會結婚。

　　大多數問題是關於未來的考量,因此我們要找的是「入相位」(applying aspect):現在還沒發生、但在未來會形成的相位。而有些問題則是想打探

過去（「這位建築工人是否偷了我的手鐲？」），在這種情況下，我們感興趣的是「離相位」（separating aspect）：已經發生的相位。

我們只關注「主相位」（major aspects）：合相、三分相、四分相、六分相，以及對分相。這些相位也稱為托勒密相位（ptolemaic aspects），原因是托勒密把它們寫進《占星四書》（Tetrabiblos，暫譯）裡，而這本書是有史以來最具影響力的占星著作。合相並非嚴格定義上的相位，但實務上完全可以視為相位來應用，所以單純起見，在這裡就把它當成是相位。

「為什麼合相不是相位？」相位 aspect 這個字，源自拉丁文中意指「一瞥」的那個字，按照「一瞥」的意思，就像是有一束光線從某人眼睛射入另一人的眼睛裡。而合相中，兩顆行星是一體的，你就沒辦法看進自己的眼睛裡。因此，合相不是一種相位。

不論在卜卦占星或其他占星學門，都沒有所謂的「小相位」。「可是里利有提到它們！」這不代表什麼。他寫作的時候，正是小相位開始走紅的年代，現在新鮮感沒了，可以忽略。

相位成立的先決條件是行星所在的星座本身具有星座相位。金牛座和摩羯座是三分相，因此，某顆行星位在金牛座 29 度和摩羯座 29 度的行星是三分相，和水瓶座 0 度的行星就不是三分相。而金牛座 29 度的這顆行星，多半不是快要和水瓶度 0 度的行星形成相位，就是前陣子已經和它有過相位，這些都會影響我們的判斷。但是，現在這兩顆行星就是沒有相位。

要找出某顆行星會不會和另一顆行星形成相位，就必須知道哪一顆行星移動得比較快。正如我們討論偶然尊貴時所得知的數據，行星的日均速是：

月亮	13°	11'
水星	0°	59'
金星	0°	59'
太陽	0°	59'
火星	0°	31'
木星	0°	05'
土星	0°	02'

當我說「必須知道哪顆行星移動得比較快」時，我的意思是「哪顆行星現在正移動得比較快」，這不完全等於「通常移動得比較快」的那一顆。你需要去翻一下星曆書。例如，當我在寫這一段時，火星剛入相位金星——原因只有可能是金星剛剛改變了運行方向，其移動速率慢到火星可以追上它。如果只單看星盤而不參考星曆書的話，我們會以為是金星在離相位火星，而使得任何基於這二顆行星的判斷都會出錯。通常至少會有一顆行星的運行在意料之外，這時查閱星曆書就變得非常重要。要是你沒有去查，那你的判斷就會一直出錯。

關鍵在於，你要知道行星正要去做什麼，而不是只覺得它們「看起來」要去做什麼！

行星沿著平常路徑全速運行時，不會突然改變方向。它們會慢慢減速，直到看起來幾乎停滯為止，再朝反方向開始逆行，並逐漸再次加速。

如果你目前使用占星軟體工作，手上沒有星曆書，可以將星盤推進至隔天同樣的時間來查看行星的動態：這些行星位置上的差距，會告訴你每顆行星在該時段的每日移動值。

第九章　相位　163

　　上面的列表是行星的順向日均速。就我們的用途而言，更能派上用場的資訊是每顆行星平常的移動速率，不論它們往哪個方向運行。我們在這裡不用追求精確：一組概略好記的數字就很夠用了。記住這列表：

　　月亮　　13度
　　水星　　1度半
　　金星　　1度多一點
　　太陽　　1度
　　火星　　半度
　　木星　　幾乎不動
　　土星　　幾乎不動

　　如果比對這組平常的移動速率和前面的順向日均速列表，你會看見水星和金星平時移動得比太陽快，但它們的順向日均速卻是一樣的。這就好比太陽是一位帶著兩隻狗散步的男士，他從容不迫地走著，這兩隻狗卻到處亂跑，但他們都在同一時間抵達家門。

　　試想：如果月亮在白羊座10度入相位去合相白羊座20度的金星，那麼在月亮追上來之前，金星不會移動太多。月亮不用一天的時間就可以走完這10度，而這段期間金星大約只移動了1度，因此它們會在白羊座21度完成合相。如果位在白羊座10度的是水星，情況將大不相同。每當水星朝金星移動1度半時，金星又會離開水星1度多一點，水星要花很長一段時間才能完成這個合相，反倒沒辦法在金星離開白羊座之前達成。

◆　非常重要：如果你的占星軟體有邊調時間就邊推進星盤的功能，不要使用！這沒什麼用處，只會弄得一團亂。從頭到尾只用星盤一開

始的設置就好。當你使用這功能時，實際上是重新產出一大堆的星盤。我們只有一張星盤：就問題提出那一刻的那一張。

現在，進入占星軟體的偏好設定，然後取消星盤上的相位線，這些也只會造成混亂。◇

◎ 相位

大多數讀者都知道如何在星盤或星曆書找出相位，所以我將這項入門的資訊放在附錄，提供給前來重新學習占星學的讀者參考。如果你沒有把握的話，暫時停在這裡，先練習〈附錄3〉。

卜卦占星中，我們主要關注的是正相位（exact aspect）。正，意即精準。假如這個相位只差1分弧距就可以完成，仍然不算正相位，而它原本預示可能發生的事件也不會發生。舉個例子，如果金星抵達火星所在獅子座22.17的這個合相顯示男孩會跟女孩結婚，但金星卻在獅子座22.16轉逆行了，無法完成該相位，那麼這樁婚事就不會發生。

為了顯現詢問的事件，我們需要主要徵象星之間有一個正相位。一顆非主要徵象星的行星和主要徵象星有相位，可能是帶出問題情境中的各方影響力，並不會顯現事件本身。這類型的相位度數要很接近，但不需要是正相位，通常可以忽略它們。就像那個男孩跟女孩結婚的例子：擔心他們其中一方要繳多少稅，對判斷來說通常沒什麼必要。但舉例來說，如果問題是「我的球隊會贏得比賽嗎？」而球隊的徵象星和土星有緊密的四分相，這就會產生影響了：我的球隊會變弱。這類相位差距最多抓3度，超出這距離就不用考慮了。

舊文本在論述相位時，會使用「寬廣相位」（platick aspect）和「等分相位」（partile aspect）等字詞。接下來我會解釋這些字詞讓你有個概念，但沒必要非得親自用上它們，專業術語太多只會添亂。等分相位是指行星個別位在各自星座的相同度數。位在金牛座 21.05 的金星和位在摩羯座 21.22 的火星有等分的三分相：它們都在 21 度上。如果金星是位在金牛座的 20.59，那它和火星就不是等分的三分相，因為它不在 21 度上，即使它們相差不到 1 度也不算。一度（a degree）的字面意思就是一階（a step，古法文），而你不是在這個臺階上就是在另一個臺階上，階級分明沒有模糊地帶。

只不過「等分」這個術語是多餘的。行星在一樣的度數上：那又怎樣？相位顯現事件的必要條件是它們之間一定要完成相位，不是踏上同度就好；而考量影響力的表現，行星只需要相距 2 度或 3 度內就會有效應了。

寬廣相位就是非等分相位。當我們拋下「等分」一詞時，也可以一併把「寬廣」丟掉。

◎ 相位的性質

你可能學過哪些相位是「吉」哪些是「凶」，先把這些概念通通拋在腦後。吉凶是由形成相位的行星本質以及對待彼此的態度來表現，相位的性質沒有吉凶之分。

◎ 合相

行星相距 0 度。當兩顆行星合相時，它們成為一體。這個詞來自拉丁

文，是形容兩個身體合而為一時的常用詞彙。但這真的是一件令人嚮往的事嗎？最溫柔的做愛或最野蠻的強暴，都是兩個身體合在一起：結合本身——合相——並不是令人嚮往的主因。只有仔細研究相關行星的尊貴，尤其是它們的容納，才能知道合相是不是個圓滿的結果。星盤可能顯示我和夢寐以求的女神結合，或是加入請領失業救濟金的隊伍：這兩種情況都是合相。

◎ 三分相

行星相距 120 度。三分相只在行星位於相同三分性的星座之間發生：例如火象星座與火象星座、水象星座與水象星座等等。這意味著互為三分相的行星之間總是存在共通點，因此，三分相顯示事情很容易發生。「容易」和「很好」不是同義詞！如果我的剎車失靈，那車子就很容易從山坡上滑下去還掉進河裡。不論這種容易是不是我們想要的，都會透過行星的本質（好或壞）和容納（對彼此的態度）顯示出來。

◎ 四分相

行星相距 90 度。四分相成事的過程充滿困難或延誤；但還是有可能成就好事。「她會嫁給我嗎？」我們的徵象星透過四分相在一起，顯示「是」有可能；但也許我需要向她求婚兩次，或者準備婚禮的過程延誤不順。在許多情況下，會遇上延誤或困難只是預料中的事——「我拿得到退稅嗎？」、「這次房子賣得掉嗎？」——因此，四分相可能是非常棒的結果。一如既往，關鍵永遠是尊貴與容納。

◎ 六分相

　　行星相距60度。講到相位，六分相又弱又小，是目前為止最弱的相位，然而通常還是可以成事。雖然六分相也是個容易運作的相位，就像簡配版的三分相，但我更相信容納關係良好的四分相。不過倒也不用一直強調它很小很弱，只是在查看行星行動力夠不夠強、有沒有意願去執行時，謹慎一點就好。

◎ 對分相

　　行星相距180度。對分相會讓事物聚在一起，卻又再次把它們分開；或是，成事的過程要花費很多心力，結果卻一點也不值得；又或者，它讓事物聚在一起，也帶著遺憾。威廉・里利說到，如果問「她願意嫁給我嗎？」而兩人的徵象星透過對分相在一起，那麼他們會結婚，但會是「吵吵鬧鬧一輩子」的那種。在現代社會，爭執和吵架就是離婚的理由了。「我會得到這份工作嗎？」一宮主星和十宮主星呈對分相：會，不過你之後會希望這份工作消失，或是不會做太久。

　　如果你看一下容納，很容易就能明白為什麼會這樣。如果兩顆行星呈對分相，那它們的價值觀就是完全對立的。如果某一方喜愛木星代表的一切，那另一方就討厭；要是某一方旺化土星的任何徵象，另一方則唾棄不已。

　　正是行星的狀態以及它們對待彼此的態度──尊貴與容納──左右了相位的表現究竟是吉是凶，而不是相位有性質上的吉凶。

我們來看看一些例子。每當我去美國演講時，主辦單位都會把安排去印第安賭場的行程，當作是回報英國在殖民期間太超過的合理復仇。那麼假設我起了一張卜卦盤來看看我會不會贏錢：

● 一宮主星（我）和八宮主星（他人的錢）之間是入相位的三分相：我會贏錢，而且贏得相當輕鬆。

● 一宮主星和八宮主星是四分相。我還是會贏，但要付出很多努力。可能我必須玩上好幾個小時，也可能要先經過一番奮戰才能真的贏到錢。

● 一宮主星和八宮主星是對分相。我一樣會贏錢（一宮主星和八宮主星有接觸）。但可能沒贏多少——還不夠付來賭場一趟的花費。又或者我贏了，但在去取車的路上，又把贏來的錢輸回去了。

● 我有一個相位連結到八宮主星，而八宮主星入旺還跟北交點合相。好極了！有相位表示我會贏；有力的八宮主星（他人的錢，透過這個相位來到我手上）顯示我會贏大錢。

● 如果同樣的相位，但八宮主星落陷而且和土星有四分相。我仍然會贏錢（有相位），但贏得很少（八宮主星衰弱）。

諸如此類的考量都會是判斷的主要部份。「我該選擇有風險的高報酬投注標的（或）投資，還是比較安全的低報酬選項？」答案就在這裡。

◎ 四分相變成三分相

不，沒有這種事！里利和其他人等聲稱，某些星座的四分相可以視為三分相。這是胡說八道：如果星座的排列這麼有彈性，那月亮就不會在滿月時對分太陽，北交點和南交點也不會彼此相對，以此類推。

他遇到的問題是，為何某些四分相會帶來比三分相更令人滿意的結果。他缺乏對尊貴和容納的全面理解，所以不能明白為什麼會這樣。費盡千辛萬苦去探望好友，遠比隨意就見到不喜歡的人要舒服得多。關鍵在於尊貴與容納。它們的重要性無與倫比。

如果行星是在不對位的星座，就無法形成相位。

假如你來自現代占星的學派，那會習慣把位在白羊座29度的行星，和位在金牛座1度的行星視為合相，或是和位在處女座2度的行星視為三分相。沒有這種事，絕對、從來沒有，不論你的念力再強大也不會有。

以合相來說，正如我們所了解到，合相是兩個身體合而為一；而十二星座的正式名稱是先天黃道十二宮。如果你覺得你的身體和別人的身體不在同一房間內就可以結合，那麼顯然這方面你完全沒有經驗。

以三分相來說，三分相把位在相同元素星座的行星聚在一起，這就是為什麼它是和諧的。假設我是一位會計師，在辦公大樓裡的其中一間辦公室工作。走廊對面的辦公室裡還有另一位會計師，我們的關係很融洽：每當我們其中一人在帳目上遇到棘手的問題時，就散步到對方那頭找幫手。我們可能不是最好的朋友，但我們有個重要的共通點：相同的三分性──我們都是會計師。

另一位會計師隔壁的辦公室租給一位牙醫。如果我把棘手的會計問題拿去問他，他完全派不上用場。而他在自己的辦公室裡不管多貼著牆站，他還是一位牙醫。牆邊幾度內的範圍，並不會把他變成一位會計師。

相位也是如此。

相位有可能在一換星座後就直接完成。例如：月亮位在白羊座28度入相位金牛座2度的火星，它們之間目前沒有任何連結，連個影子都沒有；現在是不成相位，但將來就會形成相位了。

像這樣的相位可以顯示有些事情將在某個變化後發生。如果我們要讓這個相位顯現期望的事件，那就必須順著換星座及後續容納改變的指示來理解這個變化的意義。舉例來說：「她會和我約會嗎？」你和她之間的相位只有在你的徵象星換星座後才能完成。根據容納顯示，這可能告訴我們：「是，她會──但你要先找到工作才行。」這個換星座的變化顯示了情境的轉變，或許態度也一併改變了。

這種相位要限定在下一個星座的前幾度之內。如果該相位沒辦法在下一個星座的前段、最多3度或4度內完成，那麼所問事項不會發生。

通常，如果在換星座之前相位都無法完成，它就是在跟我們說「不」。這是一個「挫敗」（frustration）的例子（見下文）。「今天維修人員什麼時候會到？」有個相位，但只在換星座後才算完成的相位。「他會來，但不是今天。」

哪顆行星入相位哪顆都沒有差別。假設問題是「我的母親會來訪嗎？」可以顯示這事件的相位，不是她的徵象星入相位我的徵象星，就是我的徵象星入相位她的徵象星。誰去探訪誰，這在問題本身就會提到，如果還有必要，那就看容納。

◎ 右旋與左旋

你會在文本中讀到，行星投射「右旋三分相」或是「左旋四分相」。Dexter 和 sinister 分別是拉丁文的右側和左側；它們指的是一個人站在星盤中央往外看的右邊和左邊。

右旋相位是朝這個人的右邊投射，意思是說，它的投射方向和星座順序相反。例如：一行星位在雙子座 4 度，對位在白羊座 4 度的另一行星投射右旋六分相。

左旋相位是朝這個人的左邊投射，也就是說，它的投射方向和星座順序相同。一行星位在雙子座 4 度，對位在獅子座 4 度的另一行星投射左旋六分相。就現代意義而言，這並沒有什麼不吉利的[40]。

所有的相位都是雙向道。如果 A 向 B 投射一個右旋三分相，則 B 也會向 A 投射一個左旋三分相。

這些術語沒有實際意義。現在我會提起這些，原因就只是你在其他書中可能會看到它們。可以忽略哪個相位比哪個強的概念，因為我們的問題並不需要去比較數不清的相位，而且，每一個相位都是雙向道。

---

40. 中譯注：sinister一字在拉丁文隱含負面、不祥、邪惡不正之意。

◎ 間接完成

　　事件的顯現除了透過一徵象星和另一徵象星形成相位之外，也可以透過第三顆行星來連結這兩顆徵象星，這稱為「光線傳遞」（translation of light）或是「光線集中」（collection of light）。

◎ 光線傳遞

　　假設我們想要連結水星和木星。水星位在巨蟹座 10 度，木星位在獅子座 12 度。它們位在相鄰的星座，彼此不可能有任何相位。如果月亮位在金牛座 11 度，它剛離相位與水星的六分相，就立刻入相位和木星四分相，它運送或傳遞（translate 的字義為「引入」）水星的光給木星，因此帶來了事件。藉由第三顆行星參與而建立的連結，通常暗示問題情境有第三方介入。

　　光線傳遞的方式可以有很多種，而這些方式的所有變化型態，基本上都是一顆快速的行星連結兩顆慢速的行星。就像剛剛舉的例子，我們可能會遇到的情況是，一顆快速行星已經離開與一顆移動較慢行星的相位，正前往與另一顆移動較慢行星形成相位的路上。

　　而這顆快速的行星也有可能尚未完成第一個相位，因此它會先入相位其中一顆徵象星，然後再繼續入相位另外一顆徵象星。這情況在還沒有採取實際行動的問題中很常見：「如果我去應徵這份工作會上嗎？」

　　我們還會遇到一種情況是：行星 A 入相位行星 B，然後行星 B 再入相位行星 C，這就產生了連鎖效應，將行星 A 與行星 C 連結起來。

「光線傳遞」舉例：

● 火星位在白羊座 10 度，金星位在白羊座 15 度。金星正離相位火星：這看起來沒什麼希望。但位在白羊座 8 度的月亮和火星合相後，再接著和金星合相，重新連結相位並帶出事件。
● 木星位在獅子座 8 度，土星位在雙魚座 12 度。太陽在天蠍座 7 度入相位和木星四分相後，又接著入相位和土星三分相，把光線從木星傳給土星。

◎ 光線集中

兩顆徵象星都入相位第三顆移動較慢的行星。這就好像第三顆行星站在那裡向外展開雙臂，收集兩顆徵象星的光線並把它們聚集在一起。我想約校花一起出去，但不敢開口。然後，我們都瞥了一眼壞心的校長，他處罰我們二人留置在校，讓我們聚在一起。壞校長已經收集了我們的光。

「光線集中」舉例：

● 火星位在金牛座 5 度，金星位在白羊座 6 度。它們之間沒有相位，但它們都入相位巨蟹座 8 度的木星，木星因此收集到它們的光，把火星和金星聚在一起。
● 水星位在雙魚座 24 度，月亮位在天秤座 22 度。它們都入相位雙子座 26 度的土星，土星收集了它們的光。

理論上，我們可能遇到一種光線集中的例子，是其中一顆徵象星已經和收集光線的行星完成相位（我已經被留置在校，只等著校花惹怒校長被處罰）。我不記得曾在星盤中看過這種情況，但要留意這有可能發生。

光線傳遞和光線集中可以發生在任何相位或合相。它們也如同任何其他相位會被禁止或挫敗（見下文）。和其他相位一樣，這裡講的相位也必須要完成：精準意即正相位。

　　光線傳遞時，傳遞光的行星必須移動得比其他兩顆行星更快。光線集中時，收集光的行星必須移動得比較慢。這沒什麼特別的意義：只是如果行星不在那種狀態，就不可能出現這種情況。

　　與某些文本的說法正好相反，光線傳遞和光線集中並不一定要某種程度的容納才會發生，我們所需要的是對問題脈絡有意義的那些容納。舉例來說：如果我的朋友去拜託比爾・蓋茨（Bill Gates）借給我一些錢（把我的光傳遞給他），比爾・蓋茨喜歡我的朋友可能遠比喜歡我有用。假如我的朋友是去拜託蘇西和我約會（在我和她之間傳遞光線），那蘇西對我的感覺遠比她對我朋友的感覺更重要。所以容納也是如此，比起其一徵象星和負責連結的行星有容納，通常兩顆徵象星之間有容納更加重要。

◆　你經常會讀到光線傳遞或光線集中的條件是，被連結的行星要位在彼此無法直接形成相位的星座。事實並非如此，而且採用這項觀點的文本還提出了自相矛盾的案例。光線傳遞或光線集中的常見情況是，要麼再次重新連結已完成的相位（見第335頁的案例星盤），不然就是加速促成本來後續就會發生的相位。◆

◎ 妨礙的相位

　　泛指那些看似有機會完成，但最後功虧一簣的相位。占星學也是，許多看似十拿九穩，卻世事難料。

◎ 禁止（Prohibition）

形成相位的途中有顆行星擋在路上，就稱為禁止。這發生在以下三種情況：

● A行星在入相位B行星的途中，和C行星不期而遇。例如：月亮位在金牛座8度正入相位和摩羯座12度的土星三分相時，先遇上了位在處女座10度的木星。我和朱莉有約，但我遇上六宮主星：我生病了不能赴約。

● A行星正入相位B行星，但C行星先和B行星形成相位。例如：金星位在天秤座12度正入相位和巨蟹座15度的火星四分相，但在這個相位完成前，位在處女座14度的水星就先和火星完成了六分相。我和朱莉有約，但在我到她家門口接她之前，突然出現另一個人把她帶走了。

● A行星正入相位B行星，但完成相位前，C行星和A行星另有相位。例如：金星位在天秤座12度入相位和巨蟹座15度的火星四分相，但在這個相位完成前，位在天秤座10度的月亮先合相了金星。我和朱莉有約，但在我出發見她之前，珍說希望我回去，所以我就沒赴約了。

◆ 禁止也有溯及既往的作用。假設問題是「羅密歐親吻朱麗葉了嗎？」金星（羅密歐）在白羊座10度。火星（朱麗葉）在白羊座5度。金星正從火星的合相離開，證實「是，他吻了。」但假設土星位在白羊座8度，而我們要把金星往回推到和火星合相時，它會先遇上土星，這就禁止了它過去和火星的合相。就目前的狀況來看，這個合相從未發生過。所以答案是否定的，他沒有吻她。

重要提示：我們考量的是徵象星本身的相位。如果我們要的是A行星對B行星形成相位，那麼在現實的時間裡，實際上先發生C行星和D行星

的相位也無關緊要。它對我們感興趣的相位沒有影響，因此不會禁止。只有當C行星在A和B二行星形成相位前，先和A或B行星完成相位，才是禁止。我們很少——真的非常少——會考量到現實裡的時間。◇

◎ 挫敗（Frustration）

這其實是禁止的特例。A行星正入相位B行星，但相位完成前，B行星就對C行星形成了相位。例如：金星位在水瓶座8度入相位和白羊座12度的火星六分相，但在這個相位完成前，火星就先合相了位在白羊座14度的木星。我打算向朱莉求婚，但在我開口前，她先跟阿爾方斯私奔了。

在A行星還沒能完成和B行星的相位之前，B行星就進入了下一個星座，通常可以視為挫敗。

◎ 返回（Refrenation）

這是個舊式的法律用語，意指違約。A行星正入相位B行星，但是完成相位前A行星就轉逆行了，所以無法完成相位。例如：水星位在射手座17度入相位和處女座19度的木星四分相，但水星在射手座18度轉逆行了，無法完成相位。朱莉已經接受我的求婚，但是在婚禮當天早上，她恢復理智逃婚了。不管行星已形成的相位多緊密，如果它們沒有完成相位，事件就不會發生。行星轉逆行通常顯示它所代表的人物改變了主意。

特別注意：上述這些要點全部適用於合相以及所有相位。當你在讀里利對它們的描述時，會發現他有個說法是「實體相位」（corporeal aspect），意思指行星本體對本體的相位，不只是容許度內的相位而已；換句

話說，他指的是必須成為正相位。「實體相位」並不是指合相。

不用覺得這些專業術語很難。我們這裡說的都是：「要麼我們有辦法合理連結徵象星，不然就是沒辦法。」問題的脈絡即是關鍵，星盤提供我們問題情境的縮影：如果星盤裡的連結在真實生活中合情合理，那它就會起作用。衡量的標準永遠是「這在問題脈絡中合理嗎？」

遇上妨礙不一定真的礙事。試想前面舉的例子，我遇上六宮主星表示我生病了，因而無法赴約。但也許我遇上六宮主星，卻自行服藥緩解症狀，用盡一切辦法赴約。妨礙能否阻止事件發生，取決於三個要素：

- 各行星的力量。
- 容納。
- 問題的脈絡。或者換句話說，常識。

行星的力量有多強？如果我很強壯而疾病很弱，多半不會把它當一回事。而受阻的行星是否強大到足以克服這項妨礙？

有什麼樣的容納？容納是態度的表現，因此顯示出受阻的行星到底有多想要排除障礙。我是為我的約會對象神魂顛倒？或者我約她出去只是因為沒有其他事好做？這顆行星愈想完成目標相位，就會愈努力克服這項妨礙。

是什麼樣的情境？雖然我們不是每次都看得出來，但如果能夠識別造成妨礙的行星所代表的事項，總是很有幫助。要做到這一點，先查看該行星所主管的宮位，然後向問卜者來回探問各種可能性，找出看起來最接近的事項。我們對問題情境了解得愈多，就愈能分辨這項妨礙到底礙不礙事。

舉個例子來說：男孩去見女孩，他們是約好在咖啡店見面十分鐘？還是他花了大筆時間和金錢準備共度浪漫的夜晚？六宮主星所顯示的疾病，即使只是表現輕微，也可能妨礙前一種約會；但要更強烈的徵象，才能阻止後一種約會的發生。

特別在時間範圍較長的問題裡，原本屬於造成妨礙的相位，反倒可以視為事件過程中所發生的各種狀況，這樣就稱不上是障礙。因此，一般問到「我什麼時候會死？」這種問題時，遇上六宮主星可能顯示某一次病情的發作，但無法阻止我在某一刻死亡。

我們確實可以透過仔細分析星盤了解問題情境，而其中我們能夠掌握得愈多，就愈能提供事前避開妨礙的各種建議。到了這個程度，卜卦占星就比單純預測未來看得更多了。「對，她是在等你求婚，不過你的動作要快一點，因為她已經等到受不了，身邊還多了一個纏著她的傢伙。」、「是，你會得到這份工作，不要因為生病就不去面試了。」

◆ 讓我們再舉一個例子。我打算開車進市區，但是道路封閉中，我的行程被禁止了。這時我的反應可能很高興：「好耶！我總算不用去拜訪怪怪的伊戈爾叔叔了！」這種情況下，我反而沒興趣解決或避開禁止。也許我走另一條路或改搭火車就不受影響，有辦法避開這個禁止的狀況。就星盤徵象來說，這可以是把我和所問事項連結起來的第二組相位，但不能碰到那顆禁止的行星。或者另一種方法也許是我的兄弟有一輛推土機，可以移除擋在路上的那棵樹，這徵象有可能是透過光線傳遞把我和目的地連結起來，但同樣要避開那顆禁止的行星。當我們試圖找出造成禁止的人事物，以及有沒有什麼可以採取的應變措施時，記住這個基本的道理：星盤並不抽象，它反映出現實情況。◆

波那提曾說，合相不會受到任何相位的禁止[41]。事實證明，它會受影響，但合相確實更有能力克服禁止。就像前面的討論，要考量行星力量和容納，再綜合現實情況，才能判斷能不能事先預防禁止。

月亮的相位很少導致禁止，除非它主管的宮位存在禁止的事由。假設問題是「我會得到這份工作嗎？」星盤的上升開在摩羯座，而巨蟹座會守護七宮，月亮就代表我應徵工作的競爭對手。如果月亮禁止了一宮主星和十宮主星之間的相位，那麼這個禁止就有意義了：我的競爭對手得到了這份工作。

◆ 「透過映點的合相或對分相會造成禁止嗎？」這取決於問題的脈絡。我們愈能判斷映點合相或對分相所代表的狀況，就愈能知道它會不會成為禁止。◆

請注意，吉星會禁止，效應跟凶星沒兩樣。「我會得到這份工作嗎？」我的徵象星正朝著這份工作的徵象星前進，但有顆強大的木星在中間擋路。透過星盤分析，我知道這意味著我中了樂透。這是件好事，但它一樣讓我得不到這份工作。

你可能已經注意到，禁止和光線傳遞看起來會非常相像。究竟是哪一種效應，將透過問題脈絡和行星的容納表現出來。試想：我在校園裡癡心想著迷人的南希，我拜託朋友去轉告她說我好想認識她。他穿過校園向她

---

41. *Bonatus*, aphorism 31.

走去，但他是向她傳達我的訊息，進而把我的光傳遞給她，還是他自己和她聊起天來，從而禁止了我對她的相位？在這兩種情況下，他的行為完全一樣都是穿過操場走向她。進一步查看他的徵象星還有容納，他是個講義氣的兄弟，比起南希更把我放在心上？還是他沒什麼節操開始狂追她？

在大部分的卜卦盤中，我們只關注行星即將形成的下一個相位，其中如果發生光線傳遞，有時會看到它接下來形成的二個相位。不要將行星推進一個又一個的相位（月亮先和火星四分相，然後和土星合相，接著又和金星三分相等等）。對於問題來說，這些較晚發生的相位很難有所關聯。

總歸一句話：抓住重點！

◆ 學生們會覺得這點很難掌握，所以我重複一遍：不要將行星推進一個又一個的相位！除非有光線傳遞，否則行星形成的第一個相位會禁止後續的相位發生。「禁止」二字就是它印在標牌上的那個意思：就我們的狀況來說，後續相位不會發生。

我們也不能隨意前後移動行星換星座。除非在極少數的情況，我們知道所問事項必定會發生時（例如在第 328 頁的討論），我們才能把目前位在星座最後 3 到 4 度的行星，推進至下一個星座，而且最多只能進入到下個星座前面的 3 或 4 度。同樣地，我們只能把目前位在星座前面 3 或 4 度的行星，推回至上一個星座最後的 3 或 4 度。◆

◎ 容許度

這是另一個必定要解釋的專業術語，因為你會在文本中看到它，但實務

上它又沒什麼用處。「容許度」（orb）可能是古典占星中最被高估的概念。

據說每顆行星都有一個球體圍繞著，它就像是一團光圈或力場，除了圍繞住行星本體之外，也圍繞在行星投射的相位點上。因此，如果一顆行星的容許度為 10 度，這意味著圍繞該行星的範圍是 10 度，以及在它形成四分相、三分相、六分相和對分相的相位點上圍繞的範圍是 10 度。

「容許度」一詞指的是這個球體力場的直徑，行星就位在其中心的位置。球體力場的半徑稱為「半容許度」（moitie，法文中的一半），自球體力場中心向任何一方延伸的距離都是半容許度。當然，我們關注的是半容許度而不是容許度，就像我們會關注拳擊手以左手或右手揮拳的「臂展」長度，而不是他雙手指尖到指尖的長度。

理論上，當一顆行星的半容許度邊緣觸及另一顆行星的半容許度邊緣時，它們就會因球體力場而有相位。舉個例子：如果行星 A 的容許度是 10 度，它的半容許度就是容許度的一半：5 度。如果行星 B 的容許度是 8 度，那它的半容許度就會是 4 度。當二顆行星正好相距 9 度時（兩顆行星的半容許度總和：5＋4），它們就互相碰觸到彼此的球體力場──就好像有兩位拳擊手，全力伸長手臂時碰到了對手的手套。

「這是什麼意思？」什麼意思也沒有。這就是你不用理它的原因。

「為什麼它什麼意思也沒有？」首先，球體力場的邊緣是模糊的。行星的光並不完全像拳擊手的手臂，可以正好是伸展後的臂長而且不會再變長。光圈是漸漸減弱到消失，這就是為什麼里利給了兩個不同版本的行星容許度列表，還說他剛好想起哪個版本就用哪一個；而這也是我沒有在書

中提供這種列表的緣故：一張實際上不存在的列表[42]。

　　任何兩顆位在相同星座的行星都會互相影響，無論彼此相距多遠；任何二顆形成整星座相位的行星對彼此都有這樣的效應，它們互相「看見」了對方。「注視」（beholding）只是卜卦占星的小角色，但對本命占星來說意義重大——它可能是古典占星學中最被低估的概念。注視類似周邊視覺（peripheral vision）：兩顆行星之間可能相隔很大的度數，但要是它們的所在星座相互注視（字面意思是可以看見彼此），就好像雙方都位在彼此的周邊視覺範圍內。儘管無法看得太清楚，但是任何開車的人都知道，我們實際上對於眼角餘光邊緣的事物多少都能意識到。

　　卜卦占星中，我們主要關注的是行星彼此之間的正相位。「正」意即為精準，因此容許度和半容許度在這裡沒戲唱。有時候我們關注彼此靠得很近的行星，是因為它們會互相產生影響。但要特別注意，無論是合相還是任何相位，相距度數最多就是 3 度左右：遠小於容許度和半容許度理論的度數。無論是哪種情況，容許度都毫無用處。

　　有些人會把行星半容許度的交會點視為一條起跑線：認為星盤設置時，如果它們不在交會範圍內，就不能繼續推進形成相位。當然不是這樣，這個概念沒有任何文本支持，而且邏輯不通：這等於是說，不可能有東西從我眼角餘光外跑到視野的正前方。

　　特別注意：當現代學派的占星師談論容許度時，他們通常把容許度放在相位上看（「六分相的容許度是 X 度」），不是查看行星，而且他們講的是球體力場半徑而不是直徑。現代占星的「容許度」＝古典占星的「半容許度」。

現在，你知道容許度是怎麼一回事，可以把它們忘得一乾二淨了！

◎ 逆行相位

當一顆或兩顆行星逆行時所形成的相位，文本的記載往往偏向負面，尤其是兩顆都逆行的狀況。但通常問題的脈絡會為逆行提供充足的理由，很常見到的情境是逆行行星代表的人要回來了，就字義上或隱喻上都是如此。如果問題是：「我和我的前男友會復合嗎？」因為其中一顆徵象星逆行帶來的相位把它們聚在一起，這就符合問題的脈絡。

兩顆逆行行星組成的相位很少見。如果問題脈絡支持雙方都會回歸的概念（例如勞資雙方回到談判桌上），也就不會帶有任何負面暗示。然而，如果沒有這樣的問題脈絡，逆行必須視為違反自然萬物的秩序，因而帶來一種事情不會順利解決的含義。

◎ 離相位

正如我們所了解到，離相位顯示過去已經發生的事。但要是我們期待見到入相位（一些未來將發生的事）的徵象星，實際上卻出現彼此分開的離相位？

---

42. *Lilly*, p. 107.

判斷將取決於問題的脈絡。許多問題中，這可以理解成「你已經盡己所能地接近目標，無法再更進一步了」。如果詢問事項是問卜者夢寐以求的女人，這不是一個好答案；要是詢問的事涉及死亡，問卜者當然就會覺得很慶幸。

　　有時問題脈絡支持離相位代表事件已經開始推動的概念，因此如果這些徵象星接下來不會遇到壞事，我們就可以判斷事情仍在進行中，並將持續達成期望的結果。假如問題是「我會和弗瑞德結婚嗎？」而這門婚事已經談定時，一個離相位可能很貼切地顯示雙方正在籌備婚事；要是星盤上沒有出現任何障礙，那麼婚禮就會按計劃進行。如果問題是「我會和弗瑞德結婚嗎？我們兩小時前第一次見面。」這時離相位就是很明確的「不。」

◎ 行星的配置

　　對於某些問題，我們並不需要相位，你可以在各章節解說星盤的內容找到許多例子。這類問題往往是詢問某件事的狀態，而不是特定的事件發展。例如：「我懷孕了嗎？」五宮主星（嬰兒）位在一宮內，明白描繪出嬰兒正在問卜者的體內：「是，妳懷孕了。」；「書在哪裡？」遺失的書就在它遺失的地方，不用管它接下來會發生什麼事。書的徵象星位在哪個宮位將顯示它的所在之處。

　　基於事件的判斷，單憑行星的配置就可以給出答案的還有其他情境。「我會打贏這場網球比賽嗎？」七宮主星就位在一宮內：對手在我的掌握之中——是，我會贏。

　　但大多數情況下的配置，顯示的不是事件，而是慾望或恐懼。「她會

嫁給我嗎？」我的徵象星位在七宮始點上，並不是對方「會」接受求婚的強力證詞。它顯示出我希望她嫁給我，所以這婚姻比我不想結時更可能發生，但也僅限於說明這一點。「我會得到這份工作嗎？」一宮主星位在十宮始點上。看得出來我很想要這份工作，所以這份工作比我不想要時更可能得到，但也就僅止於此；這不算顯示出肯定的答案。

如果星盤中還有一些其他肯定的證詞，那徵象星移動到宮始點上的動態可以顯示應期（timing）。

以此類推，「我會得到這份工作嗎？」十宮主星位在一宮始點上，並不顯示肯定的答覆。位在上升點的行星通常指出該事項是問卜者的心頭重擔；對這份工作的想法，或是得到工作的任何想法，正重重壓在問卜者的肩上。

我有一位學生想知道「我的前夫會來參加家庭聚會嗎？」而起了張星盤。這位前夫的徵象星坐落在上升點，但沒有和問卜者或這場家庭聚會（五宮主星）形成相位。沒有相位：他不會來。但這個配置顯示出，在意前夫出席的想法就惦記在問卜者的心頭。

發現問卜者的徵象星位在問題相關宮位內（而不是宮始點上），依舊只是顯示欲望或擔憂。例如「這次生病，我能活下來嗎？」一宮主星位在八宮內，顯示無論問卜者會不會死亡，他都很擔心自己會死。而對於盼望的事物，其徵象星出現在問卜者的宮位內比坐落在宮始點上則是更加強烈。「我會得到這份工作嗎？」十宮主星位在一宮內：情況看起來不錯──工作就在你的口袋裡。雖說這不算肯定的答覆，但它是一個強而有力的正面證詞，顯示出這份工作想要問卜者，這情況比問卜者想要這份工作要有希

望多了。

　　然而，如果是已知或假設的事件，有個對宮始點的入相位可以顯示這事件正在發生並給出應期。「奶奶什麼時候會到？」奶奶的徵象星入相位一宮始點，能夠確認她已經在路上，而她的徵象星到一宮始點還要走幾度，即顯示出她抵達的時間。

　　行星會移動，但宮始點和阿拉伯點固定不動。因此，行星可以入相位宮始點或阿拉伯點；宮始點和阿拉伯點不能入相位行星。

第十章

映點

當我第一次讀到映點的內容時,覺得它的概念實在怪到不行,還認為這一定是有人捏造的;但我很快就學習到,這些小夥伴是判斷上的關鍵要點。如果你不用它們,就會一直做出錯誤的判斷。所以,要注意看!

◎ 映點理論

「映點」來自希臘文的「影子」。黃道上的每一度都有相應的映點度數,因此位在某一度上的任何東西,也有一個自己的映點度數。我們通常關注的是行星,所以映點是該行星的「陰影」位置。

忘掉榮格理論(Jungian)裡任何有關心理「陰影」(shadow)的意義:在這裡完全沒有那個意思。「倒影」的說法可能更貼切,就像行星在自己的映點度數上有一個分身,它在那裡的作用力,和行星本體在這度數上的效果完全一樣,只不過映點的連結通常帶有一種隱蔽感。「我會跟凱莉結

婚嗎？」我們的徵象星進入合相：「會，你們會結婚。」我們的徵象星透過映點進入合相：「不會，但你會跟她有段地下情。」

計算

如果你已經知道如何計算映點，可以跳過這一段。

想像從兩個至點（Sostice points，摩羯座 0 度和巨蟹座 0 度）之間畫一條直線。再把這條直線當作是一面鏡子。任何度數的映點，以及該度數映點上的任何東西，都是從這面鏡子裡看到的位置。因此，如果某物位在這條直線其中一側的 2 度（假設巨蟹座 2 度：從巨蟹座 0 度往前 2 度），它的映點就會在這條直線另一側的 2 度（雙子座 28 度：從巨蟹座 0 度往後 2 度）。

這是繞著至點而成的映象，顯示映點概念根植於事實——並非某人憑空捏造的。這些度數之間有個直接的關聯，它們在至點兩側是等距的。打開你的星曆書，找個任意一年的夏至點（太陽在巨蟹座 0 度）。在 1 到 180 之間選一個數字。從該年夏至點往前數跟這數字相同的天數，並記下太陽在這一天的度數。現在，再從該年夏至點往回算跟這數字相同的天數，來到這一天的太陽度數，就是你剛剛記下的那個度數的映點。意思就是說，這兩天從日出到日沒的時間長度會完全相同。

每個星座都會和另一星座互相映照：

	映照至	
♈		♍
♉		♌
♊		♋
♋		♊

第十章　映點　189

```
        ♌              ♉
        ♍              ♈
        ♎              ♓
        ♏              ♒
        ♐              ♑
        ♑              ♐
        ♒              ♏
        ♓              ♎
```

　　因此，任何位在白羊座的東西，映點都會在處女座；任何位在金牛座的東西，映點都會在獅子座；記住這張列表。

　　一旦你知道某物的映點在哪個星座後，還需要找出它位在該星座的度數。原始度數＋映點度數＝30度。行星本體的所在度數，加上它的映點度數，會等於30度。因此，為了找出映點，我們必須用30度減去原始度數。回頭看看上面的例子：如果某顆行星位在巨蟹座0度往前2度，也就是它的本體在巨蟹座2度，那麼它的映點會位在巨蟹座0度往後2度，也就是雙子座28度。28＋2＝30。

　　別擔心！不管你覺得自己的數學有多差，這一點都不難。每一個星座有30度。每1度有60分。60分＝1度。

　　與其把每個星座想成是30度，不如改稱它29度60分。

　　這是同樣的東西（因為60分和1度是一樣的），但這樣做會讓計算更簡單。

　　來練習個例子：

　　假設火星位在金牛座22.35。它的映點是什麼？
　　如果火星在金牛，那它的映點一定在獅子座（根據上表）。
　　那在獅子座幾度？

火星位在金牛座 22.35。
用 30 度來減。
但為了方便起見，在這邊稱它 29.60。

$$\begin{array}{r} 29.60 \\ 22.35\ - \\ \hline 7.25 \end{array}$$

所以火星在金牛座 22.35 的映點是獅子座 7.25。
我們可以驗算一下，因為原始度數＋映點的總和必須是 30。

$$\begin{array}{r} 7.25 \\ 22.35\ + \\ \hline 29.60\ 即 = 30.00 \end{array}$$

讓我們再算另一個例子。

白羊座 14.35 的映點是什麼？
從上表來看，任何在白羊座的東西，其映點都在處女座。處女座幾度？拿 29.60 減掉 14.35。

$$\begin{array}{r} 29.60 \\ 14.35\ - \\ \hline 15.25 \end{array}$$

所以，白羊座 14.35 的映點是處女座 15.25。
這裡常見的錯誤結果是，原始度數＋映點＝ 31 度。所以，你在熟練

> 這個算法之前，一定要把算出來的映點加上原始度數，確認結果會等於30。如果你照我的邏輯把30度稱為29.60，就不會發生這種錯誤。
>
> 如果這看起來好像很難，相信我：真的不難。不用多久你就會習慣在檢視整張星盤時，順便瞧瞧有沒有徵象星的映點在做什麼有趣的事。只要先下點功夫，你會發現查看映點幾乎就是種反射動作。不用每次都全部算一遍。只要想一下「一宮主星在雙子座19度，那巨蟹座或摩羯座11度附近有沒有什麼？」如果沒有──那就沒事。如果有，你再去計算精準的映點位置。

◎ 反映點

如果有顆行星位在雙子座25.42，它的映點會是巨蟹座4.18，而該行星映點正對面的點，即摩羯座4.18，就是它的「反映點」（contrantsicion）。反映點直接就在映點的正對面。

你需要知道這個詞，理由是你會在其他書裡看到，但我強烈建議你自己不要使用，稱呼它為「映點的對分相」就好。這就是它的意思，一清二楚。我們可以省略多餘的專業術語。

例如：假設我的徵象星位在獅子座3.17。它的映點在金牛座26.43。如果有顆行星位在天蠍座26度，它的映點對分相我的徵象星。或者，如果你想要說，它位在我的反映點上。

本命盤中，映點的其他相位意義不大，在卜卦盤也可以忽略，只看映點的合相和對分相就好。

如果這是你第一次接觸到映點，現在休息一下，先找出你本命盤上的映點在哪裡。你可能會發現有一些新的、連自己都不知道的重要相位。

◎ 我們如何使用映點？

如果映點的合相或對分相要顯現事件，一定要是正相位，就和行星本體的相位一樣。不要試著移動映點：你的腦子會打結，尤其是在處理逆行行星的映點。在星盤上標注映點，然後讓那顆要入相位映點的行星朝它移動。

◆ 當兩顆行星都順行時，如果 A 行星入相位 B 行星的映點，B 行星也會入相位 A 行星的映點；當其中有一顆行星逆行時，這種行星的相對運動就會造成混亂。它們可能看起來既像入相位又像離相位，就取決於我們看的是 A 行星還是 B 行星的映點。保持單純：算出逆行行星的映點，然後以順行行星的動向來決定這是入相位還是離相位。◆

如果 A 行星的映點和 B 行星合相，B 行星的映點就會和 A 行星合相。這是必然現象，所以不要高興得太早：「快看，火星映點落在金星上，金星的映點落在火星上！」

很多時候，我們尋找相位並不是為了顯示事件。如果兩顆行星呈現映點合相或對分相，那它們就會相互影響。例如，假設十宮主星代表我正在詢問的新工作，而土星位在白羊座對分相它的映點，那我就可以知道某個

壞東西正（透過映點）暗中影響這份工作；這種影響如果要發揮效應，行星彼此的度數需要很緊密，最多就差個幾度。如果這顆壞土星透過映點位在十宮始點上，也會是一樣的判斷：我的工作正暗中受到折磨。

如同上述例子的說明，行星的映點效應就像是行星本身位在那個位置上，但有幾點不同：

- 我們只專注合相和對分相。
- 映點通常帶有隱蔽感。
- 映點不大可能禁止其他相位。

我曾經只用映點就給出許多卜卦判斷。不會透過映點顯現的事是死亡和懷孕。

行星的必然尊貴力量要看它的本體位置，而不是映點位置。如果木星位在巨蟹座 23.07，它的映點會在雙子座 6.53，當評估映點力量時，木星要看成是入旺（因為它本體位在巨蟹座）而不是落陷（因為它映點落在雙子座）。然而，映點也會有偶然的尊貴或無力。在競賽盤（contest horary）中，其中一方隊伍徵象星的映點正好落在軸點上：非常有力的強化，這支隊伍贏了。我不認為映點落在恆星上會有什麼影響，但我也可能被說服。

◆ 不了，我沒辦法被說服。映點落在恆星上不會有任何影響。◇

如果某顆行星的映點正好落在某個宮始點上，顯示這個人——如果這顆行星是某人的徵象星——對該宮位事項有興趣；或是該宮位會受到這顆行星的作用變好或變壞，無論它代表什麼都會帶來影響。這效應只有映點

正好落在宮始點上才會發生：要是映點在宮位中間飄移，那它對該宮位的影響就可以忽略。舉個例子：如果我問「她願意嫁給我嗎？」我的徵象星映點落在八宮始點上（七之二宮：他人的錢財），這可以說我對她的錢很有興趣；要是我的徵象星映點在八宮內的幾度，就不會有那個意思了。

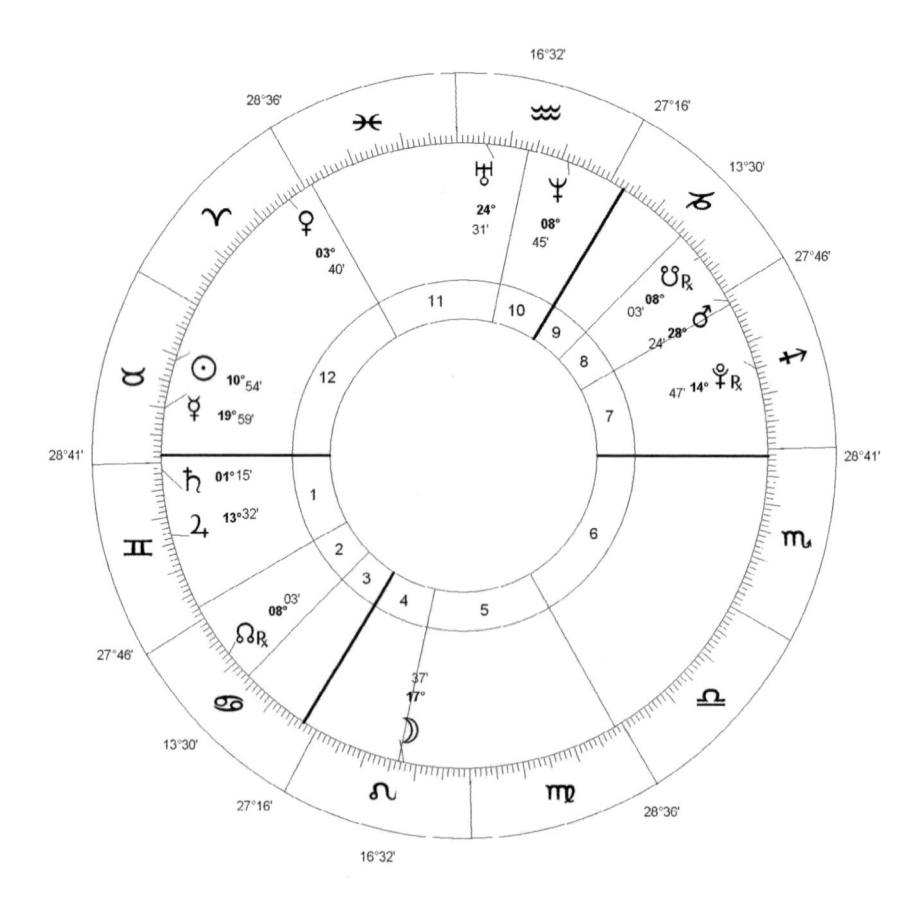

〈他為什麼不打電話給我？〉英國夏令時間 2001 年 5 月 1 日 6:21 am，倫敦。

◎ 已驗證的案例

這星盤的事件就只靠一個映點顯現[43]。問卜者和某位男士透過電子郵件和電話交往。她已經好幾個星期沒有收到他的訊息，他也不接或回電話給她。她的問題是「他為什麼不打電話給我？他還會再和我聯絡嘛？什麼時候？」這裡討論到的一些技法會在本書後面的章節解釋。現在先盡量跟上，等你完成後面章節的練習後，再回來看這張星盤。

問卜者由一宮主星顯示，所以是金星，還有月亮。由於這是個感情問題，我們也會給她金星，因為她是女人；不過她已經有金星了。

她現在感覺如何？呃！金星落陷了，在十二宮。她不開心，而且沒什麼力量：就跟我們知道的一樣，因為她不得不乾等他來電。

月亮的位置通常顯示出問卜者的想法，特別是如果該配置在某種程度上被強調時──就像這裡，月亮那麼接近宮始點，這作用就像一隻螢光筆，吸引我們去注意它。她在想什麼？可能想到戀愛的甜蜜（五宮）。她不大可能在想另一個五宮的主要事項，孩子，因為月亮位在荒地星座。

她的男友由七宮主星顯示，這裡是火星，還有──只在感情問題的──太陽，因為他是男人。

---

43. *R A Applied,* pp.26-28. 附有另一個類似的案例。

她喜歡他嗎？為了知道這一點，我們需要了解她的態度，這可以查看她所有徵象星的容納。翻到第 141 頁的表格。金星位在火星（他）的廟宮和外觀，太陽（他）的旺宮和三分性。月亮位在太陽的廟宮和三分性。沒錯，她非常喜歡他！

特別注意：金星位在七宮主星的廟宮，也就是在自己的陷宮。如果金星很接近七宮始點，比如說在天蠍座 24 度，它一樣是位在七宮主星的廟宮和自己的陷宮，不過那會是一種更加健康的情況，在那種配置的她是直接進入星盤上他的那一側，而且一宮主星位在七宮始點上會總是位在它自己的陷宮。假如她位在天蠍座 24 度，我們的判斷就會是「她愛他（位在他的廟宮），因為這一點她非常脆弱（落陷）——就像我們愛上一個人的樣子。」但是，在這張星盤中，一宮主星位在七宮主星的「另一個」廟宮。她沒有跨到星盤上他的那一側。這裡的意思是，她不開心，所以她才愛他：相當不一樣的動力。

她的感情有得到回應嗎？查看他所有徵象星的容納，瞧瞧他的反應是什麼。太陽位在金星的廟宮和三分性，也在月亮的旺宮和外觀。太陽非常渴望她。然而，位在射手座 28 度的火星卻對她一點興趣也沒有：它沒有在金星也沒有在月亮的任何尊貴或無力。所以，太陽這頭很渴望她，火星卻完全無動於衷。也許這就是為什麼他不打電話給她的線索。

七宮主星和太陽都是他的徵象星；但代表他的不同面向。七宮主星是他作為想法和感覺的人性那一面，太陽則是他身為男性的動物本能，所以是他的動物本能強烈渴望著她。這並不一定只和性愛有關；也包含了通常要找個伴侶的天性。然而，在人性方面，他對她完全沒有興趣。那不管有沒有興趣，他的徵象星分別位在八宮和十二宮，也都不在適合行動的好位置。

第十章　映點　197

　　特別沒有行動力的是火星。它在這裡的狀況看起來其實並不壞：它有一些必然尊貴（界），而且即將進入摩羯座，它的旺宮；但表面上的樣子往往都是騙人的。你必須察覺到行星正在做什麼——而不只是它們看起來要去做什麼。這一定要去查閱你的星曆書。火星正處於第一次停滯：幾乎沒有在移動，因為要轉逆行了，它到不了旺宮這片應許之地；停滯是一個非常脆弱的時期。

　　所以火星（作為她男友的想法和感覺）正處於非常脆弱的階段。為什麼？這顆行星那麼靠近宮始點，向我們指出了答案。它就在二宮始點上、從代表他的一宮（也就是問卜者的七宮）起算的，他正在擔心自己的錢。他的錢怎麼了？看看這個宮位的宮主星，木星。它落陷了。他的錢一團糟。

　　因此我們知道她的男友正深陷在自己的財務問題（火星動不了）。這就是為什麼他沒有打電話給她的原因；雖然我們可以跟問卜者掛保證，他對她確實還是有非常大的興趣。

　　他會再聯絡她嗎？要判斷「會」，我們需要一個相位。月亮（她）確實在入相位火星（他）；但這個相位被水星禁止了：月亮會先四分相水星。不過就算這相位沒被禁止，我們更希望見到和她任一徵象星有連結的是太陽（渴望她的那部分他）而不是火星（不渴望她的那部分他）。

　　太陽位在金牛座 10.54。它的映點在哪裡？

　　從列表得知，金牛座的映點在獅子座。嗯——那裡有月亮：可能有譜了。但會在獅子座的哪裡？

```
        29.60
        10.54  －
       ─────
        19.06
```

太陽的映點在獅子座 19.06。保持映點不動，讓行星朝它移動：月亮馬上就要合相太陽的映點。天大的好消息，因為（判斷必然尊貴要看本體位置，而不是映點位置）這兩顆行星之間具有強大的互容。他會再與她聯絡。

什麼時候？月亮目前在獅子座 17.37，它必須前進 1 度半才能抵達太陽的映點（獅子座 19.06）。所以他會在過了 1.5 個時間單位後打電話。1.5 個什麼單位？這個問題的答案顯然不大可能是「年」：對於我們深陷情網的問卜者來說，「幾年」大概就是「永別」。然後他已經好幾個星期沒有打電話給她，時間單位「小時」可能又太短了。這樣一來，我們就剩下天、週，或月。

根據星座＋宮位的公式[44]，1.5 度在固定星座和續宮的時間單位是「週」，但我們可以只考量固定星座，那就得到最長的時間單位：「月」。所以我們的判斷是，他會打電話給她，可能在一週半後，但更有可能是在一個半月後才打。結果他在一個半月後打給她。

注意，他會打給她的這件事「只有」透過映點顯示。忽略這一點，就會判斷錯誤。這些小夥伴很重要！

---

44. 應期的推算參見第十三章。

第 十 一 章

恆 星

◆ 恆星在本命占星極度重要，在卜卦占星就很少帶有什麼意義。即使本章節寫得這麼短，也給了超出它們應得的篇幅；而且我發現，這已經導致學生過度使用它們。還是老樣子，保持單純：如果你在猶豫要不要把某顆恆星加入判斷，或許最好是不要。

我會限定恆星的使用時機，只在問題脈絡與該恆星的性質有明確、具體的關聯才用上。例如，古羅馬執政官雷古魯斯（Regulus）是在返回非洲的途中被殺害。因此，如果問題是「我應該去非洲嗎？」一宮主星位在恆星軒轅十四上不一定是死亡預告，但會是一個非常強烈的「不要去！」◆

恆星就是我們一般在說的「星星」，與「漫遊的星星」（wandering stars）或行星互成對比。只要在晴朗無雲的夜晚到戶外走走——至少，如果你不在都市的話——就會出現很多的這些星星。其中約有一百多顆具有占星的重要用途，但這一百多顆之中，卜卦占星需要關注的恆星就只有少

數幾顆。隨著我們觸及占星學的層次愈高，恆星就變得愈有意義：它們在本命占星很有用；對世運占星非常重要；而卜卦占星的問題通常不到它們關切的程度。

對於卜卦占星判斷具重大影響的恆星有：

大陵五（Algol）	位在 ♉ 26 度
昴宿六（Alcyone）	位在 ♉ 29 度
畢宿五（Aldebaran）	位在 ♊ 9 度
軒轅十四（Regulus）	位在 ♌ 29 度
東次將（Vindemiatrix）	位在 ♎ 10 度
角宿一（Spica）	位在 ♎ 23 度
心宿二（Antares）	位在 ♐ 9 度

這些位置的度數如我們需要的精確，而且在我寫書那時候的二〇〇五年是準確的。恆星雖然有個恆字，但還是會移動，儘管和行星相比非常非常地緩慢：大約每七十二年移動 1 度。到了二〇一〇年以後，你就可以把軒轅十四視作是處女座 0 度。如果某顆徵象星或某個相關的宮始點距離這些恆星只有幾度（東次將要限制在 1 度內），這可能就很重要了——前提是該恆星帶有問題脈絡的相關含義。

我們「只」關心恆星的會合（conjunction）：沒有相位這回事。行星要不是在恆星上，就是不在恆星上：不要（在卜卦占星時）想什麼行星會朝恆星移動。舉例來說：如果問題是「我的婚姻能保住嗎？」七宮主星位在東次將上，會是一個問卜者的配偶想要離婚的跡象。如果七宮主星要再往前 5 度才會位在東次將上，那就不是他的配偶未來再過不久會想要離婚

的意思。這種動向應該要忽略，而這條通則的例外，是我們要使用卜卦盤為行動擇時的時候[45]。這種情況下，如果有某顆行星正往軒轅十四移動的話，很可能會帶來最佳的行動時機。

忽略所有落在恆星上的映點。

◎ 大陵五

也稱為 Caput Algol，梅杜莎的頭。這是最不幸的星星。卜卦占星中，一般認為它是某個人掉了腦袋。這可以是字面上的意思，但要忍住任何想在卜卦盤推演史詩巨片的衝動，不然你可能就因此失了判斷。的確，這種血淋淋的事件真的會發生；但星星沒有殺人狂的傾向，特別像是在「我會得到這份工作嗎？」或「我可以買這層公寓嗎？」這類問題上，腦袋不見了通常可以解讀成一種隱喻。

舉個例子：問卜者擔心她打算僱用的保母可能做不來。這位保母的徵象星就位在大陵五上，正好證實了問卜者的擔憂：保母可能會「沒了腦袋」。

大陵五在金牛座，如果月亮或金星位在它的位置上，會得到許多必然尊貴。在這個案例中，這位保母的徵象星是月亮，得到了許多尊貴，所以她是一個好人；但工作還是做不好。

---

45. 參見第二十七章。

◎ 昴宿六

它是昴宿星團的主星，這個星團又別稱「哭泣姊妹」（Weeping Sisters）。哭泣是這恆星的主要含義：會有遺憾；事情的結局不會太好。

就和所有的星團一樣，昴宿星團也會影響視力，所以不論誰的徵象星位在昴宿六，這人都可能有看不清楚或被蒙蔽的跡象。

◎ 畢宿五

公牛的南眼。這是天空中金牛座最亮的恆星（即使它依據黃道的測量法，是歸在黃道帶上稱作雙子座的區域）[46]。也有關春分、一年的開端，所以這恆星的含義是發起，以及好的開始。

舉例來說：如果問題是「我應該找新工作嗎？」發現畢宿五位在上升點，一個正是時候展開新週期的跡象，所以「是，現在適合找一份新工作。」

◎ 軒轅十四

也稱為 Cor Leonis，獅子的心臟。它是獅子座最亮的恆星。任何作為星座中「心臟」的恆星，都成了傳達該星座含義的化身，所以軒轅十四就是獅子座中最獅子座的核心：超級獅子座。它對物質成就非常有利，而且在卜卦占星通常只要知道這個含義就好。它不一定是快樂的，但確實會帶來成功。

如果問題是「我這次會升遷嗎？」發現問卜者的徵象星位在軒轅十四

上，會是一個強烈肯定的證詞。如果問題是「她愛我嗎？」或「貓咪會回家嗎？」徵象星位在軒轅十四上，對我們的判斷很可能就沒什麼幫助了。

◎ 東次將

葡萄採集者（The Gatherer of Grapes）。寡婦星。與離婚和分居有相當密切的關係。因此，如果問題是「我們的感情會有未來嗎？」發現東次將位在上升點，可以直接算是一個「沒有」的證詞。

它也與《魔法師的學徒》（Sorcerer's Apprentice）[47]這故事有關——你可能已經在電影《幻想曲》（Fantasia）中看過這一段了。過度擴張；背負你無法控制的力量；蠢得身不由己：做了一些你明知道那是蠢事的蠢事。「我應該開一所靈性學校嗎？」問卜者的徵象星位在東次將上：「除非你想害人害己。」

◎ 角宿一

處女的麥穗。它是天空中處女座最亮的恆星。它和聖母瑪利亞有關，所以帶有強烈的保護性質。角宿一位在上升點並不一定是凡事如願的跡象，但表示就算失敗了，最後你也會沒事的；你會得到庇佑。

---

46. 有關如何區分黃道十二星座（signs）和天文星座（constellations）的討論，請參閱 Real Astrology 第五章。就目前而言，重點是十二星座和實際星座是不一樣的，絕對不要搞混。
47. 中譯注：此故事源自德國著名詩人、劇作家歌德（Johann Wolfgang von Goethe）於一七九七年創作的詩歌《魔法師的學徒》（Der Zauberlehrling），是時常被改編的知名作品。故事中魔法師的學徒偷懶想利用咒語來快速完成工作，卻因為控制不了力量而闖禍。

角宿一可能是最幸運的，帶來獎賞的，但不會附帶像軒轅十四那種很強的物質成就。不過，它倒是兩星之中比較快樂的那一顆。

◎ 心宿二

也稱為 Cor Scorpionis，蠍子的心臟。就像軒轅十四是獅子座中最獅子座的核心，心宿二也是天蠍座中最天蠍座的核心（即使它目前歸在射手座）。它是詩人布萊克（William Blake）詩作中的星辰：

> 老虎老虎燃起烈火
> 暗夜林中熾熱炯炯

它非常強大，但——從超級天蠍座我們就該預料得到——不是最吉利的恆星。

心宿二直接對分了春分的恆星畢宿五，與秋分有關。因此，就像畢宿五是關於發起和開始新週期，心宿二則有關收尾和週期的結束。這不完全是負面的。假設問題是「我應該提早退休嗎？」心宿二位在上中天（或上升點）即顯示一個週期正要結束，該是走向下一步的時候了。

◎ 其他恆星

其他恆星在特定情況下也可能很重要。假設有位女性問到「我應該從軍嗎？」十宮主星位在參宿五（Bellatrix，「女戰士」）：這會是重要的證詞。但要是在這裡討論所有的可能性，這篇恆星章節就會比這本書其他章節的總和還要長，那就過分誇大了恆星在卜卦占星判斷上的重要性。我計

畫未來會專門寫一本關於恆星的書。至於現在，我會說比起完全忽略，更大的危險是過度看重它們。別怕，忽略恆星的意義不會危及你的整體判斷：總會有其他的證詞存在。

如果你想進一步研究恆星，我推薦維維安・羅布森（Vivian Robson）的《占星學的恆星與星座》（*The Fixed Stars and Constellations in Astrology*，暫譯）[48]。這本書承襲古典資料來源，雖然做了很多刪減。如果研究他的書，要忽略所有引用自阿爾維達斯（Alvidas）和威爾森（Wilson）的內容；用在卜卦占星時，還要忽略他特地對每一顆行星位在恆星上的注解。這種特定的說明在解讀本命盤時有其意義：我們可以說「你的土星位在軒轅十四上，因此……」等等；但在卜卦占星中，那就不是「你的土星」、不是你的某個面向。只有「你的徵象星」才是你的全部：「你的土星位在軒轅十四上」不等於「你自己位在軒轅十四上」。所以只要記住恆星的一般含義就好。

羅布森提供的恆星列表是一九二〇年的位置，這些資料需要更新，你得在他所提供的恆星位置加上「1 度多一點」。每顆恆星都有各自的運動方式，以及每七十二年前進 1 度（一年 50 秒）的一般動態。它們自身的運動變化很微小，不過還是會讓每七十二年 1 度的精確計算沒那麼精確[49]；但是把這些位置計算到分也沒有什麼好處。到了二〇一五年，我們可以把

---

48. London (?) 1923. 此書新版收錄在美國占星學中心的〈占星學經典系列〉。
49. 你可能已經在電視節目上看過，天空中星座的形狀在這幾千年來發生了什麼樣的變化：正是這些恆星自身的運動造成的。

「1度多一點」調到「1度半」。在研究里利的星盤案例時，要把羅布森的恆星位置減去4度，把我提供的恆星位置減去5度。

如果你在判斷時納入其他恆星，多半是因為你已經把它們摸熟了。小心不要太著重在它們的字面含義，有時候問題的脈絡會需要字面上的解釋。就像前面女戰士的例子，但通常沒這必要，所以把它們當作是一種提供描述的基調就好。一顆位在卜卦盤上升點的恆星，可以看成是一本小說的封面插圖：插圖本身不會透露故事的發展細節，但會描繪出小說主題的整體意象。如果你想知道故事情節，就讀這本小說——或者，以我們的例子來說，就是判斷星盤。不論你有沒有注意到封面，星盤都會把故事說給你聽。

舉個例子：獸醫建議我應該幫我的狗結紮。我起了一張卜卦盤，瞧瞧這是不是個好建議。恆星往往具有一顆或多顆行星的性質。這張星盤的所有相關徵象星，都位在具有金星與土星性質的恆星上：她的雌性生殖系統（金星）受到限制（土星）。但這些我從問題本身就已經知道了，什麼也沒說到。

卜卦占星的精髓在於快速有效的判斷，要做到這一點，大部分的恆星你都不需要。你可能會受到誘惑，分心跑去研究它們的用途，但最好還是先運用簡單的工具，解出一個可靠的答案。卜卦占星中，真的少就是好。把這句箴言刻在心上，做好這項功課比學習這群恆星軍團的種種細節更加重要。

會對眼睛造成影響的主要星體，不論實質或比喻上的有：

仙女座星雲（Andromeda nebula）[50]	位在 ♈ 27 度
天船二（Capulus）	位在 ♉ 24 度
昴宿星團（Pleiades）	位在 ♉ 29 度
畢宿星團（Hyades）	位在 ♊ 5 度
獵戶座大星雲（Ensis）	位在 ♊ 23 度
鬼宿星團（Praesepe）	位在 ♌ 7 度
獵犬座渦狀星系（Copula）	位在 ♍ 25 度
海山二（Foramen）	位在 ♎ 22 度
天蠍座 M6 疏散星團（Aculeus）	位在 ♐ 25 度
天蠍座 M7 疏散星團（Acumen）	位在 ♐ 28 度
礁湖星雲（Spiculum）	位在 ♑ 0 度
射手座 M22 球狀星團（Facies）	位在 ♑ 8 度
建二（Manubrium）	位在 ♑ 14 度

不過，除了前面提到的恆星之外，我建議忽略這些，除非問題明確把你指引到它們身上（「我有看清事情的全貌嗎？」、「這次的眼睛手術是好主意嗎？」）。

---

50. 中譯注：舊文獻的名稱。過去天文學家都認為它是銀河系內一個類似於其他發光氣體物質的旋渦星雲，所以才誤稱。現確認為銀河系之外分立的星系，稱為仙女座星系（Andromeda Galaxy）。

第 十 二 章

阿拉伯點

　　我過去卜卦時曾頻繁地使用阿拉伯點。現在就愈來愈少用了，因為我發現，它們在大部份的星盤裡都沒有提到關鍵的意義——而且在卜卦占星中，我們也不考量次要意義。不過仍然有些情況，還是值得看一下其中某一個阿拉伯點。大多數問題中，阿拉伯點不會提供那個關鍵的答案。因此，在你盼望來個更深奧的阿拉伯點一舉扭轉判斷時，要忍住不停計算的衝動。不論哪個點都辦不到。

　　阿拉伯點是星盤上為某個特定主題提供資訊的點。像這樣的阿拉伯點有數百個，從杏仁到國王的死亡再到怎麼騙婚都有點可找。阿拉伯點的計算，是先算出二個點（通常是二顆行星）之間的距離，再從第三個點（通常是上升點）延伸出這段算出來的距離。最重要也最常使用的阿拉伯點是「幸運點」（也稱為 Fortuna）。它是經由測量太陽到月亮之間的距離，再從上升點延伸出這段距離的投射點。假設太陽位在金牛座 10 度，月亮位在金牛座 25 度，那太陽和月亮之間的距離是 15 度，所以幸運點就在從上升

點起算，往逆時針方向 15 度的位置。

不管你在看什麼星盤，大部分的占星軟體都會提供阿拉伯點的列表。但要是你還在使用軟體內建的列表和其他資訊頁面的話，看來你也沒好好讀這本書：不要再用了！計算阿拉伯點並不難，但這段練習的過程大概足以打消你沒事就想用阿拉伯點的念頭。

更重要的是，電腦程式對阿拉伯點的呈現方式是錯的。占星軟體提供的是一張列表，上面列出和星盤中某顆行星剛好有緊密相位的阿拉伯點。如果小扁豆點（Part of Lentils）跟土星合相，那它就會出現在列表上──程式才不管實際上「她會嫁給我嗎？」這問題跟小扁豆一點關係也沒有。有些阿拉伯點只是剛好跟某顆不相干的行星有相位，並不是指這個某某點對這張星盤來說很重要。

阿拉伯點的正確用法，是先確定我們想看的阿拉伯點，算出它的位置，然後再去瞧瞧它和──最重要的──它的定位星在忙什麼。阿拉伯點可能會和行星有相位，也可能不會。

計算

如果你已經知道如何計算阿拉伯點，可以跳過這一段。

我們所有測量的度數（例如白羊座 6 度，巨蟹座 17 度等）指的都是黃經度數。這些數字告訴我們某個點在黃道上繞了多遠。某顆位在金牛座 12 度的行星，就是位在黃道上第二個 30 度的區塊（我們把這個區塊稱為

金牛座），而且是位在這個 30 度區塊內的第 12 個度數。

當我們在測量一行星到另一行星的距離，並計算它們之間相距多少度數時，我們要測量的是它們之間相距多少黃經度數。但想成「它們之間的距離是隔了三個星座再加 17 度」很不好算，而且容易出錯。只用「絕對經度」（absolute longitude）計算就單純多了。絕對經度是指從白羊座 0 度起算的那一段距離，但只用數字標示，而不用那麼多個星座又那麼多度。我們的例子是某顆行星位在金牛座 12 度，它的絕對經度是 42 度。要抵達這個位置，我們會先經過白羊座區塊的 30 度，再經過金牛座區塊的 12 度：總共 42 度。

每個星座 0 度的絕對經度是：

♈	0	♎	180
♉	30	♏	210
♊	60	♐	240
♋	90	♑	270
♌	120	♒	300
♍	150	♓	330

記住這張表。

因此，一顆位在獅子座 14 度的行星，絕對經度是 120 度（獅子座 0 度）+ 14 度 = 134 度。一顆位在雙魚座 8 度的行星，是 330 度（雙魚座 0 度）+ 8 = 338 度。

找出行星 1 和行星 2 之間的距離，再把這段距離加到上升點（或其他點）的作業流程，可以簡化成算式「上升點＋行星 2 －行星 1」。

假設我們想要算出某張星盤的幸運點，其中太陽位在獅子座 17.34，月亮位在天秤座 4.52，而上升點位在處女座 22.36。

幸運點的計算公式是「上升點＋月亮－太陽」。

上升點位在處女座 22.36。
處女座 0 度是 150 度，＋ 22.36 ＝ 172.36
月亮位在天秤座 4.52。
天秤座 0 度是 180 度，＋ 4.52 ＝ 184.52
太陽位在獅子座 17.34。
獅子座 0 度是 120 度，＋ 17.34 ＝ 137.34

上升點＋月亮：　　172.36
　　　　　　　　　　184.52 ＋
　　　　　　　　　　────────
　　　　　　　　　　356.88

注意「分」這邊的數字：88 分。每 1 度只有 60 分，但這裡先不管這些算術上的細節。如果你先不要把 88 分進位成 1 度（保留 88 這數字），就能確保算式中第三步驟的減法不會出錯。把小黑點的兩邊視為各自獨立的總和，即使分那邊的數字加到超過 100 也一樣。這能夠避免你犯下常見的計算錯誤。

上升點＋月亮：　　356.88
　　－太陽：　　　137.34 －
　　　　　　　　　　────────
　　　　　　　　　　219.54

因此幸運點的絕對經度是 219.54。
查看星座絕對經度表，並找出小於 219.54 的最大數字。
它是 210，即為天蠍座 0 度。

所以幸運點位在天蠍座。
把絕對經度 219.54 減掉 210：

$$219.54$$
$$210.00\ -$$
$$\overline{}$$
$$9.54$$

所以幸運點位在天蠍座 9.54。

注意：整個計算過程中，如果想讓總和數字更單純，可以隨時加減 360.00。如果你發現要減去的數字大於另外兩個數字的總和，那把前兩數的總和加上 360 後計算。如果全部加完得到的數字大於 360，就再減去 360。如果最後的總和在分那邊大於 60，就減去 60，然後進位至度數加 1。

讓我們再試試另一個例子。假設我們要找出辭職與解僱點（Part of Resignation and Dismissal），它的公式是「土星＋木星－太陽」。並假設土星位在白羊座 17.54，木星位在金牛座 4.58，太陽位在射手座 20.17。

土星＋木星： 17.54
 34.58 ＋
 ──────
 51.112，注意「分」那邊

 51.112
－太陽： 260.17 －
 ──────
 這樣我們無法計算，所以加上 360.00

```
        51.112
    360.00 ＋
    ─────────
    411.112，現在我們可以減去太陽

        411.112
        260.17 －
    ─────────
        151.95
```

因此，這個點的絕對經度是 151.95。

但這是度和分，而不是度和小數點後兩位。因此我們現在必須調整「分」：95 分 =1 度又 35 分。

所以 151.95 = 152.35。

在這張表中，小於這個數值的最大數字是多少？

150。所以這個點在處女座。

```
        152.35
        150.00 －
    ─────────
          2.35
```

因此，這個點位在處女座 2.35。

只要練習幾次你就會知道，這個計算方法比看起來簡單多了。我有很多自認算術很差的學生，但他們沒遇上太多困難就全學會了。

◎ 阿拉伯點的用法

這是一條通則：阿拉伯點不主動，它們是被動的。它們不投射相位（阿拉伯點不過是空間中的一個點：它沒有光，所以沒辦法投射出相位）；它們接收投射向自己的相位。假設木星精準四分相婚姻點（Part of Marriage）：木星所代表的一切東西，都會帶給婚姻壓力，但並不表示這段婚姻會對木星有任何影響力。

也就是說，在特定情況下，如果特定的阿拉伯點被投射相位時，就可以起作用。假設我的徵象星入相位和辭職與解僱點對分，這就是我會失去工作的證詞。阿拉伯點在這裡的作用是標記事件的時間點，就像標記道路某個地點的里程標誌一樣，而不是演示事件本身。如果里程標誌告訴我目前距離市區還有一百英里，我可能會決定停下來吃個晚餐；這意思就不是里程標誌讓我停下來吃晚餐。但爭論這點很沒意思：阿拉伯點和行動，在星盤上可以視為直接連動的關係。

如果你要用某個投射向阿拉伯點的相位顯示事件，緊守只用合相和對分相的原則。其他相位不大可能帶來事件，除非還有其他強烈且一致的證詞存在。

就像考量行星一樣來判斷阿拉伯點的強弱狀態：它們會受到焦傷、行星的相位，以及諸如此類的種種影響。從它的所在宮位判斷強弱時要特別謹慎：假設任務點位在十二宮，這是指它很虛弱？還是暗示要和大型動物一起工作？

要抓住重點。除非阿拉伯點與問題脈絡有直接的關連，不然就別讓它

出場。如果問題是「我什麼時候會結婚？」七宮主星合相死亡點（Part of Death）並不是指你會跟斧頭殺人魔結婚。這個點根本沒有代表任何意義：與問題毫不相干，更不應該用上它。假如問題是「我得了絕症；我在死之前會結婚嗎？」那死亡點大概就有關聯了。

◎ 轉宮

如果你要使用轉宮，阿拉伯點也要跟著一起轉。假設我問「我女兒真的打從心裡想要當芭蕾舞者嗎？」那麼我看根本盤的使命點（Part of Vocation）是沒有用的。這問題不是在問我的使命，而是她的使命。因此我們必須轉宮，從她的十宮始點來投射使命點，而不是我的。

◎ 幸運點

雖然這是本命占星學最重要的阿拉伯點，而且大部分的占星軟體都會理所當然地把它顯示在星盤上，但它在卜卦占星的作用有限，很少提供到其他地方沒有顯示的資訊。

幸運點的計算公式是「上升點＋月亮－太陽」。常見的用法會在夜間盤反轉公式（上升點＋太陽－月亮）。我強烈建議不要這樣做：日間盤和夜間盤都使用原本的公式。大多數的占星軟體可以讓你選擇夜間盤的公式要不要反轉。

幸運點可以顯示出問卜者的寶藏──究竟是什麼寶藏要視問題的脈絡。因此，如果幸運點正好位在某個宮始點上，可能顯示該宮位事項對問卜者來說很重要。「我什麼時候會結婚？」如果幸運點位在五宮始點上，

可能暗示問卜者的「寶藏」就是生養孩子。阿拉伯點必須在宮始點附近 1 到 2 度內，才帶有這種意義。

既然幸運點是問卜者的寶藏，可以在尋找失物的問題中代表遺失物；但通常不是這回事：幸運點在我們候選的指標名單上，排得可遠了。

幸運點可以在金錢相關的問題中發揮作用。問題愈籠統，它就愈有可能發揮這種作用。「未來幾個月我的財務狀況如何？」有力的木星與幸運點三分相：好的不得了！那在更具體的問題中，比如「我可以買下這層公寓靠出租賺錢嗎？」即使證詞再好也只算次要意義。對於判斷的主線，要看問題提及的宮位（在這例子是五宮：四之二宮，從房產的獲利）。

普遍的原則是，如果你注意到幸運點有些動靜，例如有個正相位，這狀況就值得參考，但不大可能具有重要意義。你沒必要特地去查看它（「我想知道幸運點的狀況。」）。

◆ 我在這裡太過遵循舊文本的說法，特別是關於金錢的內容。不論在卜卦占星或本命占星，幸運點和物質財富之間，從來就沒有直接的關聯。我們傑出的前輩們常常聲稱兩者存在相關性，特別是他們在判斷二宮事項的時候；但這是嚴重誤解了幸運點的本質，就為了補足占星師總缺了點什麼的需求，好讓他們硬湊出一個皆大歡喜的判斷。要是他們知道有小行星，恐怕也早就把它們全加進去了。

我想不起來有哪個卜卦盤的幸運點重要到影響了判斷。里利提供了幾個幸運點很重要的星盤案例，但仔細分析這些判斷就會發現他是錯的。請見例如《基督教占星學》的第六十三章和第五十四章。我會在〈卜卦占星

實習課〉（*Horary Practice*）中討論這些案例。◇

◎ 婚姻點：上升點＋下降點－金星

婚姻點在許多感情問題中扮演著重要角色。我使用它的次數遠超過其他阿拉伯點的總和。

婚姻點告訴我們兩個人之間的感情品質，以及他們看待這段關係的態度。也用隱喻的方式告訴我們，這段關係分別對這兩個人的意義：如果容納顯示婚姻點討厭其中一個伴侶，我們就知道這段關係傷害了這個人。

◆ 我這裡可能沒有解釋清楚。容納要看阿拉伯點的定位星，而不是阿拉伯點本身。參見後續的附註說明。◇

婚姻點不只與正式的婚姻有關。它是來自上升點和下降點的投射點，只與一宮和七宮代表人物之間的感情有關。假設七宮主星是指已婚問卜者的情人，那麼婚姻點描述的是問卜者她和情人的感情，而不是她的婚姻。

參考以下例子：

一宮主星是火星位在處女座 19 度，代表問卜者。
七宮主星是金星位在雙子座 12 度，代表問卜者的妻子。
婚姻點在處女座 5 度。

這是夜間盤。

這對配偶喜歡彼此嗎？

看看容納就知道了（第八章）。

火星位在金星的外觀。金星位在火星的外觀。

他們之間有互容的關係，但僅限於外觀。這非常薄弱——幾乎沒有一點火花。

火星同時也位在金星的弱宮：問卜者厭惡他的妻子。

不過火星和金星都對水星有濃厚的興趣：火星位在水星的廟宮和旺宮；金星位在水星的廟宮和三分性。無論水星代表什麼，對他們二人來說都非常重要。

水星指什麼？

婚姻點在處女座 5 度，所以水星是婚姻點的定位星。水星代表著這段婚姻。

由此我們可以看到，雖然這對怨偶不喜歡彼此，但他們都很看重自己的婚姻。這很常見，特別是在「我們的婚姻能走下去嗎？」這類型的星盤裡。也很常見到這類型的案例中，婚姻點的定位星受五宮主星所定位：對這段婚姻而言，什麼才是重要的？孩子。

在感情問題中，如果你發現雙方都對某顆身分不明的行星有濃厚的興趣，通常會發現這顆行星是婚姻點的定位星。就好像這裡面牽涉到三個不同的實體：丈夫、妻子和婚姻本身。

阿拉伯點的定位星即為該事物的象徵。婚姻點的定位星代表著這段婚姻；手術點（Part of Surgery）的定位星代表著這場手術；小麥點（Part of Wheat）的定位星代表著問卜者的小麥。這很重要：正是這些點讓我們找出相關人等對該事物的態度，而該事物的狀態，阿拉伯點定位星告訴我們的訊息不會少於阿拉伯點本身。

我們來看看一些可以示範這部分的例子：

● 「我和鮑伯有未來嗎？」問卜者的徵象星看起來對七宮主星（鮑伯）沒興趣，但位在婚姻點定位星的許多主要尊貴。「你似乎不大喜歡鮑伯。星盤暗示你想要一段關係，他只是湊巧出現的對象。」

● 「我什麼時候可以找到老公？」一宮主星剛進入婚姻點定位星的廟宮，問卜者直到最近才決定她想要結婚。這在包辦婚姻的問題中很常見到。

● 「她是不是要離開我了？」七宮主星位在婚姻點定位星的廟宮，而且是在 29 度。她至少快要對這場婚姻失去興趣，而且很有可能會真的離開你；後續的發展就看其他證詞怎麼說。也許她的徵象星正處於停滯，在離開目前所在星座前就轉逆行：「她現在很認真地考慮離開這件事，但她會回心轉意的。」

● 「我們的婚姻會長久幸福嗎？」婚姻點定位星位在固定星座的前幾度，而且獲得許多必然尊貴。「這段婚姻會長久（固定星座）且幸福（必然尊貴有力）。」

● 「我媽會贊成這婚事嗎？」十宮主星（媽媽）位在婚姻點定位星的弱宮。「不會！」

● 「我們會有小孩嗎？」婚姻點和它的定位星都位在肥沃星座：有力的正面證詞「會！」

婚姻點辦不到的事，是為「我們什麼時候會結婚？」提供答案。伴侶其中一方與婚姻點或婚姻點定位星的相位，並不會給出應期。我們需要的是這兩個人之間的相位。婚姻點指的是感情本身，而不是結婚這件事。

◆ 前面提到，阿伯點的定位星代表著該事物，所以婚姻點的定位星就代表著這兩個人之間的感情。不論阿拉伯點的位置有著任何其他的尊貴或無力，這一切都沒有意義。我們絕對不會認為「阿拉伯點旺化火星」或「阿拉伯點位在土星的陷宮」。所有涉及阿拉伯點的容納，都要從它的定位星來解讀，而不是從阿拉伯點本身。假設，舉個例子來說，婚姻點的定位星位在一宮主星的弱宮，我們會判斷問卜者對這段感情很失望，如果是阿拉伯點位在一宮主星的弱宮，就沒有告訴我們任何訊息；因為容納是條雙向道，但行星位在某個阿拉伯點的尊貴或無力是不可能的事。請看第 100 頁的〈必然尊貴與無力表〉。表格中有行星，但沒有阿拉伯點：行星不會位在某個阿拉伯點的旺宮或陷宮，行星只會與其他行星有這種關係。◆

◎ 其他婚姻點

女性婚姻點（Part of Marriage of Women）：上升點＋土星－金星
男性婚姻點（Part of Marriage of Men）：上升點＋金星－土星
伴侶婚姻點（Part of the Marriage Partner）：上升點＋下降點－七宮主星

我會提到這些阿拉伯點，純粹是讓你在其他地方看到它們時，不會感到一頭霧水。它們只跟包辦婚姻有關，而儘管我解過很多這類主題的卜卦盤，也從未見過這些點幫了什麼忙。只在本命盤使用它們。這三個點的前兩個會在夜間盤反轉公式，所以日間盤的女性婚姻點等於夜間盤的男性婚姻點，反之亦然。

◎ 離婚點（Part of Divorce）：上升點＋下降點－火星

有個說法是，離婚點的公式要反轉自婚姻點公式。這就錯了：離婚和婚姻不是對立的。

按慣例，當問題真的出現離婚這個選項時，經常發現配偶其中一方或雙方位在離婚點定位星的主要尊貴。配偶其中一方很可能旺化離婚點定位星，認為離婚可以解決所有問題；而另一方可能位在其弱宮，痛恨且害怕離婚的想法。

與婚姻點不同的是，離婚點確實涉及具體的事件，因此它的相位可以帶來該事件和應期。徵象星合相入相位離婚點：「你會離婚」（當然也要其他證詞佐證）。徵象星對分入相位離婚點：「你會離婚，但後悔莫及。」

「我們離婚會影響孩子們嗎？」五宮主星和離婚點定位星陷宮互容：「當然會！孩子們討厭離婚，離婚也討厭他們。」

除非詢問的問題表明離婚是個認真考慮的選項，否則不要使用這個點！不論離婚點有什麼配置，假如離婚沒有成為一個選項，那就不存在關聯。就像有個扮演哈姆雷特的演員在《奧賽羅》（Othello）公演中的舞臺晃來晃去，不管他配合演得多像一回事：他軋錯戲了，應該忽略。這原則適用於所有阿拉伯點。

◆ 我不再使用離婚點了。沒有人關心離婚這件事。人們可能會說「我要離婚」，但這不是他們真正的意思。他們真正想說的是「我不再指望婚姻了」。◆

◎ 辭職與解僱點

這種阿拉伯點很少見，它是從三顆行星的位置計算出來的：「土星＋木星－太陽」。在「我能保住工作嗎？」這類問題中，可以用上它。

這個點和離婚點一樣涉及事件，所以它本身的相位可以帶來事件。如果問題是「我應該辭職嗎？」問卜者的徵象星入相位和辭職與解僱點對分，可能表示：「看起來你可能會離開，但你會後悔的。」

假設解僱點的定位星位在上升點：被解僱的想法正壓著問卜者。不過單憑這項證詞，只能表示這想法對他有影響；不代表他會被解僱。

「阿拉伯點準嗎？」在一九九七年五月一日，英國大選投票結束的那一刻，月亮（平民或選民的自然徵象星）正精準地——甚至達到分——坐落在保守黨（Conservative Party）誕生星盤的辭職與解僱點上，而這次選民正是解僱了保守黨。

◎ 使命點（Part of Vocation）：上中天＋月亮－太陽
名聲點（Part of Fame）：上升點＋木星－太陽

雖然這些點在解讀本命盤時最有效，但在詢問事業職涯的卜卦盤中，也值得查看一下。使命點和幸運點大致相同，只差在它是從上中天而不是上升點延伸出去的點；由於它的基底是幸運點，我建議在夜間盤不用反轉公式。名聲點則確實要在夜間盤反轉公式。

幸運點即靈魂，這就是為什麼會認為幸運點帶有問卜者的寶藏之意，我們的「重價珍珠」[51]；儘管極少數的卜卦盤帶有這一層含義。而使命是靈魂要完成的事，因此使命點和幸運點是相同的弧角，從上中天（十宮）延伸出去，顯示我們的作為。這個點可以讓我們深入了解問卜者內心最渴望展開行動的方向。

「如果老爸要我去當會計師，我會死！」水星對分相使命點：我們可以理解原因了。會計學與問卜者的靈魂本質對立不容。使命點位在守護五宮始點的肥沃星座上：「也許你適合當家庭主婦生養孩子。」位在二宮則普遍明顯強調：「你需要停止做白日夢然後去認真賺錢，這對你的靈魂有好處。」

名聲點也被稱為任務點（Part of Work to be Done）。也許這個名字更適合它，因為它不一定會讓我們成名，但的確帶有「該做的事情就要做」的這種感覺；比使命落在更物質的層次。如果使命是靈魂的呼喚，那任務是「你在此時，此地，所擁有的能力；這些能力就是需要做的事」。

---

51. 中譯注：原文the pearl of great price作者借喻靈魂為無價之寶。此名稱典故出自新約聖經的《馬太福音》十三章45-46節。

◎ 死亡點

　　它有好幾個計算公式。其中我只用「上升點＋八宮始點－月亮」以及「八宮始點＋土星－月亮」。倒不是說其他公式都不對，只是這兩個公式就夠用了。

　　留意你自己使用死亡點的方式。死亡是人生的重大事件：我們沒有必要為了打探它，硬去找一堆次要證詞。不要一看到死亡點有相位，就單憑這一個證詞認為某人會死亡。

　　關於直接詢問死亡的問題，我不再使用這些阿拉伯點。如果這個人會死去，也將透過其他的證詞顯示（例如八宮主星的相位）。我還沒看過哪張盤只憑一個死亡點就顯現死亡事件，連它作為主要證詞的情況都沒有。如果你不把死亡點管緊一點，你卜卦盤上的屍體就會比香港警察電影裡的還要多。

　　只把這些點留給背景帶有死亡陰影的問題：他會下臺嗎？某位政治流亡者問道：「我現在回祖國安全嗎？」死亡點或死亡的這些徵象星很活躍：「風險太高了。」這並非是個明確的證詞說「不，你會被殺掉」；但足以構成謹慎行事的警告。

　　類似問題還有「我應該開刀嗎？」發現死亡點位在上中天（主導整張星盤）或同樣位在手術點的度數：「不，風險非常高。」這個點本身並不是指明死神要把你帶走，但能夠表示你的選擇不大明智，比較靠近死亡。

◎ 手術點：上升點＋土星－火星

夜間盤要反轉公式，變成「上升點＋火星－土星」。在大部分關於外科手術的卜卦盤，依據自然徵象，我們可以選擇火星代表這場手術。如果火星已經是問卜者或疾病的徵象星，則需要另一個代表手術的選項，這時手術點就可以派上用場。不過就算我們能夠使用火星，也值得找出這個點，看看它會提供我們哪些資訊。

注意！即使手術點的狀態再好，手術本身也不是一件好事：別期待看到快樂的行星間形成友善相位。最樂觀的情況，是發現疾病的徵象星位在手術點定位星的廟宮：這場手術能夠控制病情。疾病徵象星主管了手術點或手術點定位星，則是最不幸的狀況。

人們會來詢問關於眼睛的雷射手術。發現手術點或它的定位星位在某顆會影響眼睛的恆星上（見第 207 頁），將成為一個負面的指標。同時也要查看阿拉伯點本身、它的定位星，以及眼睛的自然徵象星太陽和月亮，這三者之間的關係。

手術點的公式反轉後，即是「疾病點」（Part of Sickness）。它是疾病徵象星的候選之一，但我們還有更好的選擇。我建議這個點留在本命占星使用就好。

◎ 各種物品點

小麥、橄欖、棉花、葡萄：這些以及更多的物品都有專屬的阿拉伯點。很久很久以前，占星師的主要業務是回答農作物的出售時機，或是去調查種這個還是那個好。要判斷這些問題，物品點是不可或缺的存在——雖然在現代化的世界裡，這類問題很少見，也離我們太遠了。有力的木星三分相玉米點（Part of Maize），而虛弱的土星對分相小麥點：明年改種玉米。八宮主星（七之二宮：他人的錢財）2度內合相黃瓜點（Part of Cucumbers）：兩天後帶著你的黃瓜到市場上賣，你會大賺一筆。

由於本書是教科書而不是一本百科全書，我就不在這裡列出各種物品點。如果你被問到這類問題——在我解過的數千個卜卦盤中，我只記得被問過一次——參考比魯尼（Al-Biruni）提供的阿拉伯點綜合列表[52]。如果你需要的物品點沒有在他的列表上，試著研究他的公式結構，然後替換成所問物品的自然徵象星。

◎ 其他阿拉伯點

如果你有股衝動想把其他的阿拉伯點放到星盤上，請看比魯尼提供的公式。照他表格的內容，計算「位置3＋位置2－位置1」。

但是，如果你有這種想把其他點放到星盤上的衝動，那你多半還沒打穩卜卦占星的基礎。想在外牆貼上花俏東西，我們先把房子蓋好再說。你不需要那些點！額外的技法永遠補不了沒練基本功的坑。不如多下點功夫去複習基礎！

◇　就在本章的第一行，我寫到我愈來愈少用阿拉伯點。除了婚姻點還有些用處之外，我現在幾乎不用它們。就像恆星一樣，它們在本命占星非常重要，但在卜卦占星的用處就非常少。如果你發現自己在偶一為之的星盤以外還用上它們，那就是太常用了。保持單純！◇

---

52. 見注36。Al-Biruni, op.cit., paras 476-479.

第十三章

應期

打起精神:這部份很棘手。問卜者不只想知道事情會不會發生;他們還有個習慣,就是想知道事情什麼時候會發生。因此,我們必須要能夠對預測事項推算出應期。

應期可以非常準確:我曾經把預測推定到「分鐘」的程度,儘管為客戶做到這樣有點荒謬——過程充滿樂趣,只是實務上用處不大。有時候,應期很容易判斷,可以明確到如同任何其他我們考量過的事項那樣單純。然而,更多時候,它需要考量相關因素和可能性來取得平衡。

◎ 推算方法

假設你設置了一張卜卦盤,並判斷會有個事件發生:「是,會發生這樣那樣的情況。」這個事件通常會透過某個相位顯示,而這個相位通常就會為我們給出事件的應期。

有時我們不得不用別的方法找應期，要麼是因為顯現該事件的相位並未提供合理的時間，不然就是該事件由相位以外的什麼來顯示。回頭看看第一章「貓咪不見了」的星盤案例。這個事件——貓的歸來——不是透過相位，而是以木星的逆行狀態來表示。由於木星沒有形成任何重要相位，所以必須從別處顯示貓回來的應期。在這個案例中，則是由月亮入相位上升點所表示。

一旦鎖定適用的相位，會有好幾種方式供我們查看事件的應期。

所有應期的推算都要參照設置卜卦盤的那一刻，這就是「時間零點」（time zero）。

◎ 使用過去的事件

如果我們可以知道過去的事件，這會是目前用來判斷應期最為可靠又最為準確的方法。一切取決於星盤如何向我們證實過去的事件。假設問題是「我什麼時候可以再婚？」而我們得知問卜者三年前離婚了，星盤顯示她的徵象星已經離相位火星、這顆離婚的自然徵象星；如果它離開火星的距離是 5 度，我們就知道這張星盤的時間比例是：5 度 = 3 年。因此，如果現在她的徵象星要入相位代表她未來丈夫的七宮主星，還得再走上 10 度，那麼判斷就很簡單了：「你會在 2×3 年 = 6 年後再婚。」就像我們在地圖上看到的比例尺一樣，彷彿星盤帶有自己的時間刻度[53]。

---

53. *The Real Astrology* 頁 4-7 討論的星盤案例就是一個例子。

◎ 星座與宮位

可惜的是,星盤很少顯示過去的事件。或者說,理論上我認為星盤應該都有顯示,只是它們表現事件的方式很少清楚到可以拿來使用的程度。所以我們還需要再找其他的方法,這時候事情就開始複雜了。

卜卦占星中,應期推算是學生呈現最難吸收的地方。我還不知道問題出在哪,所以看好了!就照著這樣做。

先找出相位。如果我們能找到,其中入相位行星從現在的位置到完成該相位的位置之間有一段度數差。除非這張星盤屬於我們可以從過去事件得出應期的類型,不然這段度數差,就是從提問開始到事件發生之間,時間單位(小時、天、年等等)的總數量。

來算算這顆入相位的行星在完成相位前,還要運行多少度數。假設這個相位是太陽位在金牛座10度入相位獅子座14度的火星。太陽必須走多遠才算真的完成相位?

答案不是4度。

火星並沒有原地不動,白白等著太陽追上來。火星也在移動。我們關注的不是入相位行星運行到另一行星原本在星盤中位置的那一段距離。

我們想知道的是,這顆入相位的行星到完成相位時,必須運行的這一段距離。為了找出答案,你需要查閱你的星曆表。

你只要看到有人的額頭烙印「查閱星曆表」這幾個字，就知道他是我的學生。額頭被烙字是很痛的，所以這裡一定要注意，「完成相位的地方才是重點」。

位在金牛座 10 度的太陽，要入相位追上獅子座 14 度的火星，通常會在金牛座 17 度完成相位，而不是金牛座 14 度；太陽必須前進 7 度才能完成這個相位，而不是 4 度。

這個 7 度就是重點。

因此，問自己以下問題：

● 這個相位會在哪個位置完成？（根據你的星曆書）
● 入相位的行星抵達這個位置時，還要運行多少度數？

我們現在已經確認度數差了。這個數字告訴我們，所問事件要經過多少個時間單位才會發生。現在我們必須找到相應的時間單位是幾小時、幾天、幾週、幾個月，還是幾年？如果你讀過里利的書，你就會知道他在這部份簡直是幫倒忙。首先，他給出兩組矛盾的應期推算標準；第二，他還固定了這兩組的時間單位。舉個例子來說，他提出角宮＝年的這項建議是最沒用的。如果問題是「我男友什麼時候會打給我？」幾年就很不切題。先把里利的書收起來，仔細聽我說。

任何問題都自帶相應的時間範圍，通常會包含短期、中期、長期這三種可能性。遇到為愛所困的青少年急問「我男友什麼時候會打給我？」可以把幾分鐘當短期，幾小時當中期，幾天當長期；如果是年紀大一點的問

卜者詢問「我何時會遇到真命天子？」最長期的選項就會是「年」，再給出「月」是中期，「週」是短期。這三個單位是連貫的：我們沒有分鐘、月和年。

「可是這樣子假設時間範圍，會限制星盤提供給我們的各種可能性。」並不會。我們會有不到 1 度就完成的相位，因此在選擇「我何時會遇到真命天子？」的合理時間範圍時，我們選定「年、月、週」這組，也不會卡到丘比特的翅膀。以它的最快選項來說，不到 1 度就完成的相位仍然可以給出「今天下午！」

確實，時間單位（快速／中等／緩慢）到底怎麼選才算對，有時會引起爭議；但沒有你想像中這麼常見。通常，選項可說是非常明顯。如果遇到不清楚的情況，記住這點，理論上一個相位的最大間距略小於 30 度（行星位在某星座 0 度走到該星座 29 度才完成的相位），這會讓每個時間單位的最大值，只比 30 小一點。舉例來說，如果你想到的只有幾個小時，那「小時」看起來就不大可能當作最快的單位；但如果有想到最大值 29 個小時——超過一天——你就會發現這個單位具有更多的可能性。

一旦你選好短期、中期和長期的時間單位範圍後，接著透過入相位行星的所在星座和宮位，從中確定哪一單位才適用。不用管接受相位的行星是位在哪個星座和宮位，我們只關注入相位行星，只有帶來入相位的那一顆行星。學生都很抗拒這一點，並堅持一併考慮那顆接受相位行星的所在宮位和星座。如果你覺得我重覆這點很囉唆，要知道這是我根據多年來的教學經驗才提醒的。只有一顆，一顆，那一顆！

按照我們為問題設定的合理時間範圍來看，入相位行星如果位在固定

星座將給出最長的時間單位；基本星座最短；變動星座中等。

這樣夠簡單了吧。等我們講到宮位的時候，情況就會變得比較複雜，因為這裡頭有個內在的矛盾。就宮位本質而言，角宮等同固定星座，指的是最慢速的時間單位。果宮[54]——從字面意思可想而知是一個「倒塌中」的房子——給出了最快速；續宮則在二者之中。把宮位和星座結合在一起，我們會得到譬如說，長＋長，這肯定是指最長的單位。或者說，短＋短，就是最短的單位。任何其他組合，都將給我們中間值的單位。

沒錯，這個系統明顯偏重中間值單位，這可能說明了一些事物本質的**趨勢**。但如果星盤想要向我們顯示最快或最慢的時間，它完全可以辦得到。

現在的矛盾是：角宮的本質是緩慢的，但行星位在角宮卻獲得很多偶然尊貴。偶然尊貴增加行星行動的力量。因此，如果該行星想要採取行動，它完全有能力做到，而且很可能一有想法就迅速展開行動。由此可見，角宮是快速的。

關鍵在於「想要」這個詞：意願問題。如果讓一切順其自然地發展，不論什麼事落到角宮都會進度緩慢。如果從問題脈絡來看，不論角宮行星代表哪些人事物都是待在可以行動的位置，然而如果（且只有在）容納顯示出行星想要採取行動，這時它才會迅速展開行動。這個內在（顯而易見）的矛盾，就是為什麼里利會給出兩個明顯矛盾的表格。

---

54. 中譯注：原文cadent意為下降；中文術語的果宮帶有果子成熟而掉落下降的含義。

舉例來說：我問「支票什麼時候會送到？」然後發現支票的徵象星位在角宮。支票沒辦法做任何事讓自己快一點到，無關乎意願的問題，這時角宮就會暗示緩慢的時間單位。

另一方面，當印度女性問到「我何時會遇到未來的老公？」通常會看到她們的徵象星位在角宮。一旦她們下定決心該嫁人的時候，就會使出渾身解數加速這整個過程，才不像布莉琪‧瓊斯[55]，只會傻等丘比特（Cupid）擠進她生活的窄門。如果這些位在角宮的徵象星提供了我們一個入相位，再加上（她花錢來問事的行為使我們預期）容納表現出她想要這個婚配對象，我們就可以把這類角宮性質視為快速的單位，「因為她有力量，也有意願使力」。

情況反過來也一樣。如同蘋果從樹上掉下來般，對於順其自然發展的事物，果宮顯示事情會很快發生。然而，要是關乎意願問題，果宮行星代表的人沒什麼力量去採取行動，那麼果宮將會使事情的發展慢下來。

記住這張表：

	最短	中等	最長
星座：	基本	變動	固定
宮位：	果宮	續宮	角宮
但是：	意願能使角宮加快，果宮減慢。		

舉例來說：「我什麼時候能找到更好的工作？」我們的最長單位一定是「年」，因此「月」會是中間值，快的話就「幾週」。問卜者的行星位在續宮及基本星座，再入相位6度就會完成相位，所以我們的答案會是「六

個一些什麼」。續宮是中等；基本星座是快速的。這不是快＋快會給出的最快時間（週）；也不是慢＋慢會給出的最慢時間（年）；所以一定是中間值。你將在六個月後找到更好的工作。

「我的公寓待售中，什麼時候會賣出？」幾天、幾週或幾個月都很合理。買家的徵象星（七宮主星）再入相位5度就完成相位。它位在固定星座及角宮，慢＋慢。這可能給出應期五個月，我們最長的單位。**但是**：記住有關意願的問題！這是角宮，所以買家擁有很多力量去行動。他想要採取行動嗎？來查看容納：「哦，不錯喔──容納顯示他急著要買。」他有行動的意願和能力，所以我們就可以把他的角宮性質視為快速的。快（有意願的角宮）＋慢（固定星座）給出中間值的單位：五週。

就算角宮的性質多變，實際上也不是那麼複雜。要對大多數的星盤給出準確的應期，這些就夠你用了。但並不是所有星盤都這樣：還是有些差異存在。

就像我先前強調過，我們關注的是行星完成相位需要運行的距離，雖然一般來說這樣做很正確，但在某些星盤，我們確實要把接受相位的行星視為靜止不動的狀態。我前面給的例子是，「位在金牛座10度的太陽，要入相位追上獅子座14度的火星，通常會在金牛座17度完成相位，而不是

---

55. 中譯注：英國暢銷作品《BJ單身日記》（*Bridget Jones's Diary*）的女主角，想得到真誠的愛情，卻只會等候而忽略要經營自己的感情生活。原著為英國女作家海倫·菲爾丁（Helen Fielding）於一九九六年發行的小說代表作，並於二〇〇一年改編成同名電影。

金牛座14度；太陽必須前進7度才能完成這個相位，而不是4度。這個7度就是重點。」然而，有時候我們會使用太陽走到火星目前位置這段4度的距離，忽略火星也在移動的事實。這項操作會用在：

● 把第二顆行星的移動納入考量後所得到的應期，不符合問題的真實狀況。

● 星盤中有兩個應期的證詞，而我們把接受相位的行星視為靜止不動時，就能讓這兩個證詞一致（意即都顯示出相同的時間點）。

某些星盤中，我們只考量入相位行星的所在星座，而不考量所在宮位。「哪些星盤？」就是那些我們只考量入相位行星的所在星座，而不考量所在宮位的星盤。我很希望能夠引述規則佐證，但目前連一條都沒找到。它們就是看起來像「只限星座的星盤」。你要是卜卦占星練得夠久，就會練出認得它們的眼力。可能這種星盤大多都有行星位在固定星座，自然也就給出最長的時間單位。這一點，至少符合我的印象；但還是謹慎看待這個意見。星盤案例請看第194頁。

到目前為止，我們所採用的是度數數量＝時間單位數量。通常這樣就很準確了。假如要提高精準度，我們可以調整這個數量。如果入相位行星的動態明顯比它平常的移動速率更快或更慢，對於同樣的度數數量，它就需要花上更多或更少的時間才能走完。如果我們想要調整，可以根據這點來增加或減少時間單位的數量。這部份不用太講究：這顆行星需要明顯比平常更快或更慢，才值得考慮做調整。每日移動差幾個弧分對木星來說是件大事；對月亮來說就無關緊要。

我過去預測應期曾經為了沒必要的精準度數，去仔細計較行星移動速

率比平常更快或更慢的實際比例；但這樣做沒有太大的意義。只要調整「一點」就夠準確了。拚死拚活地讓客戶知道，她會在二十八日星期一的 10 點又 03 分遇見真命天子，只是在滿足我們的自我。「大約在月底」這樣的準確度就達標了。用點常識：如果事件將在本週晚些時候發生，我們預測出日期很合理；如果事件是在二十年後發生，給出是哪一年就夠準確了。要克制炫技的衝動。如果你的預測是「你會在三年後結婚」，而她那時結婚了，你會被視為一位偉大的占星師。但假如你的預測是「你會在三年後的八月十七日結婚」，而她在八月十八日結婚，你就會是那位算錯的占星師。

特別注意：如果入相位行星的動態比平常更快或更慢，這一點「只」會影響時間單位的數量，不會影響到我們已經選好的時間單位。如果我們推算出的應期是六週，那麼根據行星的速率調整後，可能會是五週或七週，而不會換成六天或六個月。

雙體星座會使事情變慢一點，但這也只會影響時間單位的數量，而不影響它們的性質。慢一點的那「一點」，就是我們能夠做到或需要做到的精準度。實務上通常不需要考量這些因子，雖然它們多少有點作用。

如果接受相位的是一顆逆行的行星，那麼這是兩顆行星互入完成相位的情況，事件發生的時間點會比度數數量指示的要快一點。會快多少？再說一遍，快「一點」。在這種情況下，最好把度數的數量當作應期的最晚期限，然後推測事件「或許會更快」發生。

如果星盤上有兩個相位指出事件會發生，這些相位通常會像我們預料的那樣，顯示出相同的應期。「很接近」就很好了。假如其中一個相位顯示 12 個單位，而另一個相位顯示 3 個單位，那麼十二週＝三個月的關聯性

已經很接近,足以加強我們預測的可信度。

忽略現實中的時間。這是學生們普遍會犯的錯誤,不論他們遭受多麼重大的失敗都還是緊抓著不放,認為如果星曆書上顯示這個相位將在下週二發生,那這個相位表示的事件就會在下週二發生。才不是!星曆書的內容是以我們感知到的時間來表示,那是一種錯覺;行星的動態則是方便我們取得,並盡可能接近真正時間點的近似值。從應期的象徵性方法著手,就照著前面的討論。

當我們的問題是有關長期的一般概況,或是我們想要打破問題的現況限制,去看看未來某一段長時間的走向時,就是星曆書上的時間真正有參考價值的時候。這通常是為了安慰問卜者,一切都還有希望。

舉例來說:假設問題是「你能不能為我未來幾個月的業務情況給些整體指示?」而我們發現問卜者的業務由木星代表,它將在三個月後進入自己的廟宮。我們可能會判斷事情大約在那時候開始好轉。就我的經驗,問卜者通常會回答:「哦,沒錯──那時正好結束一個大型的貿易展。」等等類似的內容,而且這種指示總會得到準確的驗證。

或者,假設問題是「他真的是我夢中情人嗎?」而星盤給出的判斷很明顯在說「你瘋了嗎?」那我們可能會看遠一點,注意到幾個月後問卜者的徵象星就會離開它的陷宮,並進入到一些有好感的互容,然後再補充:「不過到了秋天的時候,你會感覺狀況好多了,也因此準備好進入一段滋養你的感情,而不是像現在這樣絕望地抓住一個不適合的對象。」等等類似的內容。

當討論到更長期的**趨勢**時，行星通過一個星座所顯示的自然時間單位，通常是一個月或一年。因此，舉例來說，假如問卜者的業務由金星代表，位在獅子座 28 度，而問題關於長期展望，那我們的判斷（其他證詞也一致同意時）可能是：「你現在可能覺得自己非常成功（金星位在軒轅十四上），但接下來這段時間你會陷入膠著（進入處女座）。明年（行經處女座）看起來是那種大有可為的發展（金星位在三分性），但很難盡如人意（金星入弱）。總體來說，這段低潮期的影響會大於現在的高峰；但是在那之後（金星進入天秤座），一切都會巧妙地步入正軌。所以咬緊牙關，堅持到最後。[56]」不要看超過下一個或下二個星座之後的發展；要是看了，我們會發現每個人什麼事都遇上了。

這種超前部署的做法要非常小心。卜卦占星的新手常有股衝動想讓行星繞著星盤追著跑，把星盤搞得像蛇梯棋棋盤；這股衝動最好要克制點。除了少數例外，我們在任何星盤都只關注行星的下一個相位，不會再多了。

里利給了幾個例子強調「實時」流運（Transit）的重要性。所以，假如水星入相位木星，他的判斷不會是「還有 4 度才能完成相位：事件將在四週後發生」，而是說「我的星曆書上顯示，這個相位發生在下週二的 3 點 56 分：事件就會在這時候發生」[57]。這招請勿在家自行嘗試！拜託。

---

56. *RA Applied*頁128的醫學星盤案例提供了一個這樣的例子。
57. 見*Lilly*頁385-8的案例。

如果這種事你真的非試不可,最好留給周邊問題。舉個例子來說:我們已經心裡有底問卜者會在六個月後和女友結婚,這是從他們二人的徵象星會在 6 度後完成相位得出的判斷。我們注意到,這兩顆徵象星都位在女方四宮主星的重要尊貴,表示她父親的意見對這件事來說非常重要。我們還注意到,在二十八日星期五的 11 點 52 分,問卜者的徵象星流運至十二宮始點,而十二宮主星和女友父親的徵象星互容。十二宮代表的動物要比山羊大,我們建議他在二十八日 11 點 52 分去逛市場,他將會在市場找到一隻真命駱駝,可以說服她父親答應把女兒嫁給他。

　　關於流運的部分,有個說法是如果卜卦盤上有某些東西合相了問卜者本命盤的某些東西,那這張卜卦盤即是「根本的」或某程度上更真實的。這讓我們來釐清一下。我問了一個關於愛情的問題,並發現卜卦盤裡的金星正好位在我的本命上升點,這樣會讓這張卜卦盤變成「根本的」嗎?當然不會。它顯示金星正過境我的本命上升點,而我,正在想關於愛情的事,這並不奇怪,僅此而已。可別忘了,流運和我們正在進行的星盤是一致的系統:一切都不斷地以最複雜且令人讚嘆的方式結合在一起。那顆金星位在我的本命上升點,可能表示我正在思考愛情——這實情也許從我去找占星師詢問「她愛我嗎?」就看得出來——但這並沒有告訴我們這段愛情會不會得到回應。把這些納入考量只會模糊問題的焦點。所有的星盤都是「根本的」,我們都被諄諄告誡要把問卜者的本命盤從他的卜卦盤上好好分開,以免它們混成不三不四。

　　有個特殊情況是,行星的「實時」動態在尋找失物的問題中會變得非常重要。這類型的星盤常常可以看到失物的徵象星焦傷:這件失物無法被看見。假設這張星盤上的其他要素都指向找回失物,我們就可以伸手去拿星曆書,記下徵象星離開焦傷狀態的確切時間,並給出判斷:「你會在這

時間找到它。」這可能會帶出一個奇怪的景象，全世界會有好幾千人準時在格林威治標準時間 8 點 22 分找回他們珍貴的物品時，高舉雙手歡呼，不過它用起來似乎又有一定程度的可靠性，這對我們來說就夠了。

當問題中特別提到某個日期時，往往是個重要提示，因此該日期的行星位置值得拿來和卜卦盤對照。一般情況下，假如我們限制問卜者只能說幾句話，那麼不論他說了什麼通常都會很重要。假如這幾句話與時間點有關，我們就該查看一下。

有位問卜者極度渴望她的兒子被某間學校錄取，但情況看起來愈來愈不妙。她一心要把兒子送進私立學校，不讓他去選不錯的公立學校；但兒子卻因為一些她認為很荒謬的理由，現在被她中意的私立學校拒絕了。這名男孩報考了另一所學校的入學考試，同時向原本中意的私立學校提出上訴，這二件事都有確切的日期。他的表現怎麼樣？

他的徵象星是五宮主星，木星。學校由九宮代表，宮主星是月亮。入學考試在五月十八日進行。按這一天的流運，月亮為九宮主星，來到卜卦盤的五宮始點。這是一個肯定證詞，但這天的月亮和五宮主星之間沒有互容。男孩順利通過這間學校的入學考，但沒有拿到獎學金。第二間學校上訴的日子定在八月十日。到了這一天，男孩的徵象星木星走到九宮始點，這裡由巨蟹座守護，木星的旺宮——所以男孩就在這裡受到高度重視。他會得到獎學金嗎？會。事後驗證也是如此。

同樣地，如果問題有指定的時間邊界，這也會反映在星盤上。可以直接認為相關行星目前所在星座的盡頭，即是這段指定時間範圍的終點。假如我問「我今年會中樂透嗎？」然後發現我的徵象星一離開目前星座，立

刻合相十一宮主星（天上掉下來的錢），那我的判斷是：「不會，但我明年初就會中獎了。」

最後，還有那些只留下一個時間單位的可能性而備受歡迎的問題。「今天這樣那樣的事何時會發生？」是其中最常見的。「分鐘」通常不會在選項內，因為我們知道這件事還不會在 29 分鐘內發生；「天」也不可能，因為我們關注的是今天；「小時」是我們唯一的選項。好極了！

應期問題的黃金法則，也適用於占星學的所有內容，就是我們不必做到十全十美。我們的判斷可以有些彈性：「可能會在三天後；但評估所有跡象，我覺得六天後更有可能。」

◆ 上述有幾項重點強調的力道還不夠。首先，假如意願在推算應期上很重要，就要記住這點，沒有生命的物體毫無意願可言。不論信件的徵象星位在哪一宮，或是它的容納暗示了什麼，一封信怎樣都不可能把自己加速送達。第二，我們不能假設來提問就是有意願。如果問卜者問「我什麼時候會結婚？」表面上看起來她想結婚，但事實並非如此。觀察星盤後回問「你不是真的想要結婚，對嗎？」，「沒錯，其實沒有很想。」這種反應還不少。我們必須從星盤中的跡象一步步確認意願，而不是光憑自己的假設一廂情願。◆

◆ 在極少數情況下，當行星的動態顯示應期在移動超過一個星座或宮位後發生，始終都要採用該行星目前所在星座和宮位表示的時間單位。不要試圖調整這點，想說例如「那是先計算位在最長時間的六個單位，然後再計算位在中等時間的四個單位。」謹守時間的真實單位，像是小時、天、週等等。你絕對不會說「我會在三個兩週內完成。」星盤也不會。

應期顯示的方式不一定都是幾天、幾月或是幾年。它常常看起來像「在這樣那樣的事情發生之後。」這是完全可以接受的。「我什麼時候會找到新對象？」，「當你不再去想上一任的時候。」；「我什麼時候可以找到更好的工作？」，「當你考到一些證照後。」◇

第十四章

問題是什麼
又誰在提問？

也許在我們起盤前，就已經完成了卜卦判斷最重要的環節。那就是確認真正的問題到底是什麼。

問題的表面往往包上無關緊要的細節，想揭開層層包裝直搗問題的核心，就得用點技巧。你可能有過這樣的經驗，在看某部影片時突然意識到：「啊——這是《羅密歐與朱麗葉》（Romeo and Juliet）的梗！」或是「這是現代紐約版的《白雪公主》（Snow White）！」你已經注意到，在其改編底下，劇情的骨架就是《羅密歐與朱麗葉》或《白雪公主》的故事。卜卦占星也一樣：有某些標準問題，會換句話說地一再反覆出現。

- 她愛我嗎？
- 我會得到這份工作嗎？
- 我會贏嗎？
- 我被施了巫術嗎？

- 國王會被廢除嗎？
- 我會得到國王的賞賜嗎？
- 我們可以做這筆生意嗎？

豎起耳朵，當你聽到這些問題時，就能很快地辨認出來。如果你放任自己被無關緊要的細節轉移注意力，到最後你回答的會是一個沒有被問到的問題。

同樣地，提問的人是誰，事實上也不一定像看起來那樣好認。有些問題是相關人等直接提問；有些問題是某人直接詢問關於另一個人的事。到目前為止還算簡單。

接著，是那些某人充當另一人傳話筒所提出的問題。假設艾瑞卡想問我一個問題，但我們之間語言不通。她有個朋友會說英文，所以她請朋友代表她提問。這位朋友不是自己個人問起艾瑞卡的事，而是向我轉達艾瑞卡的問題。我必須忽略這位朋友，把這問題完全當作艾瑞卡親自來提問，所以艾瑞卡就是問卜者，會得到一宮。

要區分清楚的是：

- 這位朋友提出自己個人的問題，「我的朋友艾瑞卡會跟魯道夫結婚嗎？」
- 這位朋友轉達艾瑞卡的問題，「我會跟魯道夫結婚嗎？」

第一種情況，艾瑞卡會得到十一宮；第二種情況，她會得到一宮。

還有一些是對話中出現的問題，分不清真正提問的人是誰。我跟朋友聊天正聊到他的工作前景時，問題來了「我什麼時候會找到更好的工作？」但真正提出這個問題的人到底是誰？是我朋友，我自己，還是我朋友一字不漏地複述我硬要他問的問題？要特別注意這種狀況，尤其是你急著要身邊每一個認識的人都來問卜，好讓你有機會熟練卜卦占星的技巧。專職開業的一個好處是：誰付錢誰就是問卜者，一清二楚。

◆ 在處理來自朋友和家人的提問時，有一個風險就是擁有過多的資訊。你愈自認為很瞭解情況，就愈難突破成見去客觀地判斷星盤。面對自己的問題時，這種風險甚至更大：當你想用星盤判斷的問題，已經在腦子裡自我對話了好幾個禮拜時，你就必須超乎常人地客觀，才能看到自己排練劇本以外的劇情。◆

有些人會嚴格限制卜卦占星的提問範圍。「這題不能問：它太不重要了。」、「這題不能問：它太重要了。」介於重要不重要，能問的少之又少。

只要遵守幾項小小的限制，你什麼事都可以問。不重要？那我又憑什麼說你擔心的事一點都不重要，還假宇宙之名不准問？也許從大局來看「誰會當總統？」這比「這隻貓在哪裡？」重要得多；但事實上，前者是我作為旁觀者的好奇心才微不足道，貓咪的去向肯定更重要。我們最大的煩惱，與國家興亡相比什麼都不是──然而，救贖的得失就在一瞬間，因此沒有哪一瞬間的問題不重要。

有人聲稱我們不能問「重要」的問題，像是「選舉誰會贏？」因為這麼多人都在問一樣的問題，而一樣的問題不能問超過一次。我們來思考一下這說法「一樣的問題不能問超過一次。」

這句話說的是真的，但它的意思真的不是那個意思。占星學的基本論據是每個瞬間都不相同，這一瞬間不同於下一瞬間，每一瞬間各自存在，無論當下發生什麼事，都會使那一瞬間獨特不同。拿掉這點，就沒有占星學。因此，不是我們不樂見一樣的問題問了兩次──這不可能。就算問題有著同樣的字句，也不會是同樣的問題。

至於說不應該拿同樣的問題去問不同的占星師，這也是一點道理都沒有。醫生可以提供第二意見，占星師也可以。真理是一頭堅不可摧的猛獸，多一個人來盯著牠也不會被嚇跑。同一主題的每一個單獨問題，也都像是同一情境的橫截面，就像生物學家可能會取蠕蟲的橫截面放在顯微鏡下觀察一樣，雖然橫截面不同，但還是同一條蠕蟲，所以仍舊是同一個答案。如果有五十個人或五百個人問道：「下一屆選舉誰會贏？」宇宙這個極其精細微妙的機制，就會找出五十種或五百種方法顯示相同的答案。不論有多少人定格檢查過《亂世佳人》（*Gone with the Wind*），白瑞德（Rhett Butler）終究一樣在故事的最後離開了。

問卜者會隨著事態的不同階段，詢問一個明顯相同的問題。常見的是，先問「我應該把他趕出去嗎？」接著再問「我真的應該把他趕出去嗎？」和「如果我把他趕出去會過得好嗎？」可以發現這些接續產生的星盤互有關聯，就和家庭成員誕生星盤之間的連結方式完全相同。這種相同的模式，也通常會在不停提問時出現，問卜者會逐漸穩住立場，直到她感覺自己能夠做出這樣或那樣的決定。

另一種問卜者，會在不同情況詢問類似的問題。「這次試鏡我會得到工作嗎？」、「明天的試鏡我會得到工作嗎？」前幾次的提問會有明確的答案。但過一陣子，星盤會變得愈來愈死寂，幾乎就像宇宙正對這件事失

去興趣並說道：「如果你到現在還不懂我的暗示，那我要停止向你打暗號了。」典型的情況是，這些星盤會開始顯示當天發生的小事（「喔，你看，你爸要來找你了」），但卻沒說什麼有關工作發展的重要內容。這可能是反映出問卜者或占星師對重複的問題失去興趣，或是問卜者對試鏡成功感到絕望，因而改變了這個問題真正的本質。在後面這種情況，與其說問卜者想要獲得更多資訊，不如說他希望這場諮詢能夠帶來奇蹟。沒有這種事。

像這樣的問題幾近機械化，而機械化才是能不能提問的一個真實限制。即使這是一個「微不足道」又幾乎不會改變人生意義的問題，裡頭也必定有一些真誠求問的火花。少了這種誠意火花的問題是，舉個例子，「本週的樂透號碼有 1 號嗎？」、「本週的樂透號碼有 2 號嗎？」等等。

然後還有第四種形式的產物，例如「卜卦占星是真的嗎？」以及「聖經真的是『神的道』（Word of God）嗎？」等類似問題，你稍微想一下，就該明白這些問題為什麼不能問。

可以補充提問。「我什麼時候結婚？我們會有小孩嗎？他和我的家人相處得來嗎？他會找到好工作嗎？」這些問題都可從同一張卜卦盤判斷。但建議不同的議題最好不要混在一起問：「我什麼時候結婚？我何時能找到更好的工作？這隻貓在哪裡？」有時候問卜者心裡有二到三件煩惱的事，因此如果有必要，這些問題都可以從同一張卜卦盤找到答案。但是會問出這麼多不相干的問題，就表示這些全都不是真正的問題。最好讓問卜者自己思考一下，最重要的問題是什麼，然後再提問。

◆ 要特別注意那些不是來詢問更多資訊，而是為了得到某種上天允許的問題，好讓問卜者為所欲為。這特別容易出現在感情有糾紛的時

候，因為問卜者就是期待聽到「沒錯，星象也認為他真的糟透了，你應該把他甩掉。」舉個例子，像是「我應不應該和他離婚？」這種問題有很大部分牽涉到個人的道德價值觀，跟我們可以在星盤上看到什麼一點關係也沒有。我不認為提供上天的允許是占星師工作的一部分，我會說更有效的做法是，鼓勵問卜者將徵求許可的問題，調整成一個可以得到客觀答案的問法，比如「為什麼會出問題？」、「情況會好轉嗎？」或是「我要怎麼修復才好？」◇

◎ 預設選項

判斷星盤時，一定要特別注意「預設值」——如果事情沒有變化會怎麼發展。如果我第一次見到她，五分鐘後就問「她會嫁給我嗎？」這需要很強力的證詞才能說「會」；如果沒有這樣的證詞，答案就是「不會」。如果相同的問題是我在我們婚禮當天早上醒來時問的，那就得要有很強力的證詞表示事情不對勁，才會讓答案變成「不會」。如果沒有這樣的證詞，一切都將按計劃進行：預設選項就是婚禮會照舊舉行。在第一個例子，如果沒有發生什麼事，就不會有結婚這件事；在第二個例子，如果沒有發生什麼讓他倆失和的事，事情就會照原訂計畫發展並舉行婚禮。以此類推其他主題的問題。

◎ 判斷前的考量

這又是另一個只因為你會在其他地方看到而我們必須討論的主題。

很久以前，當占星師還在為國王工作的年代，如果判斷結果是讓國王生氣的壞消息，那他的小命就飛了；但是為了給個討喜的答案去曲解判斷，

也不是什麼更好的選擇,因為沒多久就會事發驗證這個判斷是錯的。占星師必須有禮貌地避開不受歡迎的問題,因此一張清單〈判斷前的考量事項〉就此誕生。這張清單涵蓋的範圍要夠廣,確保占星師都找得到藉口不用對任何可能危及自身的星盤做判斷。

當有個連他媽媽都不愛他的國王問道:「鄰國的公主愛我嗎?」占星師在繪製星盤時,自己就會先發現土星位在七宮,或是七宮主星落陷,或是某星座的前3度(有些清單寫5度)或27度之後來到上升點,或是等等等等。那他就有藉口說:「抱歉,陛下。我很想判斷這張星盤,但我沒辦法。請看這裡──這是我的卜卦課本說的。」

這些考量事項中,唯一一項不是為了推辭無知君王的空話,就是星座來到上升點的度數這部份。如果星座很前段或很後段的度數來到上升點,那就接近星座換星座的交界處。由於上升點代表問卜者,正確的上升星座對占星師而言十分要緊,不然他就會使用錯誤的行星代表問卜者,並因此得出錯誤的判斷。如今,這已不再是問題:現在的計時相當準確,可以讓我們隨時知道哪一個星座正在升起。這在過去是辦不到的──里利就抱怨過陰雲密布的天氣讓他沒轍,要定個正確的時間只能靠猜的。

唯一不是藉口的考量已不存在,那些當作藉口的顧慮也不再需要──除非你發現你是在為一位脾氣暴躁的國王服務;如果是這種情況,我建議你隨便扯個理由,然後說這是你拜師學藝祖師爺代代相傳的祕訣就好。這樣一來,你就能把這些顧慮拋到腦後。

有些占星師花不少心思在這上面,細細推敲某張星盤是不是「根本的」,就他們的意思是指「可以拿來做判斷」。這些占星師對那句著名的

赫密士格言（Hermetic dictum）有他們自己的**翻譯**，遵循「天上如是，地上時而如斯。」每一張星盤都可以判**斷**，占星學不會停止運作。

　　我不會在這裡列出所有的考量事項：就我的教學經驗來說，有太多例子是學生腦中一旦輸入這些顧慮，就幾乎不可能再把它們洗掉。最好不要輸入到腦子裡，你不會想念它們的。

PART TWO

第二部分

細究十二宮位的主題,以主題關鍵字詞為索引,
引導卜卦實務上破題定宮、通往正確解答的關鍵。

第 十 五 章

一宮問題

　　只與一宮有關的問題很少見。男主角恢復意識後問說「我在哪裡？」會是個例子，不過我還沒遇見這種狀況的人來提問。

　　有位女演員問，如果她不用藝名，恢復使用自己的本名會不會更成功。一個人的名字是一宮事項，所以一宮主星代表著名字。它逆行了：走回頭路，很符合她要恢復本名的想法。但這是一個明智的決定嗎？

　　假設她的行星是金星，位在雙子座 2 度，會逆行回到自己的廟宮。回歸將讓它更強大：「是，改回本名。」假設她的行星還是金星，才剛轉逆行，就位在白羊座的 28 度：它本來要進入自己的廟宮金牛座，變得更加強大；但它已經轉身離開，不打算繼續走下去：「不，這個改變有害；堅持現在的方向會為你帶來成功。」

　　偶然的因素也可以提供證詞。也許她的行星正逆行離開南交點，並入

相位擁有尊貴的木星：改名是更好的選擇。從一宮角宮逆行到十二宮的果宮：這個改變有害，會把她從人們的目光中移走。

我坐上的這艘船

我打量著我的車，並問「它能載我去格拉斯哥（Glasgow）嗎？」這樣我是把我的車看作是里利說的「我坐上的這艘船」，因此是一宮。「我的航班會安全抵達嗎？」也是如此，這個比喻就類似於把身體（一宮）視為靈魂的載體。如果我問「有人會買我的車嗎？」我即是把車視為可移動的財產，而不是載人的交通工具，所以會由我的二宮顯示它。在第一個問題中，車子的角色是作為交通工具；在第二個問題中，它的角色是作為財產，而這財產碰巧是一種交通工具。

提問的那一刻，我不需要待在船上；實際上，也真的沒必要人在船上。假如我問「我的寶船能安全抵達港口嗎？」這艘船就是一宮，即使我從未踏上過它。就好像我的靈魂指派我的身體去執行某個任務。

這樣子在判斷上就很單純：跟著一宮主星，看看它會不會遇上什麼難搞的狀況。嚴重的事故，首要危險的會是來自無力火星或無力土星的相位，或八宮主星的相位；焦傷；與南交點的合相。較輕微的影響，則來自無力金星或無力木星這一類的相位，會帶來一些麻煩，但不是致災性的情況。要是沒有出現任何這類困擾，就可以保證這是一趟安全的旅程。

體型外貌

占星學有些比較沒有意義的用法，其中一個似乎就是根據星盤描述問

卜者的外貌，尤其是問卜者和占星師還共處一室的時候。里利覺得這用法的好處在於：

- 當上升點位在星座的起始或末端度數時。
- 當他需要說服客戶相信他的能力時。

在第一種情況，假如發現一宮主星準確描述當時坐在他面前的問卜者，他就會確認星盤已設置在正確的上升星座，因此可以繼續進行判斷。按照現代先進的計時方法，我們不再需要這樣子確認星盤。至於第二種情況，雖然你一定很滿意看到客戶聽見他們隱藏的斑點和疤痕在哪裡時的反應，但我建議不要表演這種體操來說服客戶相信你的能力。想像有位外科醫生被詢問：「我不確定你做的那個心臟手術是否有效；你能不能把我的膽囊抽出來，向我證明你知道你自己在做什麼？」

所以沒有必要描述問卜者。然而，某些時候我們會被要求描述另一個人，這通常是未來結婚的對象，有時則是小偷。在這種情況下，從這個人的主要徵象星那裡找樣子描述；再透過該行星所在星座的主星，以及其他主要尊貴來修正基本特徵。這地方不講究精確：可能我們會告訴問卜者，她的丈夫將是一九〇公分（六呎三吋），但因為她的最佳對象是一九三公分（六呎四吋）而拒絕了，這樣的想法我完全受不了。

有個難題是種族外貌的判斷。我們可以遵循占星學的法則，描述這個男人有著紅色捲髮和雀斑，但如果他是日本人，我們就很難說對。人的頭髮、皮膚和眼睛的顏色主要由種族決定，想從星盤上找出一個人可能屬於哪個種族，我不知道有什麼方法可以辦得到。假如英格蘭玫瑰小姐（Miss English Rose）讓我們形容一下她未來的丈夫，那麼我們描述出「黑髮和灰

黃膚色」的樣子,就很有可能符合她最終嫁的日本人。不過會做這種詢問的人,背景通常是婚配對象和自己同種族的印度或巴基斯坦婦女。在這種情況下,星盤似乎認為「黑髮」是理所當然的,而覺得沒有必要讓土星參與描述。

以下準則就是一切所需的內容:
土星:高大、苗條;能使頭髮和膚色變黑。
木星:寬大,身高和身材都是如此;豐腴的,尤其是位在水象星座。
火星:矮小,肌肉發達,身材結實。
太陽:高大且身材好,但沒有木星那麼寬大。頭髮蓬鬆茂密。
金星:矮小,身體柔軟(對比火星的肌肉發達)。
水星:中等身高或稍高;苗條;直髮。
月亮:豐腴的;不高。一般情況下,月亮在增光時比減光時大上一些。

假設這個人的徵象星是火星,位在天秤座 4 度。火星偏矮,而且主管它的金星也偏矮。它位在土星的有力尊貴(天秤座 4 度就位在土星的旺宮和界),這會為它增加一些高度。然而,我們只能以火星為基礎來修正證詞,所以雖然這樣可以讓他高一些,但不會讓他很高大;這個人將是中等身高或略高,以他的種族來說的中等身高。土星的影響也會讓他瘦一些。火星位在它的陷宮,所以他不會有火星體型常見的肌肉;火星和土星都偏瘦,所以這個人不是肌肉型的人,而是偏瘦、肉不會鬆鬆垮垮的那種。如果火星在金牛座,也是位在它的陷宮,另一個主要的尊貴(除了金星)就會是月亮;火星位在金牛座同樣缺乏常見的肌肉,不過跟火星位在天秤座受到土星的影響相比,會再圓潤豐腴一些。火星位在金星的星座,就像金星位在火星的星座一樣,肯定吸引力十足。

這樣的描述就非常充分了。「你將透過他左前臂上的龍紋與他相認」，這句話在小說裡聽起來不錯，但占星學的目的並不是讓占星師覺得自己很聰明。

與主要徵象星形成的緊密相位，可以顯示外表的細節：例如，火星四分相顯示一道明顯的疤痕，而火星帶來的和諧相位顯示為臉上的色斑。但我建議這些細節最好先保留，問卜者可能會告訴你這個人的情況，到時你再確認就好。假如問卜者說：「我懷疑那個人是小偷，他的臉頰有個大疤痕。」我們就可以參看星盤，在注意到火星四分相時，接著回答：「對，這一點很符合：把他帶去審問。」

主要徵象星合相第 207 頁列表上的恆星，將顯示對眼睛的傷害，然而在一個有隱形眼鏡和雷射手術的時代，這類描述的實用程度已大不如前。

儘管行星的年齡徵象有個固定的階段性，從嬰兒（月亮）到最年長的老人（土星）；但用於描述時，這些階段應該要視為比較值。丈夫由月亮代表，顯示她會嫁給比她年輕的人，而不是嫁給一個嬰兒；土星則表示她會和年紀大很多的人結婚，但不一定是真的老人。在這種情況下，太陽、金星和火星都可以視為顯示大致相同的年齡。

如果你覺得自己不檢查問卜者的斑點和疤痕會活不下去，那麼應當要在他第一次認真提問的時候就做這件事；我們不能指望每次老客戶問卜時，星辰都會顯示出身體上同樣的斑點分布。首先看一下上升星座，它代表著身體的哪個部位？（見第 94 頁）在那部位會有一個疤痕或斑點；上升點位在該星座的哪個度數，將表示這個斑點會出現在該身體部位的哪個位置：位在 0 度時，它在該部位的頂部，位在 29 度時，它將在底部附近。

以同樣的方式查看六宮始點和月亮的位置，它們的所在星座和度數將顯示出另外兩個斑點。一顆無力的行星位在一宮，表示斑點會出現在臉上，而在臉上的哪個位置就看行星的度數。火星或土星對上升點形成的緊密相位，將根據該行星的星座和度數顯示斑點——但這些相位要確實很緊密，該行星愈無力，斑點就愈大。如果該徵象星位在地平線以上，斑點會在該身體部位的正面或可見區域；要是位在地平線以下，斑點則被隱藏。如果顯示斑點的行星，其定位星位在陽性星座，斑點會在右側；要是位在陰性星座，則出現在左側。

里利說，這些法則不僅說服了他的客戶，並且在說服他相信占星學的真實性方面，也發揮了重要作用[58]。而就我過去偶爾使用的感想，這些已經很有效了。

◆ 當我寫到問卜者的斑點和傷疤時，太遵從里利的說法了。我們可以從星盤看出斑點疤痕的這種想法，無論在卜卦盤還是本命盤上都是一個童話故事：意思就是不要看得太認真。你想想看：里利的時代，天花在倫敦很流行，他的客戶中臉上有疤痕的比例很高。當火星位在一宮的時候，他們並沒有全部湧入他的辦公室；而現今來卜卦的客戶，臉部有疤的人比例很低，也沒見到任何行星為了配合這情況而調整了配置。

---

58. *Lilly* p. 148.

《基督教占星學》中有許多示範判斷的內容，里利給出了相關人等的體形描述。表面上令人印象深刻，但仔細觀察後就可以發現，這些描述並不是用了什麼占星學，更多要歸功於他的察言觀色。例如，第六十章的案例星盤，里利把這個人頭髮是黑色的（「sad」悲傷黯淡的）歸因於他的徵象星有個土星的相位。他忽略了來自火星更緊密的相位，而這個相位顯示他會有一頭紅髮。除非問題特別要求，否則不要預期星盤會顯示外貌。◇

第十六章

二宮問題

遺失、偷竊及走失

用一張天宮圖（horoscope）找到遺失物是件非常了不起的事，但找不到東西，就成了一個迅速失去信譽的絕佳辦法。我經手這些失物問題的成功率，遠遠低於我解決過的一般卜卦問題，這麻煩就出在要把星盤類象翻譯成生活事項。大多數的問題中，我們可能性的範圍是有限的——某種極為單純的情況是「會的，他會跟你結婚」或「不，他不會」——但遺失的物品可能掉在任何地方。由於我們通常都在處理未曾見過的地點，那麼在判讀行星顯示的狀態時，我們也很少有什麼可用的訊息。火星在某個房間裡可能代表壁爐，在另一個房間裡可能指的是槍櫃。我發現我經常看著星盤，明明理解這個物品在占星術語上的位置，也知道這一切是如此地明顯——前提是如果我能知道它在哪裡。當然，我還是不知道。

在其他許多的提問上，我們保有一定程度的彈性，然而，定位遺失物

時我們必須完全正確；向客戶解釋說「你差點就找到了」，那就不大可能讓人聽得進去了。

我很樂意為你提供「弗勞利萬用法」，並保證成功率百分之百；但我做不到。正如我這裡的說明，「弗勞利非萬用法」的成效還不錯，它將以驚人的準確性找到一些物品；但也會因為找不到其他物品而成為最令人沮喪的方法。然而，如同所有占星學門的研究，我們應當慶祝我們做得到的事，而不是哀嘆我們做不到的錯。

◎ 主要徵象星

如果問卜對象為無生命體，不是由二宮就是四宮顯示；假如是有生命的東西，則由六宮或十二宮之一顯示。

對於無生命的物體，我們可以選擇的二宮，即可移動財產的宮位，而四宮，即埋藏寶藏的宮位。寶藏不一定是故意埋起來的：它可以是某個文件，你放好後有人把它埋在一堆雜誌下面。一些現代文獻對遺失物品（二宮）和錯置物品（四宮）做了很多區分。這些作者在搞丟東西和亂放東西之間可以做出一套如此清晰的辨別方法，他們的思想比我更加微妙。但實務中，我們也不需要去引用來計較遺失物品和埋藏寶藏的差別。無論什麼情況下遺失物品，一律同時查看二宮及四宮的宮主星，然後使用最能描述該物品的那一顆。

例如：「我的鑰匙在哪裡？」該星盤顯示巨蟹座守護二宮始點，處女座守護四宮始點。水星是處女座的主星，即鑰匙的自然徵象星：水星將成為徵象星。

如果問卜者問及他人的遺失物，那麼你必須**轉宮**，而且一定要選擇那個他人的二宮，這裡不管有沒有描述出該物品的樣子。「我女兒的手錶在哪裡？」：六宮（五之二宮）的宮主星將代表這只手錶。

如果代表該物品的行星和問卜者的是同一顆，就把這顆身分有爭議的行星讓給該物品。在這些問題中，最要緊的就是物品的去向；它跟問卜者的關係反倒次要。

假如你在尋找一隻走失的動物，要是它比山羊小選六宮，比山羊大就選十二宮。在這裡我們關注的是一般區別：我的大丹犬可能比我的設德蘭小馬大，但狗是小動物（六宮），馬是大動物（十二宮）。

如果你是在尋找一個失蹤的人，使用代表表這個人和問卜者之間關係的那個宮位，例如，失蹤的孩子看五宮，失蹤的雇員看六宮。據說七宮算是逃亡者的宮位；這時使用那個人本身專屬的宮位更為可靠。七宮的位置要為失蹤的配偶或「隨便一人」保留。

◎ 其他徵象星

月亮是任何失物的自然徵象星，尤其是有生命的東西。但如上所述，你要盡己所能地只關注主要徵象星：一次查看兩顆行星的位置只會讓你困惑。在大多數遺失物的星盤中，我們不需要考量月亮，而當主要徵象星沒有形成任何相位時，月亮作為次要徵象星在推算找回失物的應期上就很好用。關於這方面的例子，請回顧第一章貓咪的星盤案例。

沒錯，這例子確實意味著月亮可以代表該物品及問卜者，有時候就在

同一張星盤裡同時代表它們。其實這沒有像聽起來的那麼複雜，因為月亮會在判斷的不同階段各別代表著它們。

有時可以使用該物品的自然徵象星，無論它是不是相關宮位的宮主星。假如星盤直接把這顆行星推到你面前引起注意，或者如果你衡量過這顆行星及其所在星座都完美描述了該物品，就可以這樣做。有位客戶問「我的手槍在哪裡？」而星盤顯示火星（槍）位在處女座（水星的星座，所以是把小槍；雙體星座，所以不止一把小槍）又正好位在上升點處。

幸運點顯示問卜者的寶藏，無論以何種意義符合問題脈絡，偶爾可以幫上忙，但我建議你忽略它，直到你真的卡住理不出頭緒。即使如此，更多時候你會在堅持研究主要徵象星的情況下完成判斷。

◆ 幸運點可以忽略。我想強調兩個要點：如果星盤中有一顆行星正好精準描述了該物品，那就使用它，即使它並不主管二宮或四宮。該物品的位置只用它的主要徵象星來定位：月亮可以確認能否找回，並顯示找回失物的應期；但不會顯示這個東西在哪裡，除非月亮本身就是主要徵象星。◆

◎ 會找到嗎？

如果不會找到，那麼無論客戶如何熱切要求你描述失物在哪裡，通常也沒有什麼意義。

證明找回失物的最有力證詞，是物品和問卜者，或物品和二宮主星（如果物品由其他一些什麼代表著）之間的入相位，表示它會回來成為問卜者

手中的財產。我們在這裡看到了月亮的兩個角色：我找回失蹤乳牛的這件事，可以由月亮（問卜者）入相位十二宮主星（乳牛）來顯示，也可以由月亮（遺失物的自然徵象星）入相位一宮主星（問卜者）來顯示。對於這兩種可能性都要持開放態度。

月亮入相位自己的定位星，是找回失物的可靠證詞。

至少一顆光體（the Lights，太陽和月亮）高於地平線（上升點和下降點軸線）才有所幫助。很直白的意思：如果沒有光，我們要找也什麼都看不到。

◆ 注意：「有所幫助」並不是一定會找回失物的明確證詞。它沒有否定，但也不是具說服力的肯定。◆

如果一宮主星焦傷，問卜者就看不見；要是物品焦傷，那它就不能被看見。但焦傷不會永遠持續下去：特別是如果該行星已經合相過太陽而正在遠離焦傷，這是找回失物的正面徵象。

物品的徵象星接近軸點會增加找回的可能性，即使沒有相位。地點很明確時也是如此：在這種情況下，我們通常甚至不必費心去找相位。「泰迪熊在哪裡？」，「在五宮：孩子的房間裡。」有了這樣的訊息，我們就可以起身去找東西，而不用浪費時間四處尋找相位。

一宮或二宮內出現尊貴有力的木星或金星，或北交點的支持，都是略為鼓勵性證詞。

◆ 如果真要說這有什麼意義，那也非常小，可以放心地忽略。◆

里利說，如果物品的徵象星位在它的陷宮或弱宮，物品將受損或只能找回一部分。某些時候真的有此情況，但我並未發現普遍都是如此。

◆ 大多數情況下，能否找回或推算應期的證詞都是多餘的。如果我們能夠看到物品在哪裡，通常就可以去把它撿回來；要是我們知道它在哪裡，那麼也沒必要浪費時間去查看在那裡的哪裡才能找到東西的證詞。由於這是多餘的，星盤似乎經常不屑提供這樣的證詞：即使事後回頭來看也看不到，或者說，這至少超出了我全部知識的範圍。貓咪失蹤的案例是個例外。重要的是知道牠會回家；牠現在在哪裡，通常無關緊要。

應期：如果顯示找回遺失物的相位不到 1 度就會完成，那麼不管位在哪個星座和宮位，通常都可以解讀為「差不多快要回來了」。◆

◎ 它被偷了嗎？

多半不是。里利給出了一長串證詞，用來指稱東西被偷了[59]；請務必嚴格運用這些證詞，不然你會發現要絞死任何人都找得到理由。很多時候東西不見，是因為我們不記得自己把它們放在哪裡；不過，一旦我們發現它們不見了，直覺認為被偷走，或把責任算到他人頭上的念頭，就會通通擠進我們的腦袋。明智的占星師不會鼓勵這樣想。我強烈建議，除非問卜者先提到偷竊的可能性，否則你不要提起小偷。這遵循了往常一貫的法則：**除非你真的覺得有必要，否則不要把額外的角色寫進故事裡**。想像你自己是一位電視編劇，然後記住，你引入的每一個新角色就是另一個演員，都要付錢請人的啊！

有三個證詞可以成為證實偷竊的憑據：

- 嫌疑人和物品之間的離相位，表示嫌疑人已經接觸過該物品。小偷的一般徵象星（見下文）也是如此。
- 嫌疑人和物品的緊密合相，表示物品跟嫌疑人在一起。透過映點合相也可以成立。
- 物品位在嫌疑人的宮位裡，尤其是如果正好位在宮始點內。

假如有任何一點懷疑該物品可能不是被偷走的疑慮，那麼在沒有任何上述證詞的情況下，我真的很不願意大喊「有小偷」。

例如：「建築工人偷了我的手鐲嗎？」六宮主星（建築工人）和任一代表手鐲的二宮主星或四宮主星的離相位：是的，他偷了。沒有這樣的相位：不，他沒偷。注意：這必須是一個離相位，入相位顯示的是還沒有發生的某些事情，不能代表已經發生的偷竊事件。里利提供了一個關於某筆財物失竊的星盤案例[60]，二宮主星（問卜者的錢）是透過映點（隱含了一點祕密或隱藏的意思）合相了小偷的徵象星。假如建築工人和手鐲已經合相，不論是行星實體或透過映點，都表示該建築工人手上還拿著手鐲。

如果問卜者「知道」該物品是被偷走的，那麼情況就不同了；我們不需要證明偷竊的事實。下文討論的提問確定是偷竊事件。

---

59. *Lilly*, pp. 331-6.
60. *Lilly*, p. 394.

◎ 它在哪裡？

一旦你確定了物品的徵象星，就可以在星盤中找出它的位置。記住：這顆行星「是」失蹤的物品；這顆行星在哪裡，該物品就在哪裡。

到目前為止，確定失物地點最可靠的方法是參考宮位含義。根據我的經驗，這是唯一值得使用的方法。就像第一章中貓咪不見了這例子一樣（「貓在哪裡？」，「在貓的房子裡。」），其他大多數問題也是如此。「我的鑰匙掉在朋友家嗎？」鑰匙的徵象星位在十一宮（朋友）：「是，它們在你朋友那裡。」有位問卜者弄丟了戒指上的寶石，其徵象星合相上升點，顯示這顆寶石非常（非常！）接近問卜者；它掉進他的外套內襯裡面了。

問卜者的話很容易讓人信以為真。不要盡信！要是問卜者知道發生了什麼事，那東西就不會被搞丟。必須極其謹慎地斟酌問卜者的陳述。永遠記住：**真相在星盤中，不在你被告知的話語中**。按照我的經驗，遺失物最經常出現的地點是：

- 就在問卜者告訴你肯定不在那的地方。
- 與孩子們在一起。
- 與配偶在一起。

如果星盤支持上述地點之一，請忽略所有反對的說辭。

假如物品的徵象星位在七宮，我們的第一選擇一定是它和配偶在一起。七宮是小偷的宮位，所以這可能意味著在小偷手上；不過請牢記前面關於偷竊的論述，配偶的可能性遠比小偷要大得多。但也要記得，七宮不僅是

伴侶的宮位，它也是五之三宮，是孩子的手足宮位：弟弟或妹妹。總是先從最明顯的選項找看看，在這例子就是配偶；如果配偶那邊找不到物品，你可以轉向去找較年幼的孩子。你不一定要一次就找到：這是一場尋物諮詢，不是在變魔術。

請問卜者提供一份嫌疑人名單。如果物品是在家裡不見，那麼住在這裡的還有誰？假如是在外面不見，那麼問卜者去過哪些地方？問卜者有沒有出門工作？他拜訪過哪些人？這些問題你都有權利提問。

至於「它在哪裡？」基本上月亮空虛無關緊要：物品必定是在某個地方，即使那個地方「被毀了」。

◎ 在家裡

一宮：前門或玄關（進入星盤的地方）；問卜者在家中的個人空間。

二宮：廚房（二宮執掌喉嚨，因此也執掌進入喉嚨的飲食）。儲藏室或食品櫃。衣帽間（cloakroom，以這個字的精確意義來論：見八宮）或衣櫃。玄關旁邊的房間。**任何宮位都可以透過相鄰宮位的徵象，顯示出隔壁房間。**

三宮：在辦公室的話，這裡會是收發室；通訊樞紐；走廊，門廳和樓梯臺階。

四宮：房屋內非正式的房間（對比十宮：正式的房間）；家中長者的房間；地窖（星盤的底部）。

五宮：孩子的房間或嬰兒房；遊戲室。

六宮：僕人的住處，所以是家事間；狗屋。

七宮：配偶的地盤。

八宮：廁所（二宮是食物進來的地方，八宮是食物出去的地方）；浴

室（清除汙垢的地方）。

九宮：書房；禮拜堂，聖壇，禪修室；樓梯平臺或樓上的走廊（三宮的高處版）。

十宮：家裡辦公的房間；屋裡正式的房間（當里利稱其為「the hall」時，他指的是你招待皇室成員來訪的大廳「great hall」，而不是走廊上的門廳）；閣樓（星盤的頂部）。

十一宮：客房（朋友留宿的房間）。

十二宮：車庫（養馬的地方）或馬廄；雜物間；位在上升點和下降點的軸線之上可以意味著在樓上，位在其之下則是在樓下。

◎ 在房間內

一旦你決定了某個房間，就看看該行星配置的其他要素以獲得進一步訊息。

徵象星位在：

- 土象星座：在地上、地面附近，或地板下。
- 風象星座：高處，也許在架子上或鉤子上；有光的地方；在窗邊或電視旁。
- 火象星座：熱的地方；靠近牆壁處。
- 水象星座：潮濕的地方；舒適的地方。
- 變動星座可以顯示該物品位在某個東西裡面——盒子或櫥櫃裡。

◆ 把火象星座和牆壁連結在一起是錯誤的，應該忽略。這種觀念在於，牆壁由磚頭砌成，而磚頭經窯燒製成；但牆壁用什麼建材，以及該

建材如何製造，二者毫不相干。◇

行星位在宮始點上或位在宮位內的星座交界處，會顯示物品在門邊附近；接近下一個宮位的宮始點處，則可表示它在房門內對面的那一側。

查看一下這顆行星的緊密相位。合相月亮：它就在魚缸旁邊。對分相土星：它在時鐘的正對面。

如上所述，這就是遺失物定位的最大問題。宇宙中的一切只由七顆行星描述。我們可能會想像月亮代表著魚缸；而它也可能是燭臺、白色沙發，或者其他百萬種可能性中的任何一種。也就是說，水星的連結往往表示該物品跟書籍或小玩意在一起；金星的連結，則在衣物（尤其是女性的）、寢具或室內裝飾品附近。我還沒有注意到其他行星有類似的主要跡象。

◎ 在家外面

徵象星位在角宮，可以表示該物品近在咫尺，或位在它原本應該在的地方附近；位在果宮，可能離了一段遙遠的距離；位在續宮，所在位置的距離介於上述二者之間。「一段遙遠的距離」有多遙遠，視問題脈絡而定：「我聯絡不上正在環遊世界的兒子，他在哪裡？」可能就會比「這隻貓在哪裡？」更加遙遠。

然而，要優先考量宮位的本質含義。如果物品位在九宮，而且我們知道問卜者在上大學，那麼它很可能就在她的大學裡，即使這所大學離家很近。

在某些情況下，我們不知道遺失物是掉在家裡還是外面。位在九宮可能表示它在很遠的地方，也可能在九宮的那種地方（教堂、學校）；或者可能表示它位在家裡屬於九宮的那種地方：在書房或在神龕附近。位在十宮：它是在工作場所，還是在家裡的宴客廳？到底是哪一個地點，我還不知道有什麼辦法來區分。從最有可能的地點開始找；要是沒找到，那再到另一個地點找。記住：你不一定要一次就找到。

有幾種從星盤上確定方向的方法。其中唯一稱得上可靠的方法，是根據星盤基本結構指示的東南西北：太陽從東方升起（上升點），經過南方（MC，上中天）到西方（下降點），前往下中天（IC）通過北方後，再繞回到東方。當然，北方和東方中間的方向，就是東北方。牽扯到星座只會讓事情變得混亂：它可能提出讓人精確定位的承諾，但實際上只提供了矛盾。北偏西是微調；南偏北是亂搞一通。特別注意：記住星盤的方向和地圖不一樣，南方在上。

「尋找方向」的意思是，只適用於戶外來定位走失的人或動物：不要在家裡使用──除非問卜者的房子有東西兩翼。

如果你正在詢問某人的行蹤，記住這一點，這些人的家幾乎都會由他們轉宮後的一宮表示，而不是轉宮後的四宮──就像第一章的貓。「我的兄弟在哪裡？」三宮主星（我兄弟）位在三宮（兄弟的宮位）：他在家裡。

小狗的徵象星位在十二宮暗示牠也許就在動物收容所（十二宮即監獄的宮位）。

◎ 偷竊

有些偷竊問題會有一個特定的嫌疑人：「建築工人偷了我的手鐲嗎？」這暗示假如他沒偷，多半就是問卜者把它搞丟了。而在其他情況中，小偷是「一個或多個未知的人」。

如果有個特定的嫌疑人，就按通常的做法使用這個人宮位的宮主星，例如，三宮主星代表鄰居、六宮主星代表建築工人。要是沒有特定的嫌疑人，那麼小偷徵象星的選項，按照優先順序為：

- 其狀態為外來的、位在自己的陷宮或弱宮，「並且」位在軸點或二宮內的行星。
- 七宮主星。
- 小偷的自然徵象星，水星。

假如我們知道該物品是被偷走的，就不需要在小偷和物品之間尋找離相位來證明這一點。

一旦我們確定好小偷的徵象星，可以按通常的做法來描述小偷（見第256頁）。假如我們選擇了水星作為小偷的徵象星，由於它是小偷的自然徵象星，那麼我們當然就不能再用水星做描述──不是所有小偷看起來都像水星的樣子。在這例子，要使用水星的定位星。

徵象星在雙體星座是個可靠的跡象，表示小偷不止一個。

令人遺憾的是，除非問卜者認識這個小偷，不然描述出他的樣子沒什

麼意義。

◆ 「為什麼我們不直接用七宮主星作為小偷的徵象星？」因為在大多數情況下，這樣做就直接排除了我們能提供識別身分的唯一有用資訊。除非有一份簡短的嫌疑人名單，否則描述出小偷的體型外貌毫無用處。但我們能發揮作用的，即是根據代表小偷的這顆行星所主管的宮位，去確認或排除建築工人、鄰居或女友的兄弟有無偷竊的嫌疑。理所當然地用上七宮主星，除了「小偷……就是小偷」之外，我們也沒有留下其他可供識別的身分了。

優先考量外來的行星，這想法在於小偷不是某些會花上好幾週時間計劃大幹一票的狠角色（行星落陷或入弱），而是如果你把錢包忘在桌上他就很樂意撿走、這一類缺乏道德導向的人。但在這樣的問題脈絡下，這種必然尊貴的解讀還不夠充分；而入旺行星在這脈絡中可以顯示出，其中有個人覺得自己如此清新脫俗，所以區區凡人的財物去向與他無關。

但是，嫌疑人不是美德典範，並不能證明他就是小偷。記住，星盤反映現實，我們必須把這一點排除。然而根據「角色而非演員」的原則，我們當然不能把所有事情都怪到水星頭上！誰偷的？把指紋留在上面的那個人。用解讀星盤的術語來說，就是與該物品徵象星呈現離相位的，或目前與它呈現正相位的這顆行星。這顆，也只有這一顆，才是我們必須帶來盤問的唯一行星。

里利在《基督教占星學》（第六十三章）關於偷竊事件所附上的案例星盤，無意中示範了這一點。他選擇水星作為小偷的徵象星，因為水星是角宮中唯一一顆外來的行星，而他推測的小偷身分，事後證實為真。不過

這是歪打正著，里利似乎沒有注意到，二宮主星，也就是問卜者被偷走的錢，正好透過映點合相了水星：水星先生的手上握有贓款。正是這一點識別出小偷的身分。◇

◆ 如果我們經了解後「確信」該物品已經失竊，則將由二宮主星代表失物；不再存在四宮主星選項。我們可能更想選用一顆描述上非常明確指向該物品的行星，不過這相當罕見：要是有疑慮就用二宮主星。除非失竊物是有生命的東西，否則如往常一樣，使用六宮主星或十二宮主星就好。

「可是，如果說我把錢借給了某人，這筆錢就不再視為我的財產，而是對方的。所以這筆錢由那個人的二宮表示，不是我的二宮。那麼，被偷走的物品現在絕對不是我的財產，為什麼我們仍然使用我的二宮代表它？」因為如果不這麼做的話，大多數情況下的判斷將失去所有的效用。我們不知道偷東西的人是誰：這就是這個問題被提問的原因。那麼要用誰的二宮？唯一的選擇是七之二宮：小偷的財產，意思就是七宮主星代表小偷。「所以誰是小偷？」，「欸，就小偷啊！」這不會有幫助。把物品定位在問卜者的二宮，可以讓我們根據接觸過二宮主星的某顆徵象星，循線追查或排除誰才是嫌疑人：「不，不是建築工人；但你的前妻最近來過嗎？」不同的情況有不同的腳本。◇

◆ 在判斷關於偷竊的問題時，請謹慎行事。雖然這種判斷可能帶來極大價值，但是，話一旦說出口就永遠無法收回，所以進行指責前要再三考量。里利的話帶有長年歷練的智慧：「除非為了交情很好的朋友，否則我討厭偷竊的問題，這通常會招致占星師流言纏身；很少人相信可以用合法技術描述出行竊的那個人，也有很多時候是因當事人誤會而指

控他人，隨之衍生許多惡意的中傷。因為要是占星師描述的人與失主懷疑的人有任何相似之處，他們就會在這判斷上堅信不移，讓我們只能一再糾正他們。我知道明智的人相當懂得運用我們的判斷使自己獲益，而且在意想不到的地方找回失物，等等。反之亦然。」[61] ◇

◎ 我的披肩在哪裡？

問卜者是一位老婦人，她一直戴著一條黑色的古董披肩，她把這條披肩掛在某個地方，但她不記得在哪裡。二宮主星還是四宮主星？四宮主星，土星貼切地描述了某個黑色和古老的東西。

土星位在哪裡？在五宮。所以披肩是在一個休閒玩樂的地方。如果問卜者的孩子列為可能的嫌疑人之一，這裡顯而易見的建議就會是「指責孩子」；但不是他們。

我們來描述一下這個娛樂場所。土星位在火象星座，所以是火熱的娛樂場所；餐廳就滿符合的。

好，沒問題——那我們就說它是在一家餐廳。可能還有其他選項，但餐廳這個場所還算合理，所以我們可以挑選它，順著它的樣子推敲，看看它能給我們帶來什麼。我們現在需要描述（或）定位這家餐廳。所以我們再往星盤深入一步。

土星是一條披肩，它位在白羊座已經告訴我們它是在餐廳裡，所以白羊座的主星就「是」那家餐廳。

第十六章　二宮問題　277

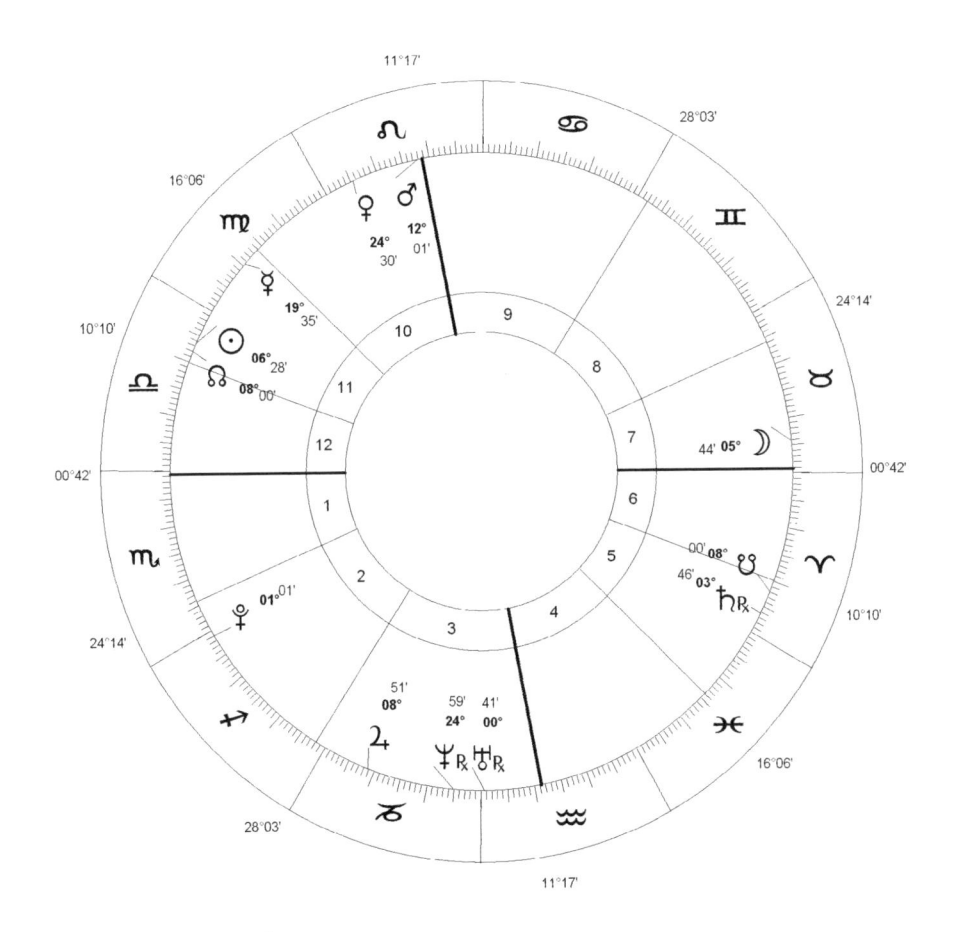

〈我的披肩在哪裡？〉英國夏令時間 1996 年 9 月 29 日 9:22 am，倫敦。

---

61. *Englands Propheticall Merline*, p 133.

火星正好位在上中天。位在軸點上：離家很近；位在軸點 1 度內：離家非常近。我們可能會把十宮視為工作地點，並判斷該餐廳離工作地點非常近；但是問卜者已經退休了。

　　白羊座告訴我們披肩是在一家餐廳裡，主管白羊座的行星則告訴我們這家餐廳在哪裡，它透過自己的位置來說明這地點——就好像餐廳本身就是那個遺失物，而這顆行星的所在星座將描述這家餐廳。如果火星位在摩羯座，是印度料理；位在巨蟹座，是中式餐館；位在獅子座，是法式或義式餐廳。

　　注意，這裡清楚示範了所有傳統占星學的通則：**行星「是」事物，星座負責「描述」。行星是名詞，星座是形容詞。**

　　重點提示：在這裡，我們已經一步步深入到星盤裡好幾層；隨著情境的假設而有所不同。假設火星本身是遺失物的徵象星，而且問卜者曾到辦公室工作，那麼火星位在十宮：她把它留在了工作場所。在工作場所的哪個地方？火星就正好位在宮始點上：靠近門邊。火星位在火象星座：門邊有暖氣機嗎？或者，也許就在牆邊。

　　「這有什麼不一樣？」假如徵象星告訴我們物品在某個特定場所，那麼我們並不需要去定位那個地方，我們可以把其他指示視為呈現該物品在那個場所的位置；但這張詢問披肩的星盤中，土星只告訴我們披肩是在某個休閒場所，這提供給我們一個失物可能的落點範圍，所以我們必須從這個範圍中選出某個地點——我們仍然在尋找這個特定場所。再看一下貓的星盤案例，這隻貓是在貓的宮位裡，貓的宮位跟這個問題相關的意思只有一個：我們不用再找下去了。如果這張星盤的火星已經代表物品，星盤顯

示它在辦公室裡：因為只有一處辦公室，我們就沒必要再進一步查看。而「休閒場所」的類型又多又廣，我們必須從中挑選一處，所以確實需要如上述的示範，繼續定義範圍。

我們剛使用土星的所在星座來描述娛樂場所的類型：它位在火象星座，所以是火熱的地方，比如說煮東西的地方。假設土星是位在風象星座，我們不能過於執著字面意思：熱氣球（hot-air balloon）是一種風象的（airy）休閒設施，而更有可能的地點是電影院或劇院、咖啡館、人們聚會聊天的地方，也有可能是西洋棋俱樂部；風元素是心智能力，所以可以循線描述任何與心智能力相關的地點。同樣地，水元素的休閒場所可以是游泳池，但更有可能是一間酒吧。把這點作為一般法則：要靈活一點。

錢財

儘管二宮是財帛宮，但人們問及錢財時，通常最關心的並不是二宮。他們在問的不是自己的錢，而是他們希望得到某個人的錢。我們要去星盤哪裡找到這筆他人的錢財，全取決於問題的脈絡。這筆錢是誰的？

他人的錢財通常不是八宮就是十一宮。八宮是七之二宮，配偶、商業夥伴、客戶、敵人和「隨便一人」的錢。十一宮是十之二宮，工作的錢、老闆的錢，或國王的錢。它也是「天上掉下來的財富」。因此：

- 「我什麼時候能拿到薪水？」十一宮
- 「這份工作的報酬好嗎？」十一宮
- 「我會領到退稅嗎？」十一宮
- 「這位客戶什麼時候會付款給我？」八宮

- 「我今晚賭馬會贏嗎？」八宮
- 「我的愛人有錢嗎？」八宮
- 「我會中樂透嗎？」十一宮

以及：

- 「我可以靠占星學謀生嗎？」十宮（見第二十二章）
- 「我會繼承我爸的錢嗎？」五宮
- 「我買這間房子會獲利嗎？」五宮（見第十八章）

讓我們順著選好的路，一步一步地走出這座迷宮。

◎ 股票和股份

這是最單純的財產，所以我們先把這部分處理掉。有一種迷思是，股票、債券和股份是八宮事項，視為「他人的錢財」。它們不是別人的：你的股票是你自己的錢（二宮），只是形式不同。當你購買股票時，你的錢不會像你拿現金換外幣那樣變成別人的錢。它還是你手上的錢，只是價值可能有漲有跌。

所以關於投資的問題，應該從二宮整體，以及二宮主星的狀態和行動來判斷。在這裡，換星座的變化往往是個關鍵。「我應該把儲蓄從 A 轉到 B 嗎？」二宮主星離開肥沃星座，進入荒地星座：「不，你的儲蓄不見增長。」二宮主星離開它原本是外來的星座，進入一個擁有尊貴的星座：「是，你的儲蓄將從中獲益。」一般來說，「如果出現變化」，二宮主星要去的地方即顯示未來的發展。

因此，二宮主星入相位南交點將證明不宜變動；入相位北交點則是支持改變的證詞。但是，如果星盤上出現不同的意見，就要靈活一點、隨機應變。舉例來說，假設二宮主星遇上南交點時很接近星座的末端，而它在下一個星座將擁有尊貴。我們可以把它和南交點在目前星座的相遇，視為如情況保持不變時將發生的事件，而它進入下一個星座的動態則可視為預期做出的改變。在這個例子中，問卜者將因改變而受益：留在原地不動，他的金錢就會受到影響（二宮主星合相南交點）。這張星盤給了我們一個決定改變的首要指標，即換星座的變化。

假如問卜者詢問的是某種特定商品，那麼值得看看該商品的自然徵象星。「我考慮賣掉黃金，買進網路概念股」，太陽（黃金）那邊即將合相土星，水星（電腦）這邊即將進入處女座：「買網路概念股！」不過要小心：這只適用於特定的卜卦盤，並不是指每次太陽合相土星時，黃金的價格就會下跌！

如果你的問卜者想占領黃瓜或其他產品的市場，你也可以看看該物品的阿拉伯點，同時考量阿拉伯點和它的定位星。

◎ 取回報酬或借款

我們需要弄清楚，錢從哪裡來。這通常很明顯：如果你在一家公司工作，你的薪水由十之二宮顯示，也就是十一宮，但有時必須考量一下工作的關係性質，是雇員和老闆關係，還是客戶關係？例如，假設你決定當一名執業占星師，前來找你諮詢的人就是你的客戶：七宮。想知道「他會付錢給我嗎？」你就能查看八宮來顯示他的錢。假如你的客戶是一家公司，情況也是如此。然而，要是該公司將你納入員工名單，聘為公司內部的占

星師，你的薪水就是十一宮。因此，你為 AstroCharts 公司所做的任何外包業務也算。你的一般疑問：「我可以靠占星學謀生嗎？」涉及十宮，因為它是九之二宮，顯示這類來自你知識的獲利（第二十二章）。不要在任何詢問特定報酬的問題中使用這一招。

如果問題涉及到支付的金額，請查看顯示這筆錢的宮主星，並考量它的必然和偶然尊貴。行星愈強，金額就愈大。也要查看該問題宮位所受到的折磨或助益：例如，有力的木星位在該宮始點上是個好消息；虛弱的土星就不是了。

特別注意：在任何僅涉及「金額」的問題中，我們都不需要相位；但要是有相位存在，我們就必須考量其性質。獲利的概念是假設錢正在向我們走來：否則就沒有利潤進帳。薪水也是如此。假設十一宮主星的狀態強大，並以四分入相位一宮主星：「報酬還不錯，但你可能會遇到延遲付款，或者可能需要去催一下款項」。

更多時候，這類問題並非有關金額大小，而是想知道「何時」或「是否」會抵達。這裡我們就真的需要一個相位：沒有相位，沒有抵達。找找看錢的徵象星和問卜者（一宮主星或月亮）或二宮主星之間的相位。二宮主星可以視為問卜者的口袋或銀行帳戶，所以錢和二宮主星之間的相位表示它進到問卜者的口袋裡。哪顆徵象星入相位哪顆徵象星並沒有差別：這類問題先假定了錢會來到問卜者的手中。

如果你把錢借給了某個人，現在這筆錢就是那個人的錢。假如你問：「他會還我錢嗎？」那個人的二宮才是你感興趣的地方（所以如果我把錢借給了我的兄弟，看三之二宮；要是我把錢借給了我的朋友，看十一之二

宮）。查找該宮主星和一宮主星、月亮，或二宮主星之間的任一相位。如果沒有顯示還錢的相位，而這個人自己的徵象星卻和問卜者的徵象星有一個有利相位，則可以表示雙方達成了協議。要小心這個人的錢財徵象星受到嚴重折磨：你拿不回來，因為他沒有錢。還有，不管這顆徵象星本身有多強，它待在自己的宮位裡也一樣是個壞消息：他可能有很多錢，但這些錢都留在他的口袋裡。

◎ 賭博

我曾經投稿一篇文章到《美國占星學雜誌》（*American astrology magazine*，暫譯），內容包含一個卜卦占星的判斷「我今天賭馬會贏嗎？」而我收到一封激烈的回信，訓斥我居然蠢到去討論這樣的問題，因為怎可能知道一個人到底會贏錢還是輸錢。由於占星師是遠遠高於損益這類庸俗概念的人，我應該要說明一下，如果你最後的錢比你開始玩的時候多，你就贏了；要是你最後的錢變少，那你就輸了。

賭博一般認為是五宮的活動。但是，如果有人來問關於賭博的問題，提問關鍵在於要有獲利。我從來沒有被問過「我在賽馬場會不會玩得很開心？」玩得開心是五宮的事；轉而追求獲利就不算。

下注打賭是你和莊家的比賽，所以他是你的敵人（七宮），而他的錢是他的二宮，也就是根本盤的八宮。你想要的是他的錢，所以賭贏拿到錢的徵象，將由八宮主星與一宮主星和月亮（假設月亮都沒有代表莊家或他的錢），或二宮主星之間的任一相位來顯示。同樣地，哪顆行星入相位哪顆都沒有差別。

只要有一個這樣的相位，根據投注的玩法，八宮主星的力量將顯示問卜者能贏得多少錢；這有助於選擇投注策略。假設問卜者已經決定要買某隊，莊家可能會對該隊的勝利提供一系列的投注選項，每個選項的賠率不同。如果八宮主星有力，顯示獲利很大，問卜者可以冒險一點選擇比較高的賠率投注；要是八宮主星虛弱，他應該守在比較安全、低賠率的選項。

對於這樣的問題——以及那些關於投資的問題——應該都要勸勸問卜者先做好功課。要是他在選擇投注標的時有做一些研究，那麼這張星盤會更加可靠。

樂透彩券不是一場比賽。至少，只有當問卜者開發了一套系統要騙贏彩券公司時，這樣才算在比賽：然後事情就變成了「我們對上他們」，如上所述，應從八宮進行判斷。彩券可視為問卜者伸出長長的雙手，想看看好運會不會就此落入自己手中：天上掉下來的財富。因此，它們要從十一宮來判斷：十一宮主星和問卜者或他的口袋有沒有相位？假如問卜者提問時只關心最大獎，那麼十一宮主星必須特別強大才會回答「會中獎」。

如果問卜者詢問的獎金是自己的馬下場跑贏才有，那就看馬的二宮（馬的獲利）。這匹馬是十二宮，所以它的二宮是根本盤的一宮；暫時忽略問卜者，把一宮主星讓給馬的獲利。這時的理想情況是，有顆強大的吉星位在一宮或二宮（一宮現在視為問卜者）而帶來利益。除此之外，一宮主星和月亮或二宮主星之間有相位也是獲利的徵象。

我有一次問了關於投注某場足球賽的卜卦提問，星盤上顯示二宮主星入相位一宮主星，是個對分相。這莫名其妙，我的錢怎麼會到我這裡來？一般不是我的錢會消失，就是莊家的錢會來找我。在好奇心的驅使下，我

下了注。比賽在半場結束時被終止，所有投注都退了款，我的錢確實回來了——因為對分相，非得讓我大老遠跑一趟去拿錢，真是麻煩。

◆ 關於這個主題的卜卦盤，我的《賽事占星學》中有更詳細的討論。◇

◎ 伴侶的錢

在里利的時代，有個很熱門的問題是「我未來的配偶有錢嗎？我能不能拿到手？」配偶的錢財是由八宮顯示，想知道那裡有多少錢，查看八宮主星的狀態，以及八宮內的任何折磨或助益。至於問卜者拿不拿得到錢，則要看一宮主星、月亮或二宮主星的相位。根據相位的性質來判斷：例如，三分相的錢很容易到手，對分相則需要付出這麼多努力才拿得到錢，想想就不值得去爭。

舉例來說：假設一宮主星位在八宮主星的旺宮。問卜者認為對方有很多錢，而且非常想要拿到手。再假設八宮主星位在它自己的陷宮，對方沒什麼錢。問卜者跟八宮主星形成三分相，對方可能沒多少錢，但只要有什麼都很歡迎問卜者來拿。

評估潛在的商業夥伴時，這會成為一個重要的考量因素。

◎ 政府的錢

如果問卜者詢問的是退稅、養老金、社會保險或任何其他來自政府給付的款項，這些錢由十一宮主星（十之二宮：政府的錢）顯示。找到一個它和問卜者或二宮主星的相位表示會收到；而十一宮主星的力量和十一宮

狀態則表示錢有多少。

十一宮也顯示「國王的禮物」：我們需要從掌權者那裡得到的任何賞賜。對於某個人領取社會保險給付的資格，可以忽略十宮主星（政府）的容納：這個程序並不取決於誰喜歡誰；但對於例如「我能不能得到藝術委員會（Arts Council）的資助？」這時授予機構（十宮主星）的態度就很重要。理想情況下，我們希望發現它的徵象星能旺化我們的問卜者。不過國王們都是大忙人，因此可能沒有時間去讚美每一位有資格得到他們禮物的人；但負面的容納（透過陷宮或弱宮）就不容樂觀了。愈是獨特的禮物（是象徵最高榮譽的維多利亞十字勳章還是僅僅一枚戰役獎章？），我們預期看到的容納就要愈強大。

◎ 遺產

遺產是八宮的說法只是一般論：來自死亡的錢。對於任何特定的詢問，不論那位可能留下錢的人是誰，都要選擇那個人的二宮，這筆錢仍然被認為是屬於亡者的財產。像往常一樣，找個相位顯示錢的到來，以及其主星力量將表示錢有多少。注意財產徵象星和其他行星的相位，或不愉快的互容：這些都可以表示有其他人也想分一杯羹。透過這些入侵行星所主管的宮位來識別其身分。例如，財產和一宮主星的相位被六宮主星禁止：這筆財產將轉送到貓的家。

當然，如果留下錢財的人喜歡——或者至少不討厭——問卜者，這也是有幫助。所以要考量這個人行星的容納，從這些來看亡者對問卜者的態度。

◎ 關於賺錢的例子

過去我曾對某場運動賽事做了占星評估，還用上卜卦占星以外的技術。我很想往我看好的勝隊身上投注，所以問了這個問題：「我買 X 會贏嗎？」

我希望贏得的是莊家的錢、八宮主星：水星。水星和一宮主星（土星）之間有入相位嗎？沒有。

水星和月亮之間有入相位嗎？有，但月亮對木星的四分相可能是個禁止。

水星和二宮主星（木星）之間有入相位嗎？沒有，但月亮先和木星有相位，然後再和水星形成相位，所以把光從木星傳遞給水星。

還注意到，水星和木星透過映點非常緊密（水星的映點在水瓶座 10.55；木星的映點在天蠍座 17.01）；但這兩顆行星都與彼此的映點呈離相位。

所以：有兩個正面證詞。第一，月亮趨向水星，由於相位通常不禁止合相，這會把我和錢聚在一起。第二，月亮拾起木星（我的錢）並把它帶給水星（我想要的錢）。

目前看起來很有希望。**但是：**這兩個證詞都是依據月亮，而月亮焦傷了。它沒有行動的能力。就力量而言，月亮焦傷比其他任一行星焦傷都要虛弱，甚至有可能比完全毀滅還弱。由於月亮的行動力永遠取決於它是否有光，而月亮合相太陽時，它沒有光。

我會贏嗎？不會。月亮極端虛弱的狀態無法使正面證詞發揮作用。

這樣的判斷沒幾分鐘就完成，只要稍加練習，你也可以辦得到：快速瀏覽星盤。當時我有位客戶打電話來，而我的電腦螢幕上還掛著這張星盤。他是常客，直接問了個簡單的問題，所以從我設置自己的卜卦盤到聽懂他的問題時，並沒有差太多時間。兩張星盤是一樣的。

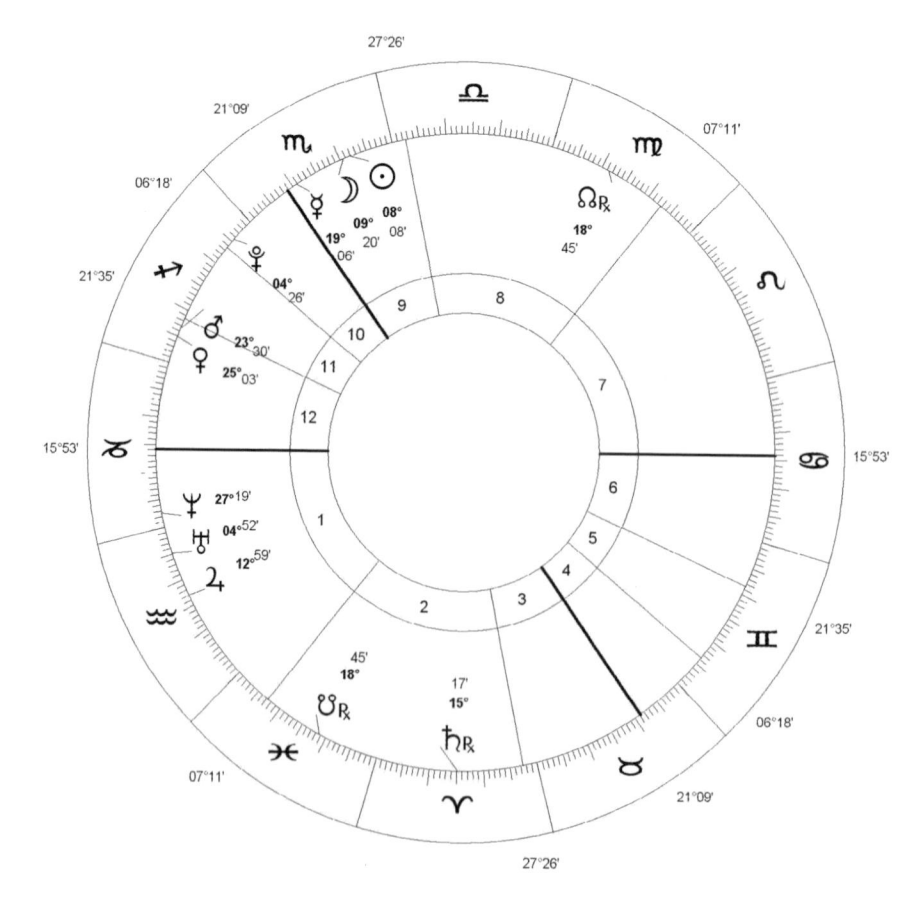

〈我應該買進白銀嗎？〉格林威治標準時間 1997 年 10 月 31 日 12:36 pm，倫敦。

他的問題是：「我應該買進白銀嗎？」我們可以把問題理解為「我應該把錢換成白銀嗎？」經由查看二宮主星來判斷這類問題。不過「白銀」這個詞把我們的注意力引向了月亮。

月亮的狀態如何？糟透了！它的所在星座是它的弱宮；還焦傷，而且是離太陽這麼近、沒有光的那種。可說是虛弱到幾乎不可能再更弱了。

月亮「是」白銀；所以現在是買進白銀的好時機嗎？是！因為它這麼虛弱，以至於它不能再弱了：這至少是一個沒有損失的賭注。

重要的是，月亮正開始遠離太陽。雖然它現在幾乎沒有光，但它正準備慢慢變亮，開始有了光。

這一證詞就足以下判斷。而這也透過二宮主星得到證實，它正走向雙魚座、自己的廟宮。

「是，買進白銀吧。」隨後的幾個月裡，白銀的價格急劇攀升。

這張星盤特別有意思，因為它顯示了兩個表面上相同的問題——「我會獲利嗎？」——從同一張星盤判斷，卻給出了相反的答案。儘管整體來看很簡單，但這方法真是妙得不得了。

第 十 七 章

三宮問題

真的假的？

◎ 這則消息、八卦、傳聞是真的嗎？

我們要在這裡尋找證明它是真相的證詞。如果我們找不到幾個這樣的證詞或完全沒有，將依據預設狀態：它是假的。月亮空虛則表示它不會有任何結果，真假尚未定論。

證實為真：

- 這張星盤的軸點應該位在固定星座。
- 一宮主星、三宮主星、月亮，以及月亮的定位星應該位在固定星座和角宮，或者至少位在固定星座和續宮。

查看三宮的狀況：那裡出現折磨（比如說無力土星位在宮始點上）表示有虛假的可能性。但要很謹慎：這也可能表示問卜者因為這則訊息所受到的傷害。問題脈絡通常會說明哪種情況的可能性更大。

而相關證詞這麼多，我們很少有機會得到一致性的裁決，以多數決來判斷即可。

尖角和固定性都帶有一種堅實的感覺，所以我們在這裡做的就是拿著訊息往星盤敲幾下，看看它是不是實在的東西，還是一場幻覺而已。

◈ 我現在要駁回軸點的所在星座具有任何意義的這個觀念。在任何其他類型的問題中，我們都不會去注意軸點或相關宮始點是位在基本、固定還是變動星座；我們沒有理由在這裡開先例。

一定要注意這裡，證明真實性的狀態是，相關行星需要位在固定星座「及」角宮，而不是固定星座「或」角宮。我認為沒有道理要參考月亮的定位星；把月亮本身納入判斷的觀念，退一百步來說也非常可疑。有人可能主張一併查看一宮主星，理由是檢視問卜者有沒有掌握到任何實際情況；但到目前為止，最重要的證詞是三宮主星的狀態。◈

◎ 這個預言或夢境是真的嗎？

採證的方式與上述相同，但要查看九宮和九宮主星的證詞，而不是三宮和三宮主星。

◎ 注意事項

這些問題本身就很罕見，請保持它們的罕見性！你的問法可以是「我真的會跟珍妮結婚嗎？」、「我真的會得到這份工作嗎？」不過一旦掉進這個陷阱裡，你很快就會把每個問題都歸類到三宮事項，而你也會在十一宮遇到相同的陷阱，掉進這個希望和願望的宮位：「我會實現和珍妮結婚（或）得到工作的願望嗎？」

一律選擇最短的路線：乍聽之下「這是真的嗎？」的問題，通常都可以重新定位。假如問卜者問道：「我聽到流言，說我男友瞞著我跟別人搞曖昧，真的嗎？」這是一個關於她男友的七宮問題，而不是關於真話或假話的三宮問題。即使你做了一個夢，夢見自己和愛人結婚了，也不要問「我的夢是真的嗎？」而是問「我會和她結婚嗎？」

回顧我的職業生涯，我鮮少判斷過「這是真的嗎？」的問題。其中我能想到的一題，是有位問卜者希望領取一名失蹤男童的協尋獎賞，而來詢問男童下落的傳言是否準確；以及一題我自己的問題，關於某位媒體占星師在跨年電視節目中做出一個不大像樣的預測。

◎ 我可以相信他嗎？

像往常一樣選擇宮位，查看那個人的徵象星；它的必然尊貴愈多，他就愈正直可靠。這時有固定性不一定是好事：如果他的行星落陷而且位在固定星座，就會在不誠實方面很頑固。

水星一向很狡猾，就算有些尊貴。水星本質上是無道德的，所以即使

水星本身具有強大的必然尊貴，或者另一行星位在水星的星座而得到很多必然尊貴，也很可能表示一個人只在自己方便的時候才誠實。如果位在雙子座，他可能會嬉皮笑臉，完全不在乎事實，以耍花招為樂；假如位在處女座，他會拿出小字證明他的不誠實其實很誠實，更會用愚弄你的方式讓你相信他。

◆ 這個問題通常太模糊，沒有什麼用處：我可以確定某個人是小偷——因為他表現得像一個小偷。最好加入更具體的條件重新說明問題：「我想讓他負責管理我的店，他的手腳乾不乾淨？」、「他真的會像他承諾的那樣支持我的申請嗎？」

理論上，徵象星的必然尊貴愈多，這個人就愈正直可靠。但要留意一點，如果行星位在自己的廟宮，或者，特別是位在自己的旺宮時，那麼這個人最優先的考量就會是這個人自己，這與輕視他人的態度有關。◆

信件、來電、訪客

這裡很少直接與根本盤的三宮有關。假如問題是「她收到我的信了嗎？」我們才會去找她和三宮主星，也就是和這封信之間有沒有離相位（顯示一些已經發生的事情）。三宮主星位在她的一宮或二宮其中一處，可以證明信已經寄到了：這封信跟她在一起，或成了她手中財產。

通常，這些問題是關於他人的信件：「我何時會收到他的消息？」、「我訂的書什麼時候會到？」選擇寄件人的三宮主星來表示那個人的信。這通常會把我們帶到九宮，因為這類問題所問及的對象，往往不是心上人就是那些跟問卜者有生意往來的人（比如訂購這本書）。所有這一類人都是由

七宮表示,而七之三宮就是根本盤的九宮。一旦你找到了正確的徵象星,再去找找它和一宮主星、月亮或二宮主星之間有沒有入相位。二宮主星的相位顯示信件將成為問卜者手中的財產,然後用度數按通常的做法推算應期,看什麼時候會到。沒有相位:沒有抵達。

如果你訂了一本書,問題的關鍵在於收到這本書:賣家的包裹,七之三宮;至於你的愛人或媽媽打來的電話,問題的關鍵在於你和那個人的聯繫,因此,那個人(七宮主星或十宮主星)和問卜者之間有相位,就會得出「是」有聯絡:沒必要特地使用轉宮後的三宮來看這通電話。而我們訂完書之後,並不會想和賣家再有任何進一步的聯繫,所以這種情況下,七宮主星的入相位並不會把書送到。

記住,一旦你拿到信,它就不再是寄件人的三宮,而是你的二宮:你的財產。

假如問題是「這個人什麼時候會到?」那麼就選擇這個人的宮位(如果是問卜者的朋友,十一宮;水管工人,六宮),然後從該宮主星——按順序——尋找它和上升點、一宮主星、月亮、四宮始點(問卜者的家)形成的相位。沒有相位,沒有抵達。如果有相位,就按通常的做法推算應期。這類問題通常有個限定的時間範圍,比如說,假設到達的時間是當天下午的某個時候,這使得推算應期變得更加容易。任何小於 1 度的時間通常都可以視為「立即」;儘管我們可以把應期推算到幾分鐘。在這類的提問中,弧度的分通常可以視為時間上的幾分鐘,所以如果徵象星距離上升點 35',就表示這個人將在 35 分鐘內抵達。

哪顆行星入相位哪顆都沒有差別。如果一宮主星入相位訪客,而不是

訪客入相位一宮主星,這並不是指問卜者需要出門去接她。誰去找誰,就看問題怎麼說。

「只有」問題是預期某個人的到來(如我這裡的例子),或是星盤上有其他證詞共同證實,上升點的相位才能表示人會抵達。假如問題是「我還會再見到我失聯已久的朋友嗎?」這位朋友的徵象星入相位上升點,顯示他在我心中的分量,但並不表示他馬上就會來敲我家的門。

◇　要弄清楚什麼才是重點。如果你想問的是經由郵寄方式寄來的錢到了沒,那麼你的問題會是「錢什麼時候會到?」而不是「信什麼時候會到?」重點是寄件人的二宮,不是寄件人的三宮。儘管我先前那樣寫,但經由郵寄送達的商品也是如此,例如書籍,它是賣家的財產,正在運送給你的路上,所以關注的是賣家的二宮主星,而不是三宮主星。即使這件商品你已經付了錢,在還沒抵達之前都不算是你到手的財產,所以它還不能夠由你自己的二宮表示。二宮是可移動財產的宮位:要是你還沒有得到它,你就無法移動它。

諸如「他對我寄給他的信會怎麼想?」這樣的問題通常不是在詢問對這封信的反應(「這信紙真是漂亮!」),而是對寫信的人有什麼反應。所以信件本身無關判斷。◇

第十八章

四宮問題

房產交易

◎ 我會買下（或）賣掉這間房子嗎？

這兩個問題的判斷方式一樣。問卜者，無論身為買方還是賣方，一如既往得到一宮，對方則得到七宮，而我們想看到的是一宮主星和七宮主星之間有入相位。這個問題實際上是：「我們會做這筆交易嗎？」因此我們要關注的是一宮主星和七宮主星，而不是房產本身的四宮主星。

如果對方在星盤裡有一個特定的宮位，就使用該宮位而不用七宮。假如問題是「我哥哥會買我的房子嗎？」或「我朋友的房子可以買嗎？」使用三宮或十一宮。

買方和賣方之間的相位是哪一種並不重要：這些問題的星盤裡，很少

見到比四分相更樂觀的相位。出現對分相似乎是常態，但這時卻沒有包含它們常見的遺憾之意，這多半反映了促成這些交易往往需要付出過多的努力。

注意容納。一宮主星和七宮主星彼此互容是最令人鼓舞的：他們都想進行這筆交易。沒有容納通常不是問題，出現負面的容納（透過陷宮或弱宮）才算有問題。如果賣方的徵象星位在買方徵象星的弱宮，他並不願意賣給買方，儘管他可能會迫於需求而賣出。

這些徵象星的位置和力量則表示協商過程中誰占上風。在這種情況下，位在宮始點上或位在宮始點內，天差地遠。**位在宮始點上的行星對該宮位握有主導權，就像敵人在你的城門前猛攻；位在宮始點內的行星就在該宮位的勢力之下，如同受困在裡面的敵人**。所以：七宮主星位在上升點，顯示對方熱衷於這筆交易（位在一宮主星的廟宮），並可能主動強行推進交易（位在上升點的行星往往可以視為壓在問卜者身上的某些東西）。七宮主星位在一宮內，表示問卜者把對方置於掌心之中。更常見的是，我們發現一宮主星就在七宮內：問卜者很絕望，而且對方也看透了這一點。

◆ 不過要注意的是，力量方面很少與這類問題相關。買方很少能夠強迫賣方出售，賣方也很少能夠強迫買方購買。因此，雖然一方的徵象星位在另一方的宮始點上顯示那位當事人的熱情，但這可能是個不利的證詞。假如問題是「我可以和賣方殺價嗎？」你的行星位在賣方的宮始點上就成了一個強烈的否定。你要是這麼積極，那麼賣方還有什麼動力降價？◆

四宮主星和買方徵象星形成入相位時，表示房產有機會售出，這看起

來似乎符合邏輯，不過，該證詞的說服力跟一宮主星和七宮主星聚在一起相比，低了不少。十宮主星顯示房產的價格，但這對賣方來說是一個非常次要的證詞，通常可以忽略：不要被沖昏頭，只憑這點就想下判斷。如果一宮主星和七宮主星雙方沒有表示交易，那麼房產和金錢也不會易手。

◆ 我低估了四宮主星和買方之間的重要性。一律先查找一宮主星和七宮主星的相位。如果都沒有，但四宮主星和買方之間有個相位時，通常就會完成任務。◆

一個常見的情境：一宮主星和七宮主星有入相位，表示賣方（我們的問卜者，一宮主星）將出售其房產，但在該相位完成前，有個禁止出現。這顆擋路的行星是什麼？八宮主星：買方的錢（七之二宮：對方的錢）。它落陷了。是什麼阻止了交易的完成？買方沒辦法籌到錢。

在買方的徵象星完成相位之前，任何和賣方形成相位的未知行星，都可以視為想來購買該房產的其他人。

你不需要去查找不動產經紀人。如果一宮主星和七宮主星之間有相位，那麼居中交涉的人就無關緊要；我們沒有必要讓這個角色登場。然而，要是有一顆行星為實現這個相位從中傳遞或集中光線，即可視為它顯示出經紀人這個角色。

◆ 賣方和四宮主星之間的入相位沒有任何意義，可以忽略，除非該相位禁止了自己和買方的相位。相位使事物產生連結，但賣方本來就已經和房產存在連結：否則他就不會有能力把它賣掉。

必須注意目前交易協商的階段。在早期階段，我們需要強而有力的證詞來表示這筆交易會完成。在偏後期的階段，當一切都已達成協議，但還是放心不下的買方來問「這筆交易會順利完成嗎？」只要沒有具說服力的否定證詞，就足以讓我們判斷「會」了（見第249頁）。假設這樣的星盤裡，七宮始點位在白羊座10度，而一宮主星位在白羊座9度，除了顯示問卜者對交易的關注外，什麼都沒有；但一宮主星位在雙魚座29度，即將進入七宮主星的宮位，就會是個有力的證詞：「是的，你會搬進去。」

請注意，無論問卜者是買房還是賣房，房產都由四宮主星顯示。如果要賣，這是因為四宮主星是他的房產；假如要買，這是因為四宮主星是他的潛在房產。星盤中的一切皆基於問卜者的觀點。潛在房產，就像七宮主星顯示的潛在女友（「她會跟我約會嗎？」）或十宮主星顯示的潛在工作（「我會得到這份工作嗎？」）。

「可是這部分和前一章補充由賣方寄出包裹的要點沒有矛盾嗎？」沒有，因為「包裹什麼時候到？」的問題不是在討論可能屬於我的東西，而是實際上仍然屬於別人的東西。關於女友、工作或房子的問題，是詢問潛在的人事物會不會變成現實；而包裹的問題是在詢問真實的東西何時會來到。◇

◎ 房產狀況

四宮主星是房子，所以它的狀態會顯示出房產的整體狀況。四宮主星位在自己的廟宮：非常好──這筆房產健全可靠。四宮主星位在它的旺宮時，記得這種尊貴帶有誇大好處的感覺；這間房子的狀況很好，但也許並不像它看起來那麼好：注意為了隱藏小問題而粉刷油漆的地方。尊貴較小

表示屋況的良好程度也較小。如果四宮主星是外來的，這房子就沒那麼好了，而且——外來的行星更傾向於作惡——可能正在惡化。除非它是一棟可移動的房子，才能夠在徵象星是外來的狀態時，視為一種對房產本質的描述而沒有任何這類有害的影響。

如果四宮主星位在它的陷宮或弱宮，就會有問題。其所在星座的性質將指出這些問題：

- 風象星座：檢查屋頂和窗戶
- 水象星座：檢查水管和防潮層
- 火象星座：檢查暖氣、牆壁和抹灰層
- 土象星座：檢查地基。

◆ 如上文第270至271頁關於遺失物的內容所述，把火象星座和牆壁，還有延伸來的抹灰層全串在一起是錯誤的。牆壁——也許——是由磚頭砌成，而磚頭經窯燒製成；但這意思並不是火象星座代表牆壁。◆

留意徵象星所遭受的其他折磨。例如，土星的對分相：房子可能很可愛，但有座工廠正對著，會讓那裡的生活變得很痛苦。無力的行星在四宮會顯示其他問題，這取決於所在星座的性質。

十宮主星是價格，它的狀態會告訴你房屋售價是高還是低。如果問卜者是買方，那麼價格位在固定星座的意義重大：想殺價是白費力氣。在固定星座的末端：倒是值得出個價談談看。這裡也要注意入旺的性質：它暗示價格被抬高了。在賣方市場（seller's market）開價偏高的情況也許是在所難免，但這種誇大感可能有其他原因——有傳言說這個鎮要建設鐵路了，

或者有電影明星在當地買房子了。

　　房產和價格之間，我們希望二者的條件可以取得一個平衡，而且最好所有不平衡的結果都有利於問卜者。也許會出現對他不利的極大落差，但即使如此，問卜者也有購買的理由：這間房子可能搖搖欲墜，但那是奶奶曾經住過的地方，或者他急著去最喜歡的球隊主場附近。星盤會提供一個清晰的分析，這樣問卜者就可以決定要不要接受這個不平衡。

　　例如：

● 四宮主星位在自己的廟宮；十宮主星位在自己的廟宮：這間房子很貴，但你會得到你所付出的價值。
● 四宮主星位在它的界；十宮主星位在它的旺宮：這房子還不錯，但價格灌水了。
● 四宮主星位在它的陷宮；十宮主星位在它的陷宮：這地方簡直是個垃圾場，不過低價本身就意味著還是值得購買。

　　注意一宮主星和四宮主星之間的容納。一宮主星位在四宮主星的旺宮：問卜者對這間房子有種迷戀，因此無論這間房子有多好，都不大可能達到他期待的那般美好。假如問卜者想買的是他最喜歡的詩人所住過的房子，這份推崇之意倒可以理解：他對房子的重視程度遠超過了它真正應有的價值。四宮主星位在一宮主星的陷宮：這間房子討厭問卜者，所以不會讓他住得開心。

　　大多數的買主都希望看到房價未來會上漲：考量十宮主星目前的狀態、沿著黃道星座往前走的狀態，以及它當下所在星座的性質——固定星座顯

示缺乏變化。

如果購買這間房子主要是為了盈利，不管是想加價出售，還是出租，盈利是由五宮主星（四之二宮：房子的錢）所顯示。

如果問卜者詢問的是他正在考慮購買的房產，想看看鄰居的情況，那麼我們關注的會是這間待買房子的鄰居，而不是問卜者現在的鄰居，所以鄰居將由六宮顯示，也就是四之三宮：房子的鄰居。有位問卜者問她應不應該搬到她的度假屋定居。四宮主星是位在天秤座的太陽，所以這間房子的狀況不佳（入弱）。它被金星控制，或說被主宰；金星本身落陷；金星主管著六宮。這間房子入弱（在天秤座）的情況，是因為它被鄰居（金星）所主宰，而鄰居本身是可怕的人（落陷）。問卜者後來告訴我這些鄰居令人毛骨悚然的故事，他們恐嚇了這個小鎮。

◆ 在評估房產狀態時，一定要記住現實情境的考量：人們很少買到他們想要的房子，而是去買他們負擔得起，但又不是最差的房子，所以如果問卜者沒有問及屋況，就不要把房產這方面的狀態牽扯進來。假如問題是「這筆交易會完成嗎？」，那就不必告訴問卜者「喔，但這地方看起來真的不怎麼好！」除非問卜者非常富有，不然他多半已經知道有此狀況。

如果希望就價格進行協商，記住這點，價格不會自己決定事情。如上所述，十宮主星可以給我們一些線索，但更重要的是七宮主星：賣方。比起十宮主星位在固定星座，七宮主星位在固定星座更是指出不二價的有力證詞。

雖然文本中使用十宮來表示價格，但在許多問題中，使用五宮更適合：來自房產的獲利。如果問卜者是買方，價格將是十宮主星（「我可以談價嗎？」）。假如問卜者是賣方，問「我能從這筆賣屋交易賺到像樣的錢嗎？」就用五宮主星，這裡的問題是關於房產的獲利。

雖然四之三宮可以指新房子的鄰居，不過要注意你是如何判讀的。上面的例子中，六宮主星是鄰居，但如果沒有進一步的資訊來證實這一點，那麼它也可能指的是，例如，新房子當地的交通機能（它的三宮：日常行程）糟成這樣，而讓那裡的生活變得困難，或者其他許多事情。永遠記住，少就是好。最好說「這裡有個重大影響，但我不確定它代表什麼」，而不是固著在一個特定的想法，希望能好運矇上。這很容易從星盤裡的一些線索就開始寫小說了。不要這樣做！◇

◆ 一個常見的問題是「我應該買這間還是那間好？」如果問卜者傾向某個選項，就用四宮主星代表它，而另一個選項，則透過描述選擇另一行星來代表，然後比較它們二者的狀態。假如問卜者對於選項沒有明確的偏好，就全部透過描述來選擇徵象星。要做到這一點，可以請問卜者說說這兩間房子各有什麼特別之處。回答要簡短！如果你讓問卜者保持簡短，他們就會給出幾個與該星盤提問相關描述的重要詞彙。例如，假設這是要在一個非常老的房子和河邊的房子之間做出選擇，土星可以代表老房子，而位在水象星座 1 或 2 度處的行星則代表河邊的房子。大公寓或頂樓：木星代表大房子，一顆位在風象星座或靠近上中天（MC，星盤頂部）的行星代表頂樓。不同的人會用不同的方式描述相同的房子。某個人可能說「這間是新建的，那間是舊的」，而另一個人說「這間在河邊，那間在我工作地點附近」或「這間大，那間小」。這張星盤是問卜者的**創作**，所以你可以相信問卜者對於選項的描述標準，都會與該星盤有關。這種要求描述的

情況並不罕見，往往使得卜卦占星的分析顯得多餘：「這間在海灘附近，那間在工廠旁邊……哦，決定好了！」

不要害怕讓問卜者做一些工作，更不要受理一打潛在房產的清單：讓問卜者把範圍縮小到兩個選項，或最多三個。◇

◎ 房屋租賃

關於房屋出租或承租的問題，應與購買或出售房產的問題以相同方式進行判斷。這都是同一種問題：「我可以做這筆交易嗎？」而這些問題要從一宮和七宮來判斷。現代文本的作者跟隨里利把房客分配到六宮，但這是錯誤的。在里利的時代，你的房客是服從於你的：他多半會在你的土地上工作，如果他有投票權，他肯定會按照你的指示去投票。現今情況不再如此：房屋租賃契約訂定在雙方平等的基礎上。請注意，改變的不是占星學，而是這個詞的含義。

◆ 關於這段房客不再是六宮人物的說法，我發現我遇到相當大的阻力。時過境遷，現在和里利寫作時的情況不同。這不是見仁見智的問題；這是一個歷史上的事實。假如我今天租了某間公寓，我可以肯定，我的房東不會在我生病時派他的妻子來照顧我，也不會在我陷入困境時，接受神職人員的勸說，然後在聖誕節宴請我。把房客當作六宮，就好比餵你的汽車吃草。◇

如果一宮主星和七宮主星透過對分相連結，那就出現了賣房和租房問題的唯一區別。雖然在出售（或）購買的問題上這情況可以接受，但在房客和房東之間的長期關係裡，就會存在它所預示的遺憾。

我應該租給這些人嗎？考量七宮主星的性質和狀態：行星狀態愈好，他們就愈值得信任。假設七宮主星是入弱的木星：一顆衰弱無力的吉星，他們看起來還不錯，但內心已經腐爛。留意七宮主星，不要有折磨四宮主星或五宮主星的情況（房客損害房產或其獲利）。

如果問題是「我應該賣掉我的房子，還是把它租出去？」發現七宮主星位在基本或固定星座會建議賣掉；雙體星座隱含了雙重性，建議出租。要是七宮主星顯示租房的同時也會帶來損害，這樣就要建議問卜者出售，反之亦然。也許出售問題中的十宮主星（價格）現在很虛弱，但很快就會變得有力：那麼我們也許可以建議問卜者暫時出租房產，然後待房市升溫時再出售。

◆ 如同我上面的修訂，在判斷是賣房還是出租時，重要的是五宮，而不是十宮。我們關注的是來自房產的獲利：四之二宮。◆

◎ 我應該選擇務農，還是做生意？

◆ 這一章節的全部內容，我都太遵循里利的說法了，我錯了（Mea culpa）。這類問題中，四宮這地方才是問題所在；七宮則是你要向他購買或承租的那個人。問題在於從這個地方賺到的錢，所以這筆錢是五宮：四之二宮，來自房產的獲利。十宮只是你購買或承租的價格，或許能夠提供一些線索來說明這價格是太高還是太低；但重要的部分是獲利：五宮。把四宮想成是「事件的結局」就完全搞錯了：這個地方就是問題的所在。

一宮主星的宮位落點，除了位在七宮內顯示出問卜者在協商過程處於弱勢以外，它位在自己的一宮內並沒有意義。不過，這也不一定是絕對「沒

有」。四宮，尤其是五宮有顆吉象的行星在內而得助，都比一宮受惠來得好。

特別注意：這個問題不是詢問某項事業成功與否，而是關於某間房產的獲利能力。所以這不是問「我可以靠當美髮師謀生嗎？」（見第二十三章），而是在問「這間特別的髮廊值得租嗎？」◈

如果問卜者正在考慮購買或租用某個工作場所，那麼處理星盤的方式要和購買普通房屋時略有不同。這些問題假定，問卜者做決定的前提是該房產的可用性，所以我們不是在尋找一宮主星和七宮主星之間的相位。他們還打算用某種方式拿這個地方來工作：「我應該買下這座農場嗎？」、「我應該租下這間錄音室嗎？」、「我應該買下這間店面嗎？」

問卜者是一宮，賣方或出租人是七宮；而十宮顯示問卜者取得這個地方後可賺取的獲利；四宮則顯示最後的結果。

發現一宮主星位在一宮，或位在和上升點呈星座三分相或六分相的星座內，是個好跡象，指出問卜者正在進行一項有利的交易。一宮主星接近上升點，或和上升點的相位緊密，還有它的必然尊貴愈多，則表示情況就愈好。同樣地，一宮內有顆好吉星（再次重申：這是指任何擁有良好必然尊貴的行星）是一個正面的徵象；任何行星無力都是不好的徵象，除非這顆無力的行星就是七宮主星。假如七宮主星位在守護上升點的星座內，那麼它永遠都會位在它的陷宮。如果七宮主星坐落在上升點上，顯示對方正在推動交易的完成；要是七宮主星正好位在上升點內，則顯示對方處於問卜者的權力之下，因此問卜者擁有相當大的權力協議條款。

考量賣方的可信度。如果七宮主星落陷，而且還是位在十二宮，那就得小心了。七宮主星嚴重無力或七宮內有顆無力行星的折磨，警告問卜者要檢查合約中的小字：這些條款可能有鬼。

按通常的做法判斷十宮及十宮主星的狀態。而四宮所表示「事件的結局」：當問卜者回顧整件事時，會認為這是一筆好交易，還是一想起來就後悔？從一般的考量來判斷，例如，四宮主星是擁有尊貴的木星，這是好交易；無力的土星，這是壞交易；四宮內有強大的金星，這是好交易；無力的火星，這是壞交易。

其他銷售問題

如果問題本身是交易會不會完成，這些可以完全按照前述房屋購買問題的方式來判斷：我們希望一宮主星和七宮主星之間有個入相位。對於非房產出售的情況，假如它們之間的相位是對分相，則告訴我們這次交易會帶著遺憾。要是對方在星盤中有特定宮位（「我叔叔會把他的車賣給我嗎？」），就改用該宮位替換掉七宮。

更多時候，問題並不在於交易是否可以完成，而是在於是否應該完成：「我應該買這輛車／船／古董嗎？」這些物品由二宮顯示。雖然該物品還不是問卜者的財產，但它是問卜者的潛在財產。我們可以藉由把七宮分配給潛在伴侶來判斷問卜者和潛在伴侶的浪漫前景，因此我們可以如法炮製從二宮來判斷。這類問題都是關於問卜者的可移動財產（二宮）；把它歸結為「我應該用一些我二宮的東西（錢）來換取這個其他的二宮東西（待買物品）嗎？」那麼星盤向我們顯示的就是該待買物品的品質。

它的狀態怎麼樣？假設我想買的二手車，顯示為金星位在雙魚座28度。目前它位在旺宮（不錯，但被高估了），即將進入它的陷宮，不要買！一如既往，如果證詞可以作為描述性解讀，通常就可以忽略無力狀態。假如這輛車我打算買來改裝加大馬力，然後開著它去賽車，那麼它的徵象星進入基本火象的白羊座就再適合不過了。

假如對賣方的可信度有疑慮，查看七宮主星。必然尊貴愈多，賣方就愈值得信任。

◆ 可信度並不一定是那麼簡單的問題。參見第293頁的補充。◆

第十九章

五宮問題

懷孕

◎ 我懷孕了嗎？

隨著驗孕產品在藥店櫃檯上隨處可見，這個問題被問到的機會比以前少多了。更常詢問的變成「我的狗懷孕了嗎？」判斷方法一樣，如果詢問關於狗的事，就要轉宮。

◆ 本章節有太多內容過於倚重里利，應該忽略。尤其是所有關於凶星和吉星的評論，以及行星和上升點或角宮行星呈相位的論述。

有力的正面證詞是，一宮主星或月亮和五宮主星之間的離相位：媽媽已經接觸到小孩了。但要記住，禁止也具有溯及既往的作用（見第175頁）：如果顯示懷孕相位的其中一顆行星之後又形成了另一個相位，這個顯示懷

孕的相位就被禁止了：以目前的狀況來說，它並沒有發生。媽媽和小孩之間是入相位的話，肯定「沒有」，要是他們未來才會接觸，她現在就不可能懷孕。注意，這意思並不是說「現在沒有，但你很快就會有」。問卜者詢問的不是未來，她想問的只有現在的情況。

五宮主星就在媽媽的宮位裡——小孩待在媽媽肚子裡——「幾乎」總是可以給出「有了」。然而，它會被其他不可抗力的證詞所推翻，例如媽媽和小孩之間的入相位。

五宮主星正好完全停滯時，是一個強烈否定。停滯的行星不會移動，假如沒有移動，那它就沒有生命；我指的是「完全」停滯。

在這樣的問題中，五宮主星是必然無力或逆行，沒有任何意義。◇

最明確、最有力的證詞是發現五宮主星位在一宮內，並靠近上升點。這給出了一幅清晰的畫面：小孩（五宮主星）就在母親體內，肯定是「有了」。而畫面如此清晰的情況下，我們就不需要有個相位把母親和小孩連結在一起。一宮主星或月亮位在五宮只顯示問卜者在考慮懷孕的事；這要鬆口證明「有了」，還需要其他支持性的證詞。有個來自強力吉星的緊密相位，或者有顆強力吉星很接近五宮始點，這樣加上就夠了。

一宮主星、五宮主星或月亮，和某顆位在角宮的行星呈相位且強力互容，是「有了」的證詞。一宮主星和上升點緊密的三分相或六分相有所幫助。

有顆凶星很靠近五宮始點或上升點是「沒有」的證詞，除非這顆凶星

是問題的一宮主星或五宮主星。五宮主星焦傷則是一個強烈的否定證詞。

◇ 作為附加條款，如果太陽是一宮主星且該相位已是離相位，那麼五宮主星焦傷將是強力肯定的「有」：媽媽和小孩已經接觸了，然後像往常一樣，這個太陽形成的相位要是符合我們的需求，就可以忽略焦傷（上文第122頁）。◇

懷孕和死亡，是映點擔不了本體相位作用的領域：不要僅憑映點的力量就對任何懷孕相關問題做出肯定的判斷。

特別注意：雖然這些證詞位在肥沃星座是樂觀的，但它們位在荒地星座並不排除肯定的結果。諸如「我還會……嗎？」的一般性問題中，荒地星座才比較有意義（見下文）。

◇ 肥沃星座或荒地星座這方面可以忽略。如果媽媽和小孩之間有接觸、表示懷孕，她顯然不是不孕體質；假如沒有這種接觸，她很可能生育能力正常，只是還沒有懷孕。荒地星座和肥沃星座只與「我會有小孩嗎？」這種一般性問題有關。

上文關於映點特性的要點，正確可靠。◇

注意再注意：發現五宮主星位在八宮內「不」成問題。這並不意味著問卜者腹中的胎兒沒心跳！但五宮主星進入八宮的情況，可以作為問卜者已經懷孕並將流產的證詞。

◆ 某人的徵象星進入八宮絕對無法證明某人即將死亡。那麼，五宮主星進入八宮也不是流產的證詞。◇

任何關於懷孕的問題中，如果其他證詞顯示該婦女已經懷孕，同時發現南交點或無力的凶星位在她的五宮，就有流產的可能。假如這個潛在可能要成為事實，則需要其他證詞的支持：不要只憑這一點就下判斷。流產是一個事件，而不只是潛在可能，因此需要星盤中有個動態來顯示該事件的發生。

◆ **最重要的事**：我無法想像在什麼情況下可以給出「你會流產」的判斷，就算這張星盤的跡象顯而易見也不能。我們不一定要把能夠看到的東西全說出來，做人處事遠比追求正確重要多了。◇

◎ 她懷孕了嗎？

這一題的判斷原則跟前面差不多，只是五宮主星位在一宮時，自然就不會說「有了」：我們關心的並不是問卜者的肚子。這個問題通常都是男人為了某個跟他至少共度一夜的女人來問的，這使得她（在該脈絡下）成為七宮人物。因此，五宮主星位在七宮會顯示「有了」；同樣地，十一宮主星（七之五宮，所以是她的孩子）位在七宮也是如此。而一張這種情況的星盤，五宮主星和十一宮主星同在七宮合相：這確實重複強調「有了」；但不保證是雙胞胎。如果它們位在雙體星座，這才有可能發生。

假如問題不是問及七宮人物，而是，例如問卜者的妹妹或母親，我們就要看向那個人的宮位及該宮位的五宮。唯一可以從兩個宮位表示小孩的情況是，一位男性問卜者詢問某位女性有沒有懷上他的孩子：根本盤的五

宮是「我的孩子」，轉宮後的五宮是「她的孩子」（這並沒有任何暗示問卜者不是孩子父親的意思）。問題由孩子父親以外的人提問時，就不要轉宮把十一宮扯進來。

考量那些涉及角宮性質的證詞時，重要的是根本盤的角宮：**宮位不會因為轉宮而變成角宮**（例如，關於我妹妹的星盤，三之四宮不是角宮）。

◈ 正如第 309 至 310 頁的補充說明，這些問題中的行星位在角宮沒有任何意義。◈

◎ 我會懷孕嗎？

在我的經驗裡，這個問題通常是那些考慮進行生育治療（fertility treatment）的人來詢問，偶爾也有「我在這個假期會懷孕嗎？」或其他類似的問法。

理論上，沒有什麼比這更簡單的了：我們按通常的做法，先找到一個把母親（一宮主星和月亮）和小孩（五宮主星）連結起來的相位；其中五宮主星和問卜者的一或兩顆徵象星位在肥沃星座（巨蟹座、天蠍座、雙魚座）時，可以增加判斷的可信度。即使這三顆徵象星都位在荒地星座（雙子座、獅子座、處女座），行星本身有力又彼此相位明確，仍然有機會懷上孩子。作為支持性的證詞，當有顆吉星位在五宮，特別是木星在巨蟹座或雙魚座的情況，將有所幫助。北交點在五宮也是如此。

注意徵象星或五宮受到的影響，特別是來自土星的折磨。土星位在五宮，尤其還接近該宮始點的時候，是一個強烈的負面證詞（除非土星是一

宮主星，這時該配置會反映出問卜者對這主題感興趣）。五宮主星焦傷則是一個明確的否定，除非太陽就是一宮主星。

確實記住這個基本要點，木星和金星不一定有幫助，它們能帶來多大的幫助，全取決於本身的狀態。有位客戶前來詢問她無法懷孕的問題，木星就位在七宮內，這裡是雙子座。由於它本身落陷，為它所在的宮位帶來折磨：她的丈夫。而木星是精子的自然徵象星，它位在陷宮和荒地星座：這位丈夫的精子數量不足。或者，金星位在處女座：擁有三分性的尊貴，因入弱而無力，又位在荒地星座；獲得歡愉，但沒有懷孕。最好提醒問卜者，卜卦預測並不是一種可靠的避孕方式，就算是一流的占星師也難免失手。

◇ 如果男方提問「我們會有孩子嗎？」五宮主星和一宮主星或七宮主星（女方）形成的任一相位都將給出「有」；要是由女方提問，那麼五宮主星和七宮主星之間的相位就不會有結果。◇

有關生育治療問題的星盤通常都很平衡，在為問卜者解讀時需要一些技巧。這些星盤非常平衡，是因為情況非常平衡：如果這對夫婦的生育能力很強，就不會詢問這個問題。判斷的結果往往是「看起來真的不大像有；但請記住，占星師一樣會出錯。」不然就是「我沒辦法給出一個肯定的答案，不過這裡有足夠的潛力，你也許認為值得繼續進行下去。」

首先尋找潛在的生育能力：檢查一宮主星、五宮主星、七宮主星與十一宮主星、月亮、月亮的定位星。我們把七宮主星與十一宮主星視為丈夫和他潛在孩子的徵象星來考量（儘管在「我會懷孕嗎？」這些直接的問題，十一宮主星和一宮主星的連結並「不會」帶來懷孕）。

◈ 沒有必要涉及月亮的定位星。舊文本中有許多多餘的內容，基本上都是認為我們可以對問題提出的證詞愈多，就愈有可能得到一個令人滿意的答案，完全不管證詞之間有沒有任何相關性。現在就是一個這樣的例子。◈

它們是位在肥沃星座還是荒地星座？其他星座都是中性的。位在肥沃星座是個好兆頭，但沒有見到位在荒地星座就足以給人帶來希望。不要考量這些宮位的宮始點星座：由於同時作用的宮位這麼多，我們極有可能從中發現肥沃星座和荒地星座的分布特性，但宮主星可以隨機位在任何地方。

◈ 任何類型的問題中，守護宮始點的星座性質都不重要。星座的作用只是告訴我們主管該宮位的行星是哪一顆。◈

接著考量一宮、五宮、七宮、十一宮，以及它們的宮主星，得到的所有助益或折磨。現在，你也許已經明顯看出「沒有」，遇到這種明確的情況可以停下來。只要不是大多數的證詞都傾向不孕，就繼續往下尋找相位，看看有沒有什麼可以實現潛在可能的徵象。關於生育治療不要查看十宮：十宮是疾病卜卦盤中的治療方法，但在這裡並不相關。如果是規劃生育治療的懷孕，通常母親和小孩之間，是透過光線集中或光線傳遞其中一種來連結；而這個連結由哪些行星組成，或者其中行星主管哪些宮位並不重要：一樣都可以帶來懷孕。參與光線傳遞和光線集中的第三顆行星，反映了有第三方參與的生育治療。

一旦你找到一顆連結媽媽和小孩的行星，考量它的性質（好行星或壞行星？）它與一宮主星和五宮主星的容納（它是位在媽媽的廟宮，所以想幫助她，還是位在她的弱宮，反而傷害了她？）以及其他可能和五宮相關

的所有證詞。這個相位就足以證明懷孕；而這些其他因子會告訴你接下來的孕程如何發展——特別是這個孩子能不能足月生產。

然後是最重要的一步：在開口跟問卜者交談之前，先動動你的大腦，更重要的一直都是你的心。你不能說謊；但真的不必把看到的一切全說出來。

◎ 我還會懷孕嗎？

如同這一題「我還會結婚嗎？」我們必須考量問題裡的預設選項。如果問卜者現在二十歲，我們一定要判斷「會」，除非星盤明顯表示「不會」；假如問卜者已經五十歲，我們就必須判斷「不會」，除非呈現一面倒的「會」。

對於「我還會嗎」的疑問，我們只需要考量這方面的潛能，如上所述：檢查一宮主星、五宮主星、七宮主星與十一宮主星、月亮、月亮的定位星。

◆ 如上文補充所述，沒有理由把月亮的定位星納入判斷。◆

它們是位在肥沃星座還是荒地星座？其他星座都是中性的。位在肥沃星座是好兆頭，但只要沒見到位在荒地星座就能帶來希望。不要考量這些宮位的宮始點星座：我們關注的是宮主星的所在星座。如果一宮主星和五宮主星之間有個相位，那就更好了；但對於二十歲的問卜者來說，一些生育能力的跡象，以及五宮或五宮主星沒有主要的折磨，就足以判斷「會」。

假如我們的問卜者是五十歲，那麼我們就需要看到所有或大部分關鍵

行星都位在肥沃星座，還要有一個強大的相位把一宮主星和五宮主星連結起來，沒有伴隨任何嚴重的折磨。

這個問題經常接著問「什麼時候」，或者實際上一開始就是「什麼時候」加上「我會不會」怎樣的假設問法。在後一種情況，除非星盤裡跳出來證明「會」的是個相位，不然我們必須在處理「何時」之前，先確定「是否」有這回事。一旦我們做出決定認為問卜者會懷孕，我們知道應期一定在星盤裡的某個地方。表現良好的星盤會從中給我們一個清晰的相位來推算；但並不是所有的星盤都如此表現良好，這可能需要伸展一下占星學的肌肉。不過對於像這樣的長期問題，我們在推進行星時可以穿越通常的禁令，比如其他相位或換星座的變化，不能穿越的狀態只有停滯以及太陽的合相。有了這種自由，你就會找到某條連接問卜者和五宮主星的途徑。特別注意：現在你可以這樣操作，「前提是」因為你已經找到這個問題的主要答案是「會」。等你把媽媽和小孩連結起來後，就按通常的做法計算應期。

◆ 這一類的問題中，不要試圖把作為男性自然徵象星的太陽以及作為女性自然徵象星的金星帶進來。它們的用途只是輔助解開兩人心理上纏在一起的情網（第二十一章）。在這裡它們毫無關聯。◆

◎ 子女數量與性別

預測問卜者會有幾個小孩的時候，不要刻意追求精確。正如里利所說，這是「太過嚴謹的猜測」。我們的選項是：一個、一或二個、有幾個、很多個。通常這樣說就很準確了。

考量一宮主星、五宮主星、七宮主星與十一宮主星、月亮、月亮的定位星。

◈ 又來了，正如第 315 頁的補充說明，不要參考月亮的定位星。◈

一旦你決定認為至少會有一個孩子，就要接著證明生育能力有多強？所有位在肥沃星座的這些行星都是「很多」的證詞；只有一顆位在肥沃星座即是暗示只有一個孩子。顯示生育能力的行星偶然尊貴強大（要真的強大──不需要在這裡斤斤計較）增加了它們可能給出的數量。這時候角宮性質特別重要；但要配合問題來調整你對「偶然尊貴強大」的看法。例如，假設一宮主星是木星位在巨蟹座──就生育能力來說大概是最強的指標──並且接近五宮始點：這會是很多孩子的強力證詞，儘管它不在角宮。

注意，雖然雙子座和處女座是荒地星座，但它們也是雙體星座。假如整體判斷結果認為問卜者會有孩子，它們可以給出不止一個。

對於性別，繼續考量同樣的這些行星：它們是陽性還是陰性？它們所在的星座是陽性還是陰性？儘管一般傾向忽略月亮是陰性的事實，原因是月亮每次都出現在這樣的評估裡；但我建議要把這點納入考量──給陰性一個先機──有助於減少陽性偏多的不平衡。這些行星之中只要有良好的偶然尊貴，就加重評估。

以多數裁決（majority verdict）來給出第一個孩子的性別。如果有某個重大的反對意見，可以把它視為顯示第二個孩子的性別──前提是你已經判斷出會有第二個孩子。除此之外，我們不必多說了。

◆　這個確定小孩性別的方法並不可行。我這話的意思不只是說它用起來沒有比扔硬幣好多少：它整個效果差多了。出生胎兒的男女比例大約是五十比五十；但是，由於只有兩顆陰性行星，這個方法本身即造成陽性偏多的懸殊差距。就這點來說，原因很簡單。縱觀占星學的歷史，大部分記載占星師讓客戶臉上露出笑容的方法，即是宣布「這胎是男的！」這是市集占星術最愚民的實例之一，舊文本中到處都是這種例子。

我不知道有什麼方法確實有效。有個顯而易見的解決方案——只看五宮主星是位在陽性還是陰性星座——並沒有用；但我更樂於對這問題沒有答案。假如我們想起這一點，給出不符合問卜者心意的答案很可能最後導致完全沒有子女，那麼視情況沉默是當下更好的選擇。然而，就像驗孕產品一樣，能得到這種答案的管道也愈來愈多了。

對於這個主題，還有一些客戶會試探詢問：「我太太肚子裡的孩子真的是我的嗎？」、「過去三十年來把我養大的這個人真的是我的父親嗎？」、「她真的是處女嗎？」我有些學生曾經非常不認同我對這方面的看法，但就我個人了解，遇到這類問題都要回答「是」，而且真的不用起卜卦盤再給答案。這樣的問題違反了人類尊嚴。◆

◆ ◎ 小孩什麼時候出生？

隨著這個問題，我們進入尋找五宮主星某些狀態的變化，而發生點要符合現實的時間範圍。首先要找的是換星座的變化，這顯示了小孩所處環境的變動——幾乎就像小孩在搬家一樣。表現良好的星盤會提供這樣的證詞。對於表現較差的星盤，我能分享的最好建議就是撓撓頭，然後去四處找一些帶有變化含義的合理跡象。我們必須對星盤提供的任何訊息持開放

態度。一般假設，何時出生將由媽媽和小孩之間的入相位來顯示；這完全沒有道理。相位讓事物接觸產生連結，但媽媽和小孩現在就已經比他們未來再次接觸後的狀態還要緊密了。◇

收養

問卜者希望收養的孩子是十一宮：七之五宮──他人的孩子（除非是特定對象的孩子：比如姊姊的孩子是三之五宮）。通常這個問題是「我能扶養這個孩子嗎？」為此，我們希望能在問卜者的徵象星和十一宮主星之間找到相位。

一旦孩子被收養，他就是問卜者的孩子。後續所有關於他的問題都應該從五宮來判斷，完全就像親生子女一樣。

第二十章

六宮及八宮的問題

醫學問題

判斷醫學問題是一個巨大的課題，要把這部分全說清楚，本身就需要一本比本書更厚的書。我在這裡只能概述一下處理方法，這對大多數簡單的詢問來說已經足夠，也為需要針對這項主題更詳盡處理的讀者指出正確的方向。

第一個要領是，**儘管六宮是疾厄宮，但並「不」代表醫學問題中的疾病**。假設問題是「我會贏得金牌嗎？」一宮主星入相位十宮主星（成功、勝利：獎牌），而這個相位被六宮主星禁止，判斷將是：「你想參加比賽；但會因此而生病。」像這樣的問題，疾病是眾多狀況的其中一個。然而，在醫學問題的卜卦盤中，整張星盤都在考量受該疾病所苦的這個病人：疾病的主題並不侷限於一個宮位。因此，不要急著把六宮主星視為疾病的徵象星。

◎ 預測還是診斷？

醫學問題可分為兩類：「哪裡有問題？」和「會發生什麼？」診斷問題的部分過於複雜，這裡無法處理；但我可以提供方法。按照這個方法，你就能認出代表疾病的行星，然後你可以參考理查・薩德爾斯（Richard Saunders）的著作《占星學的醫學判斷與實務》（*Astrological Judgement and Practice of Physic*，暫譯）來進行診斷 [62]。

薩德爾斯和里利是同時代的人，里利非常尊敬他。他的書中包含了每顆行星位在每個星座的各部位分類，並描述這些位置顯示的病症，致病的直接原因（症狀是一種身體不平衡的表現），以及可以針對它們進行什麼樣的治療。他還給出了一個處理疾病問題的卜卦方法，但要忽略這部分：按照其做法，你會一直錯下去。卜卦方法使用我這裡提供的就好，診斷的部分再遵循薩德爾斯。

警告：依循傳統醫學的慣例，薩德爾斯將疾病分為四類，從最溫和的一級到「超越自然」的四級，到了四級往往是致命性的疾病。你一定馬上會聯想到電影中警察給人施行的「三級」（the third degree）：嚴刑逼供，但還不到致命程度。這些等級必須依疾病本身提供的脈絡來考量病情：如果問卜者的感冒被描述為「四級」，這意味著它是一種嚴重的感冒；並不是指問卜者會因此而死亡。

這些方法的相關文獻都很混亂，包括薩德爾斯的《占星學判斷》（*Astrological Judgement*，暫譯）也是，而且往往是錯誤的，主要是因為作者把卜卦占星的技法和判斷「疾運盤」（decumbiture chart）的方法混在一起，區分不了二者的不同。疾運盤是為病人上床的那一刻，或者是他的尿液樣

本被送到占星師（或）醫生那裡的那一刻所設置的星盤。疾運盤比卜卦盤要麻煩得多，而且只有在你身為提供治療的醫生，加上每隔幾天就會去看望病人並調整治療方式的情況下才可以使用。

◆ 我希望在這些問題上保持謙遜。我對那些樂意提供處方的「醫學占星師」感到驚恐，儘管他們讀了兩本書或參加過週末研討會，但除此之外並沒有其他任何的醫學知識。過去的占星學醫生，既了解醫學，也了解占星學。只懂占星學是不夠的。◆

◎ 起點：我生病了嗎？

這問題偶爾會有這樣的問法：「這些鼻涕會不會變成感冒，毀了我的假期？」、「我應該取消挑戰世界紀錄的計畫嗎？」更多時候，這個問題是多餘的：人要是沒有生病，就不會問及這個問題。無論哪種問法，這都是我們進入醫學卜卦占星的開端。

看看一宮主星，假如問卜者詢問的是他自己；或者問及哪個人就看代表他宮位的宮主星。本章節中，我將把它全部統稱為一宮主星；假如問卜者詢問的是他人，則根據需求做調整。它的性質是什麼：熱乾、冷乾、熱濕，還是冷濕？然後查看它所在的星座：它的性質是什麼？假如這顆行星所在的星座與它本身的性質不完全契合，就表示這個人真的身體不舒服。如果行星狀態為無力、逆行、焦傷，或受到其他折磨，也是如此。注意這一點，

---

62. London, 1677. 美國占星學中心的〈占星學經典系列〉裡，有個不錯的現代版本。

行星可以位在性質相反的星座，但卻主管著該星座，例如熱乾的火星在冷濕的天蠍座。

疾病的徵象星將是傷害一宮主星的任何一顆行星。如果一宮主星位在某個與它本身性質不同的星座，那麼疾病徵象星就是這個星座的主星，所以一宮主星位在它的陷宮或弱宮，也是如此。假如一宮主星焦傷，就選擇太陽，因為它是帶來折磨的行星；而這兩顆行星不論位在哪一個星座，其主星也值得查看一下。如果一宮主星受到不利相位的傷害，則選擇帶來該相位的行星。也要看看和上升點呈緊密相位的行星，特別是如果問題所指的部位是在頭部或臉上。

一宮主星本身也能代表疾病，最常見的狀態是，如果它所在的星座由自己主管但性質相反，或者是它逆行了。如果是逆行，也要一起查看它所在星座的主星。

疾病可能有一顆以上的徵象星。有時這顯示了不同層次的因果關係（「你現在受心悸所苦，但這是因為你擔憂財務而加劇的」）；有時問題來源不止一個。請注意，任何行星在任何情況下都可以成為疾病的徵象星：不僅僅是所謂的凶星。當木星經過巨蟹座的期間，我看到很多由木星擔任徵象星的星盤，其疾病的特點都是濕氣過重。

現在你已經找出疾病的徵象星（們），接著參考薩德爾斯的診斷方式。薩德爾斯的書寫於十七世紀，雖然他使用的醫學模式跟現代醫生不同，但他的診斷方式也沒有因為這樣就少了準確度。

◆ 行星和星座是否性質相容的這項檢查，「只有」針對代表病人的徵象

星。幾乎所有情況下，我們並不是試圖確認這個人是不是真的生病了（「回去工作吧！」），而是按照里利的術語為我們顯示出這場疾病的徵象星。這樣不論是在檢查疾病的徵象星、身體受影響部位的徵象星，或是其他東西是不是位在相容星座裡，通通都沒有意義。只要查看這個人的徵象星就好。

行星所在的星座是完全不相容，還是只有部分不相容，也都沒有意義。假如星座完全不相容（例如，冷乾的行星位在熱濕的星座），也不意味著這樣的疾病比只有部分不相容（例如，冷乾的行星位在冷濕的星座）的更嚴重。這種不相容性並不會告訴我們疾病的性質，它的作用只有向我們指出代表該疾病的那顆行星而已。

醫學問題中，不要使用月亮作為問卜者的共同徵象星。一顆行星就夠了！如果你使用了兩顆，就會讓每個人得病的機率遠遠超過應有額度。

在考量身體部位時，只使用偶然徵象星（即相關宮位的宮主星），而不用自然徵象星。例如這個人的心臟問題，要查看五宮的宮主星，而不是太陽。◇

◎ 會發生什麼？

如果疾病的徵象星位在固定星座，將是長期的病症；位在基本星座，病期短暫；位在變動星座，時常生病，或者病況時好時壞。根據同樣的標準，要以這個人徵象星本身所在的星座來評估這一點。

◆ 疾病的徵象星有多少必然尊貴或無力並不重要。疾病的本質就是讓人身體不舒服。如果疾病由位在雙魚座的木星代表，它成不了你有史以來最有趣的體驗；要是由無力的土星來代表，這病也不會變得特別討人厭。◆

看看有沒有什麼在折磨這個人的徵象星。而這顆徵象星是在遠離它還是朝它移動？例如，假設疾病是由某顆位在不相容星座的徵象星顯示，那它是最近才進入，還是快要離開那個星座？如果快要離開，它的狀態會變好還是變壞？假如帶來折磨的是某個相位，這是個入相位（變壞）還是離相位（變好）？

這顆徵象星是否在改變方向？行星在停滯的第一階段（剛轉逆行）可比喻成一個人躺在病床上：他生病了，而且會變得更糟。行星在停滯的第二階段，就好比一個人從病床上站起來：他現在感覺搖搖欲墜，但正在恢復中。

◆ 假如問題是「我什麼時候會好起來？」請記住，在大多數情況下，身體復原是一個漸進的過程，而不是像開燈那樣瞬間完成的事。假設身體康復是由這顆徵象星再走 10 度就換星座的變化所表示，判斷將是「十天（或週，或月）多一些」。屆時病人將多少恢復正常，但現實情況是，最後的症狀通常會再持續一段時間，就像招待逾期不歸的客人一樣。◆

火星的折磨通常是急性的，土星的折磨是長期的。但要考量到問題的性質：腿斷了是一個快速的、火星式的動作，復原速度卻很緩慢。

這些一般指示適用於普通、不具威脅性的疾病。就我的經驗，比起那

些可能攸關性命的重症病人,得到普通、無生命威脅疾病的一般人比較不會來找卜卦占星師諮詢。所以對於大多數的醫學問題,我們必須先從病人的生死開始著手。因此:

關於死亡的問題

以下我將討論所有關於死亡的問題,涉及疾病和不涉及的情況都會談到。

很可能你打定主意不想要處理關於死亡的問題,不過你也應該要知道如何判斷。問題本身不一定要明顯問及死亡:有許多情況我們都需要查看死亡的證詞,先行確保死亡不會發生(例如,一位政治流亡者問「我現在回家安全嗎?」)。雖然預測死亡的想法可能乍聽之下令人反感,但人們真心想要了解的原因有很多。最常見的是,問卜者為照顧年長親屬必須做出的財務安排(「我要不要繼續透支下去?或者我需不需要把房子換個貸款?」),以及病人正在接受可能致命疾病的治療。

雖然從卜卦盤預測死亡的這個技法很牢靠,但要牢牢記住,你並不可靠。不到重病的情況,我極力奉勸你不要預測死亡,除非,如果你已經盡可能地核對過誕生星盤。這倒不是說看了就萬無一失,但確實意味著你的判斷必須連錯兩次才會真的出錯。「那麼,要是我不管怎樣都要參考本命盤,為什麼還要費心去看卜卦盤?」因為卜卦盤會為你提供一條寶貴的捷徑:與其一年一年地推運尋找,它將直接把你帶到一個可能的日期。

一如既往,你提供的精確度要講究實際。假如死亡將在下週發生,按道理你應該給出日期,或者至少提到在該週的前期或後期才合理。如果死

亡將在二十年後發生，提供年分就夠準確了。能達到更高的精確度是很聰明，但我們的目的不是要證明我們有多聰明。

這方面主要有兩種問法：一般性的「我什麼時候會死？」以及更具體的「我會死嗎？」指的都是問卜者會不會因現在生的這個病而死亡。

◎ 我什麼時候會死？

這個問題的偉大之處在於，指定事件很明確，所以我們知道星盤裡的某個地方一定有應期；這意味著我們可以拋開許多往常顧及的規則。我們可以無視禁止：它們可以用來顯示沿途的事件，也可以根據問題的需求，把我們的徵象星推進一個又一個的星座。我們沒辦法讓徵象星通過的只有兩個障礙：

- 與太陽的合相
- 停滯

與太陽合相是一種無法通過的狀態；處於停滯的行星其速率則減慢至零。然而在推算應期時，要是行星明顯比平常快或慢我們就必須調整時間點，因此一顆移動速率為零的行星將為我們帶來無限的時間。這可能會讓問卜者滿意，但不大可能準確應驗。

表現良好的星盤會在一宮主星和八宮主星之間有個入相位。老樣子，哪顆行星入相位哪顆都沒有差別。任一種相位都能致死：三分相跟對分相沒有能力上的差別。任一顆行星都會致死：即使八宮主星是一顆尊貴有力的吉星，這個人一樣會死亡。我最不願意從映點來判斷，死亡並不會帶有

映點那種隱蔽或藏匿的意思：即使死亡對其他人來說是未知的事，但對死去的人來說夠清楚了。

「我什麼時候會死？」一宮主星位在八宮始點上並「不是」這問題的證詞：它只表示問卜者正在思考關於死亡的事。同樣不算的還有八宮主星入相位和上升點合相：它顯示死亡的想法壓在問卜者身上，但並不表示死神親自上門來找人。不過在確信短時間內會死亡的問題中（「我被告知自己只剩幾週的生命；什麼時候結束？」），這些都可以作為死亡的證詞，並且像這樣子為我們提供應期。雖然這種情況下的一宮主星進入八宮可以顯示死亡，但一宮主星已經位在八宮內就沒這作用：問卜者並沒有已經死亡。

◆ 我強調這一點。徵象星入相位八宮始點在「是否」的假設問題：「這個人會死嗎？」從來都證明不了什麼；但它在「何時」的問題中可以是應期的證詞，不過這「只在」確信會死亡的前提下。◆

那些一宮主星和八宮主星之間沒有入相位的星盤中（記住：相位一定要完成），我們必須為其中一方另外再找一顆徵象星。由於缺乏相位的原因只有兩個——如上所述——因此無論哪顆行星與太陽合相或途中停滯，都要為它找替代的徵象星；就是那顆不合作的徵象星，要換掉那顆並保留另一顆。所以，如果一宮主星在入相位八宮主星之前轉逆行，則保留八宮主星作為死亡的徵象星，並為一宮主星找顆替代的行星。

像往常一樣，如果月亮是問卜者的共同徵象星，可以用它來替代；要是這也被排除了，太陽是個很好的替代選擇，因為它是生命之主（Lord of Life）的角色。假如是八宮主星被排除，那麼使用土星、死亡的自然徵象星，

不然就使用死亡點的定位星。

死亡點有好幾個版本。其中我只用「上升點＋八宮始點－月亮」以及「八宮始點＋土星－月亮」，二者都不用在夜間盤反轉公式。不過，別被這些阿拉伯點拐跑了！它們在緊要關頭很有用，就是當行星不合作，而我們知道一定有死亡存在的時候。在任何不確定是否會死亡的問題，不要拿這些阿拉伯點來作為依據：如果行星沒有顯示死亡，那麼這個人就最沒有死亡的可能。

◆ 死亡點的用法只應純粹作為最後手段，即在確信會死亡，又沒有其他東西可以讓我們掛上應期的時候。在其他時機使用它，你會很容易就殺死你的問卜者。◆

假如因為問卜者問及他人死亡而你要轉宮的時候，必須考量根本盤以及轉宮後的八宮主星。你通常會發現它們之中總有一顆在起作用；有時兩者都會有效應。

當你找到顯示死亡的相位時，按通常的做法推算應期，同時考量問卜者的年齡。這是占星師交叉手指並祈禱得到最好結果的時刻：預測死亡來得太早並不好受。然而，如果你不準備這樣做，你就不應該判斷這種問題。

◎ 我會死嗎？

雖然有些卜卦問題千奇百怪，但我還沒有遇過把「我會死嗎？」作為一般性、長期的提問。我在這裡處理的死亡，是死於某種特定疾病或特定情況（「我回國安全嗎？」）。我會把這樣的問題視為問卜者在詢問他自己，

並討論一宮主星；假如問卜者詢問的是他人，就替換成適用宮位的宮主星。記住，**月亮不會成為問卜者所問之人的共同徵象星。**

◆ 也不要拿它作為問卜者的共同徵象星，除非像上面段落所說的，前提為確信會死亡。◆

一宮主星和八宮主星之間的入相位，是死亡的主要證詞；按通常的做法來推算應期。離相位就必須根據情況來判斷，死亡大概還沒有發生，不然這個問題應該也不會被問到，所以它通常是一個正面證詞：這個人已經接觸到了死亡，他現在還活著，他會活下來；除非有其他致命的證詞出現。然而，假如這個人處於昏迷狀態，就實質上的意義來說，這樣的離相位通常意味著死亡已經發生了：詳見下面的星盤案例。

睜大你的眼睛，看看有沒有光線的傳遞或集中。

記住，如果問卜者詢問的是他人，你必須考量根本盤和轉宮後的八宮主星：任何一顆都可以致死。

進入焦傷範圍，或處於焦傷並入相位太陽是死亡的證詞。

◆ 我不把進入焦傷作為死亡的證詞了。焦傷已經不能證明什麼，因為死亡沒有等級之分：你要麼死了，不然就是沒死；你沒辦法先死一點，所以也不可能再變得多死一些。◆

焦傷而離相位太陽，證明最壞情況已經過去了。在「其他條件不變」的一般附加條款下，這可以視為活下來的證詞。

如果病情已經很嚴重,主要徵象星任何狀態上的重大惡化都可以視為致命的徵兆。有張問卜對象處於昏迷狀態的卜卦盤,他的徵象星是位在巨蟹座的月亮。可能看起來一切都很好:一顆有很多必然尊貴而且位在冷濕星座中的冷濕行星;但這些證詞必須在問題的脈絡下進行判斷。月亮位在巨蟹座的第 30 個度數,就在快要離開這個星座的轉折點上,屆時它將進入熱乾的獅子座並失去所有的尊貴。這個人的狀態即將急劇惡化,而他已經處於昏迷狀態:他還能變得多糟?這就證明了死亡。

　　最重要的一點:這個人的徵象星和死亡徵象星之間的互容可以保命。正如里利所說:「絕望之後,將有復原的機會」[63]。沒錯,這真的有效,甚至在一宮主星和八宮主星之間有明確的入相位也有效──雖然只有主要尊貴的容納會起作用。不過要注意星盤中正在發生的事情:前段例子中,死亡是由巨蟹座的木星所代表。當這個人的徵象星是巨蟹座的月亮時,人和死亡之間有強大的互容;但隨著人的徵象星換星座而失去這種互容時,則死亡必然發生。

　　「如果死神和人彼此相愛(互容),他們當然會想要在一起,所以人會死?」不,這裡的意思是,死神和人是朋友,所以死神把鑰匙留在桌上還轉過身去,讓這個人從祂的魔掌逃出生天。

◆　人和死神的互容只在問題是「我會不會死?」的情況下才可以保命。要是在確信會死亡的問題中(「我什麼時候會死?」),那就保不住了。◆

　　死亡是具有一定重要性的事件:你不會發現它顯示的是星盤中某一黑暗角落處的次要證詞。假如沒有明確的死亡證詞,這個人就會活得好好的。

一宮主星和任一得到主要尊貴的金星或木星有緊密相位是正面徵象，尤其是合相——除非這顆有益的行星主管了八宮，或者它就是疾病的徵象星。

這個人的徵象星接近七宮始點是死亡的證詞。雖然在角宮具有力量，但順著主限運動（primary motion，行星繞行地球的可視運動）來到下降點的行星正在西沉，這很明顯是個垂死的跡象。如果這顆徵象星是太陽，那就更肯定會發生了。

這個人的宮始點或徵象星坐落在心宿二上，具有週期結束的意義，是個壞兆頭。

◆ 最後這三點非常次要。死亡是絕對的存在，我們需要一個絕對的裁決。基於次要證詞協調出的多數意見是不行的。

因為死亡的絕對性，不限資格與能力，所以八宮主星擁有多少必然尊貴都沒有意義。你要麼死了，不然就是沒死。如果八宮主星落陷，你的死亡程度不會比較多，要是它有尊貴，也少不了分毫。

許多星盤中，死亡的時間點會很明確（記住：如果沒有要求你推算應期，就不要覺得有必要提供！）在其他星盤中，它並不具體，但對當時的情況來說已經足夠。例如，當問卜者需要訂機票去看望彌留狀態的親戚時，星盤可能不會給出一個確切時間，而是類似說一些「很快：現在就去看

---

63. *Lilly*, p. 254.

她！」或「暫時還不會，情況沒有非常緊迫。」但有時死亡的時間點，就像出生的應期會整個藏起來，即使是事後看也一樣。雖說我們的知識總是片面，不過對於那些看起來連一條像樣線索都沒有偷偷暗示的星盤，我最好的解釋是，看來有一些牌，神喜歡緊抓在胸口不讓人知道——特別是進入和離開生命的時刻。對此我沒有更好的答案。◇

◎ 我的朋友會活下來嗎？

問卜者說：「我的朋友已經被送到醫院，她現在是昏迷狀態。醫生不知道她出了什麼問題，但認為她可能有腦出血。她到底怎麼了？她會不會怎麼樣？」

問卜者沒有參與這個問題，所以我們直接來到了十一宮，朋友宮。它的主星，水星，就代表朋友。看到水星在雙子座，我們可能會認為這位朋友過得還不錯。但不是：雖然水星位在它所執掌的星座，就醫學問題來看，它的狀態卻非常糟糕。水星是冷乾的行星，它位在熱濕的星座，一個跟它的本質相反的星座；它是病態的，朋友的身體不大好。當然，我們知道這一點：這位女性還在昏迷中。

哪顆行星造成了水星的問題？我們可以看一下水星所在星座的主星。這又讓我們回到了水星身上，沒有道理認為疾病的徵象星就應該要跟病人的不一樣；但在這裡我們有一個嫌疑更大的肇因，特別是考量到突然發生的病況。水星剛剛從與火星的對分相離開；而火星逆行了，所以這是顆壞火星。

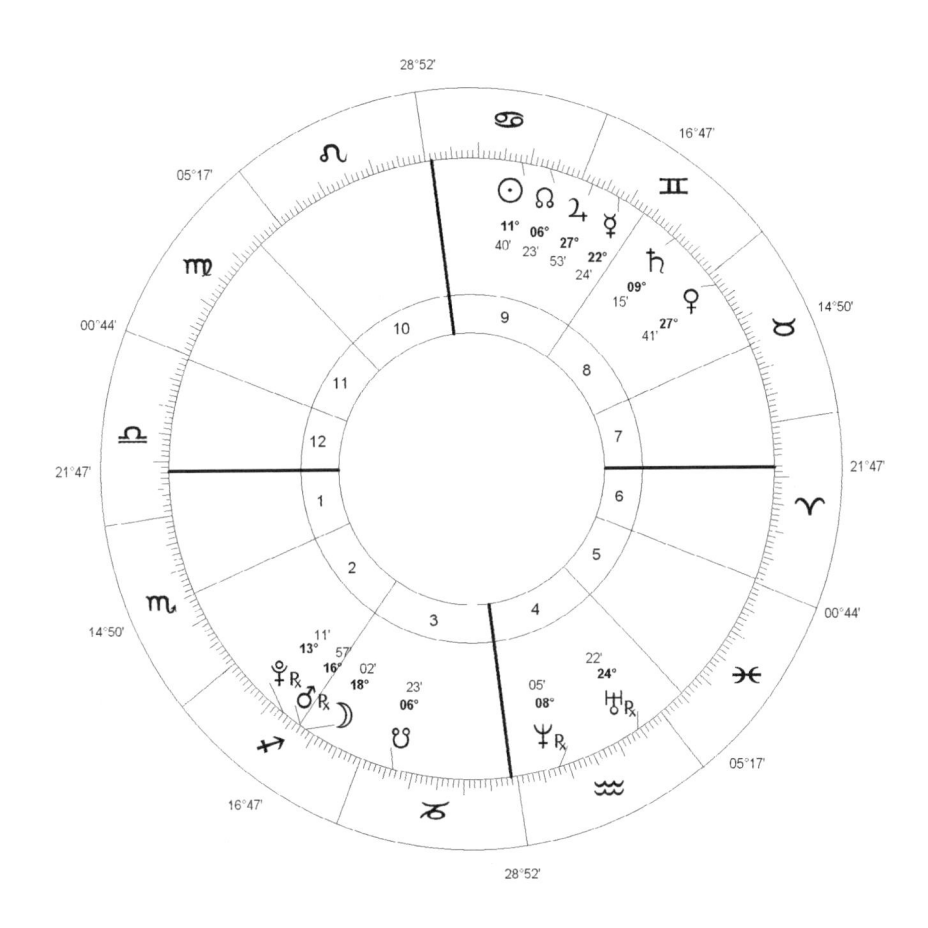

〈我的朋友會活下來嗎?〉英國夏令時間 2001 年 7 月 3 日 2:18 pm，倫敦。

月亮最近期發生的相位也可以納入考量，它的上一個相位也是這顆壞火星；我們確認了火星就是該疾病的徵象星。

◇ 沒有道理把月亮的上一個相位帶進來。這是里利從判斷疾運盤的方法中得到的一些東西。◇

薩德爾斯說,火星位在射手座這部分[64]「超出自然的炙熱乾燥,從根源消耗並抽乾身體的水分和濕度,進而完全奪走人的性命」;這要發作則透過它的感染「身體和血液充滿大量濃稠、燒紅的膽汁,炙熱而且非常乾燥」。膽汁是火象體液,是人體構造中火象的組成。醫生懷疑是腦出血;假如這顆致命的火星位在這位朋友的一宮(一宮是頭部的宮位),就可以貼切地顯示出這一點:一種在大腦的火象爆炸。但情況並非如此,火星是位在她的五宮(十一之五宮),也就是心臟宮;她曾有過心臟病發作,而驗屍結果證實了這一點。

她會怎麼樣?她處於昏迷狀態,所以我們的首要問題一定是「她會活下來還是死亡?」除了問卜者以外,查看其他人的死亡必須考量轉宮後和根本盤的八宮。在這裡,轉宮後的八宮(十一之八宮:根本盤的六宮)由火星主管,水星(朋友)正離開對它形成的對分相。如果這位病人從床上坐起來聊天,這相位就是一個最正面的徵象:她已經接觸到了死亡,她還活著,她將會活下來。要是在病人已陷入昏迷的情況下,那它在實際意義上可以視為死亡已經發生。

月亮離相位火星,並入相位水星,在它們之間傳遞光線,因此重新連結了相位:這位朋友將會死亡。月亮必須要走多少度才能完成水星的對分相,就給出了應期:她將在當天傍晚被宣告死亡。對於昏迷狀態,在我曾被要求判斷死亡的極少量卜卦盤中,這種透過光線傳遞重新連結的離相位,為典型顯示醫生宣判已經沒有希望。

◆ 月亮的光線傳遞是有效的。這跟我先前補充指出忽略月亮最後一個相位的內容並不矛盾。那是里利的建議,說要看一下月亮的最後一個相位就因為它是月亮。在這裡,我們查看月亮不是因為它是月亮,而是

因為它是把火星的光線傳遞給水星的那顆行星。◇

醫生、醫學和手術

「這位醫生好嗎？」、「這種療法有效嗎？」、「我應該做這個手術嗎？」在判斷這類問題時，一定要慎重。占星學可能很有說服力，但是除非你具有健全的醫學知識，否則你不大可能完全理解它所說的內容。不過，即使沒有這類相關知識，我們也可以提供這樣的建議：「這些藥似乎對你弊大於利；也許還有別的替代方案」，或者「這位醫生似乎能力有限；你能堅持要求看專科醫生嗎？」

一般來說，醫生被視為學識淵博者，屬於九宮（「是醫生的貓在街上追我家的貓嗎？」），但正在處理該疾病，或有可能處理該疾病的醫生，就是七宮。如果問卜者詢問的是他人的病情，醫生就是那個人的七宮。人們經常問及他們配偶的治療方式：配偶是七宮，所以配偶的醫生會是七之七宮，也就是一宮。這很好：我們並不需要讓問卜者出現在星盤上，所以可以把一宮主星分配給醫生。

◆ 醫生是七宮，視為問卜者恢復健康的夥伴。獸醫也是七宮：問卜者治療貓的過程中的夥伴，但不是貓的七宮。◇

---

64. Saunders, op. cit., p.152.

在這種情況下,把治療方式視為十宮主星,而且只有在這種情況下:十宮是正在進行的治療方式,而不是應該施行的治療建議。某些問題中,手術會視為整體治療計畫中的一部分,因此可以查看十宮。然而,就其本質而言,手術是六宮事項。有一種觀點認為它屬於八宮,但這是錯的:手術的目的是為了讓我們遠離八宮。實務上,我們通常可以直接去查看火星,即手術的自然徵象星。如果你需要區分主治醫師和執刀醫師(「幫我看病的醫生說這個,但替我動手術的醫生說那個」),則保留七宮給主治醫師,並使用代表手術的行星的定位星(通常是火星)給執刀醫師。這顆行星就是自己的定位星也沒關係:這場手術和動手術的醫生用一樣的指示解讀就好。

一旦你確定了這顆相關行星,就要考量它的力量,以及它跟病人和該疾病的容納。如果具有描述性,必然無力不一定是個問題。例如:假設火星是手術,火星位在金星的星座將貼切地描述婦科或整形手術,要是這屬於手術的性質,必然無力就可以忽略。比起必然尊貴——儘管有力一定有幫助——更重要的是容納;我們希望看到疾病的徵象星位在代表醫生、治療方式或手術的任一強大尊貴。如果該疾病的定位星是醫生,那麼他就有權力控制它。發現醫生、治療方式或手術位在疾病的有力尊貴是負面的證詞:疾病是老大。醫生、治療方式或手術位在病人徵象星的尊貴是有幫助的,雖然比不上那種顯示對疾病具有控制能力的證詞;但最重要的是,醫生、治療方式或手術不在病人徵象星的陷宮或弱宮。

舉例來說:假設病人是木星,疾病是火星,治療方式是土星。火星位在水瓶座:很好——治療方式有能力戰勝疾病。土星位在射手座:好——治療方式愛病人,所以會想幫助他。不過土星位在摩羯座就會是個壞消息:儘管它有必然尊貴的力量,但它旺化了火星,顯示疾病有力量戰勝治療方

式,並且在木星的弱宮,顯示它在傷害病人。

某些恆星在眼科相關的手術問題可能很重要。參見第 207 頁。

不要預期手術問題的卜卦盤會看起來很美好。不管這場手術的好處有多大,它仍然是一種激烈的介入治療。

有時你會被要求比較兩位醫生,他們不可能都由病人的七宮顯示。詢問取得這兩人的簡要描述,就能夠讓你在星盤中區分出他們。例如,一位問卜者認為她的兒子需要做手術,然後詢問應不應該由國民保健署(National Health Service,簡稱 NHS)公營醫療系統的外科醫生進行手術,還是她應該要去私立醫院看診。她的兒子正在接受 NHS 的治療,而他的七宮(治療他的醫生)是由月亮(平民)所主管。問卜者的七宮主星(我們可以理解為母親正在考慮的醫生)則是木星,有錢人的自然徵象星。月亮位在天蠍座 29 度,即將離開火星的尊貴:NHS 的外科醫生最終判斷,她的兒子不需要動手術。

◆ 記住問題情境的現實性。也許七宮主星落陷:一個壞醫生,但一個壞醫生可以偶然發現正確的治療方式,而即使是最好的醫生也無法治癒所有不同的疾病。◆

聘用員工

假如你要僱用某人為你工作,例如聘請新的女傭或叫修水管工,這些潛在雇員將由六宮表示。理想情況下,六宮主星的必然尊貴有力(這個人誠實且具備必要技能),沒有偶然的折磨(不會妨礙這些技能發揮),並

位在一宮主星的尊貴。後者很重要，因為雇員必須服從命令。星盤卻經常顯示相反的情況：一宮主星位在六宮主星的主要尊貴，顯示問卜者喜歡這名潛在雇員；這並不是僱用某人的最佳理由。而六宮主星位在一宮主星的陷宮或弱宮，絕對「不要」。

注意六宮所受到的折磨。例如，南交點位在六宮，將是一個明確的「否定」。面對水星和它所主管的星座一定要謹慎：即使它處於最好的狀態，它的誠實觀念還是相當有彈性。有位客戶打電話來詢問她的清潔工能不能信任，他是由位在雙子座的木星顯示。無力的行星位在水星星座：絕對不能信！幾分鐘後，她回電說她上樓後發現清潔工正在把她最好的衣服塞進行李箱裡。

如果你被問到「我應該僱用Ａ、Ｂ還是Ｃ？」把六宮分配給內心偏好的應徵者，並為競爭者找到其他的徵象星。保持在Ａ、Ｂ或Ｃ的選項範圍內：不能篩出最終候選名單的問卜者並沒有認真對待這件事，為什麼你該這樣做？請問卜者對每一位應徵者簡要地描述。只要保持簡短扼要，這描述的內容將包含你所需要的任何線索，以便將應徵者鎖定為某行星。「他們之中有一個是紅頭髮（火星），另一個正正經經的（土星）。」你可以相信每位問卜者都會說出適當的識別詞彙，因為這張星盤就是該問卜者的現實寫照。一旦你為每位應徵者分別找到行星後，就按照上述判斷標準對他們進行比較。

我們不在這個問題尋找相位，因為它的假設是，如果問卜者決定要僱用這個人，就可以直接僱用他；但問卜者和應徵者呈對分的入相位則是一個強烈警告，僱用此人將會後悔莫及。

◎ 修水管的人什麼時候會來？

設置這樣的星盤時，我希望能找到六宮主星入相位和上升點合相（來到問卜者的房子）。如果沒有，那麼找個一宮主星和六宮主星之間的相位，或者必要時，六宮主星對四宮始點的入相位也會起作用。按通常的做法推算應期；沒有相位，沒有抵達。

第二十一章

七宮問題

愛情與婚姻

　　當我剛開始執業卜卦時，預計自己經手的客戶會以感情問題占較大比例。事實證明並非如此——我永遠都想像不到真正遇上的問題範圍——但比起任何其他單一主題，感情方面的問題確實多上許多。這些問題大致分為兩類：「會不會開始？」和「會不會結束？」如果你想知道為什麼我在這裡會如此關注婚姻的不和諧，要記住，處於幸福關係中的人很少迫切需要向占星師諮詢他們的感情狀況。

◆　謹記托爾斯泰（Leo Tolstoy）的話：「幸福的家庭全一個樣；不幸的家庭各有其不幸之處。」由於幸福的人不來提問，我們剩下的就是無數種不幸的問題。當然，有一些反覆出現的主題，不過當你挑開每張星盤裡面的感情之網時——因為這些不是簡單的非黑即白「是，你會得到這份工作」或「不，你不會」——要努力看出你正在判斷的星盤裡所顯示

的真相。這不會跟你前幾天判斷的星盤內容相同，也不會跟你昨晚看的電視劇相同，更不會跟你自己二十五歲戀愛時所發生的事件相同。我們很容易就導入自己的劇本，比起任何其他主題的問題，在判斷這些問題時更容易發生這情況，注意千萬不要這樣做。為了避免如此，把你判斷的每一步以星盤為憑進行核對，確保整個判斷過程都跟你在星盤裡發現的證詞相容不矛盾；如果其中某個步驟不符合占星學的依據，那麼這步驟就是錯的，必須再重新考量一遍。◇

◎ 相關徵象星

有關愛情與婚姻的問題中，問卜者一如既往由一宮主星和月亮表示（除非月亮是問題相關宮位的宮主星，在這主題是七宮）；而問卜對象，即問題提到的這個人，由七宮主星代表，就算這段感情還只是一個願望或可能性時，該問卜對象仍是透過七宮主星顯示。例如，假設問題是「我什麼時候會遇到結婚對象？」即使目前還沒有候選人，我們也要看七宮。假如問卜者正在考慮將某位朋友升格到七宮的位置，我們會看向七宮，而不是十一宮：這個問題實際上是「某某是一個合適的伴侶嗎？」而那位某某現在剛好是朋友並不重要。然而，如果這個問題是關於某位特定人士對問卜者的感情，我們就可能需要查看不同的宮位。例如，要判斷「我的鄰居對我有好感嗎？」我們就會看向三宮主星。

問題中的男性，無論身為問卜者還是問卜對象，都會得到太陽作為共同徵象星，女性則是得到金星。這「只」適用於感情問題。要是太陽或金星主管了一宮或七宮，就不能以這種方式分配：該宮位所代表的人具有其優先權。「不要」使用火星來代替太陽，就算太陽已經有任務在身。假如問題涉及男男或女女的感情關係，就不能按這方式使用太陽和金星，因為

沒道理把它們分配給其中一人而不是另一個人。

所以：

1. 問卜者得到一宮主星和月亮；
2. 問及的對象得到七宮主星；
3. 無論他們是問卜者還是問卜對象，男性都會得到太陽，女性都會得到金星——「除非」在第一點和第二點已經用上它們了。

許多感情問題中，涉及到的七宮人物不止一位：「我已經結婚了，但我跟我的愛人有未來嗎？」始終把七宮主星交給具體問及的對象，在這例子就是指他的情人。假如有必要，我們可以找顆別的行星來代表另一個人。通常情況下，礙事的配偶可以放心選擇土星作為他的徵象星。如果不放心，容納會弄清楚要選的行星，或者確認我們的選擇是正確的：關於這部分的更多細節，詳見下文。

◆ 如果問題中沒有第三者參與，問卜者問及的對象始終由七宮主星代表；要是存在第三者，實際被問及的對象「通常」由七宮主星代表。首先檢查這個選項，看看它符不符合星盤的相關憑據；但有時實際被問及的對象並不是問卜者關注的焦點。例如，「我和我的愛人有未來嗎？」或許可以翻譯成「我可以挽救我的婚姻嗎？」反之亦然。

土星很可能會顯示礙事的配偶，但是，像往常一樣，要有憑有據地檢驗這一點：另一顆行星的情況可能更有說服力。如果問卜者的其中一顆行星剛剛進入土星的廟宮，而另一顆行星最近開始旺化土星，那麼土星就不是問卜者想要擺脫的那個人的徵象星！

問卜者提出問題時可能資訊不透明。有個最為經典的案例是「我們會分手嗎？」當我告訴問卜者這張星盤毫無脈絡時，她回答說他們在兩星期前就分開了。所以問題不是「我們會分手嗎？」而是「我們會復合嗎？」這時的預設選項不是假如他沒有離開問卜者就不會發生，而是如果他不離開另一個女人就不會發生。◇

　　有些問題的七宮人物多於一位又不涉及被欺騙的配偶：「我和湯姆約會了幾個星期，但是啊，哇！工作中又出現了這個新對象！」許多時候這個問題可以歸結為「跟新對象的感情會怎麼發展？」因此，作為直接問及的對象，就會把七宮分配給他。其中一些問題的情況更是矛盾，要對星盤向你顯示的內容持開放態度。例如，最近跟問卜者其一徵象星形成相位的行星可能會顯示這位新對象；最近抵達十宮的行星也可能顯示他（剛剛進入工作場所）。

　　那些涉及到七宮主星以外人選的星盤中，容納通常會引導我們找到正確的徵象星。如果說這個人存在某方面的重要性，就會有容納來確認這一點。舉個例子來說：有位女性問道：「我的婚姻還有救嗎？」金星是一宮主星，火星是七宮主星。問卜者會有月亮作為共同徵象星，要是她沒有作為一宮主星來得到金星的話，她也依舊會得到金星，因為她是個女人；她的丈夫會有太陽作為共同徵象星，因為他是個男人。假設火星和太陽都位在巨蟹座，而月亮位在雙魚座：我們問卜者的徵象星之一和她丈夫的兩顆徵象星都位在木星的有力尊貴，無論木星代表著什麼，對他們倆來說都很重要。丈夫旺化木星，這樣的尊貴只告訴我們有種過度重視的感覺；而月亮則受木星所主管，所以，木星很可能代表著丈夫的情婦：他為她瘋狂，而情婦，憑藉她被假想在生活中的角色，就對問卜者具有主導權。

里利告訴我們，把月亮最近期離相位的行星作為問卜者的另一徵象星，而把它下一個入相位的行星作為問卜對象的另一徵象星。不要這樣做！這些多出來的徵象星除了讓畫面變得雜亂無章外，毫無用處。

◇　這又是一個只為了方便做出令人滿意的判斷而存在的概念。月亮通常代表問卜者，所以如果月亮入相位的行星自動代表白馬王子，「瞧瞧這個，你的行星入相位他的：你的夢想會成真啊！」◇

　　通常另一顆最為重要的徵象星是婚姻點的定位星。如果我們的主要徵象星正如容納顯示的那樣，對星盤中某顆尚未分配角色的行星有強烈興趣，那麼五次中有四次你會發現這顆行星是婚姻點的定位星。關於這個點及相關阿拉伯點的討論，請參考第 217 至 221 頁。

　　某些問題中，離婚點是有用的（見第 221 頁）。火星本身也可以成為離婚的徵象星，只要它還沒有用來代表涉及問題的其中一人。天王星一樣可以顯示離婚或分居，前提是如果，也只有在它非常緊密地得以作用的時候。例如，假設問題是「這段關係會持續下去嗎？」發現天王星位在七宮始點，這就證明了不會；然而，見到天王星位在上升點，可能只有表示這個離婚的想法對問卜者來說很重要。

◎ 容納

　　關於容納，可以回顧一下第八章。

　　我們現在代表問卜者的徵象星多達三顆（一宮主星、月亮和太陽或金星），代表問卜對象的有一或兩顆（七宮主星和太陽或金星）。每顆不同

的徵象星都顯示出這個人的不同面向：

● 一宮主星和七宮主星顯示這個人的思維想法、人性方面的表現：「頭腦」。
● 月亮代表問卜者，但特別顯示出問卜者的情感：「心」。
● 太陽和金星，「用來作為男人或女人的自然徵象星」，顯示動物本能。

這種動物本能和性吸引力有很大關係，你就像這樣把人簡單分成頭腦、心，以及慾望，很少會出錯。不過，它的意義不止於此，它還顯示了與異性結合的生理必然（biological imperative）。在考量這個問題時，請忘記所有的政治正確（political correctness）：從生理必然性來看純粹的泰山和珍妮——「你這個好女人，回到我的山洞，為我生下強壯的孩子。」這就是男人盡其男性本色；女人盡其女性本色。就我的經驗，許多感情問題背後的問題，都是圍繞著沒有認識到天性的這一方面對於態度的形成起著多麼大的作用。

◇ 這段有個重要觀點先前強調得還不夠充分。關於感情發展，特別是一旦關係建立起來後，激情的火焰稍稍平息，這時涉及到太陽（男人盡其男性本色的徵象星）的問題往往與床第之間的技巧關係不大，而與謀生的意願或能力有關。同樣地，金星也是女人盡其女性本色的徵象星。即泰山與珍妮對自己和對彼此的期望。◇

容納顯示了相關人物的動機和價值觀。許多感情問題中，全都是要針對這一點來分析：「他真的愛我嗎？」或「我們的感情到底怎麼了？」即使在那些以事件為導向的問題（「她會嫁給我嗎？」），容納也是最重要

的考量：如果沒有動機，對方就不會答應結婚（或約會，或維持關係）。這個動機不一定需要愛情。例如：問卜者的徵象星沒有位在問卜對象的任何尊貴，但它們都在旺化八宮主星，「你並不愛這個人；你是看上他的錢（八宮是七之二宮：伴侶的錢）。可惜的是，（八宮主星落陷）他沒什麼錢。」

正如上述例子所顯示的，在這些問題中，往往我們在分析對方的感受時，同樣也在釐清問卜者自己的感受。假設問題是「我和X的感情會有未來嗎？」問卜者的徵象星對X的徵象星沒有什麼興趣，但都被婚姻點的定位星掌控：「你對這個人並沒有放任何真感情；你只是想要一段關係，而他正好出現了是吧。」這不是回答這類問題的完整答案，但它會對問題本身產生很大的影響。通常，「和他有未來嗎？」的答案並不是「有」或「沒有」，而是「你真的確定你想和他共創未來嗎？」

我們給出了不同的徵象星來顯示這個人存在的不同部分，這一點很重要。星盤中很少見到問卜者的徵象星彼此意見一致。如果人們對對方的看法完全統一，大概就不會詢問卜卦占星，只有在他們感到矛盾不舒服的時候才會來提問。

例如：假設問卜者是個男人，而且：

上升主星（問卜者的頭腦）位在七宮主星的弱宮，
月亮（問卜者的心）位在獅子座，
太陽（問卜者為男人）位在七宮主星的旺宮。

「你非常受她吸引（太陽旺化七宮主星）；這種極端（旺化）的吸引力支配著你的感情，無疑使你認為你愛她（月亮受太陽主管，太陽是問卜

者的男性面向,不過它本身對七宮主星沒有興趣);但你無法忍受她的個性(上升主星位在七宮主星的弱宮)。」

◎ 應用實例雜記

透過旺宮的容納非常強大,但持續不久。記住,就像所有的容納一樣,旺宮容納並不能告訴我們另一個人的感受:我們必須查看對方徵象星的容納才能了解他的感受。「我們的感情有未來嗎?」結果顯示問卜者有顆接近星座末端的徵象星在旺化七宮主星,這並不罕見。如果其他證詞同意,就表示「不,你們的感情即將結束——因為你快要不想再繼續下去了。」由於問卜者仍在該旺宮的束縛中,這樣的判斷總是遭到質疑,屢試不爽。

有張星盤由太陽代表男人的男性面向,其中女人的徵象星焦傷:她拜倒在他的男性魅力之下。即使容納為負面關係,這也會發生。焦傷一樣也是不持久。

有位女性問卜者的徵象星很虛弱,還顯示她對所詢問的男人沒有什麼興趣,然後自己是由金星所主管,而金星代表她的女性面向。她覺得自己的女性價值需要一些關注。男人的徵象星虛弱並且位在太陽的主要尊貴,也是類似的心態。

不要在看盤時抱有不切實際的預期!就算兩人的徵象星本身不強大也沒有強力互容,人們還是有辦法經營令人滿意的感情。

一宮主星位在守護七宮始點的星座,將必然落入它的陷宮。這表示問卜者愛著那個詢問的對象,並且,因為這份愛而脆弱。在這種情況下,可

以不考量落陷狀態。假如一宮主星位在七宮主星所執掌的另一星座，它仍然落陷，而且，容納也仍然顯示問卜者愛著這個人；但這時呈現一種完全不同的動力：問卜者處境痛苦，因此才愛著那個人（「哦，好奇妙的人，他能讓我不再感覺難受」）。這顯然意味著，假如問卜者不再痛苦，這份愛也會隨之停止。同樣的區別也適用於七宮主星究竟是位在守護上升點的星座內，還是位在一宮主星所主管的另一星座。

合相：關於感情的問題中，假如有顆主要徵象星和某顆不是主要徵象星的行星合相，這肯定是它所代表的人跟其他人在一起的跡象。記住里利和他同時代的人使用「交合」（copulation）作為合相的同義詞──即結合：這就是合相的意思。有位女性問「我什麼時候才能遇到男人？」星盤顯示她的主要徵象星合相了另外兩顆行星。「你想問什麼？你現在和兩個男人在一起。」，「是啊，但他們不算對象。」

◆ 這部分是稍微誇張了一點，與身分不明的行星合相，通常顯示這個人正忙著跟其他人在一起；不過要是有令人信服的憑據，這也可以意味著其他事情。例如：有位女性詢問她男友會不會跟她結婚。容納顯示她對他沒什麼興趣，而她的徵象星之一合相了另一行星，她對這顆行星表現出極大的興趣。一幅令人費解的畫面，而跟她合相的那顆行星是五宮主星說明了一切：她懷孕了。◆

火星：如果容納顯示火星在這情境下很重要，但它既不是雙方之一的徵象星也不是婚姻點的定位星時，很可能是作為情慾或離婚的自然徵象星；或者，就像任何未分配的行星一樣，它可能代表著「某個其他人」。

在沒有充分憑據支持的情況下，不要引入額外的角色。你不是在寫肥

皂劇！

◎ 我什麼時候會？

先確定所有的徵象星,然後找出問卜者和問卜對象任一徵象星之間的相位,按通常的做法推算應期。對七宮始點形成的入相位「不算」;對婚姻點或其定位星形成的入相位也不算。再來考量容納:如果少了一些適當的容納,這個相位就產生不了事件。

如果問題是「我什麼時候會結婚?」該應期顯示為做出決定的時機:事件本身發生的時間點——何時預定教堂,婚宴承辦方何時有空——全取決於參與人員的行程。雖然說假如兩人關係已經存在,可以把入相位視為這段感情正式步入婚姻的徵象,但我不知道結婚和非婚姻的承諾要如何區分。

星盤通常會顯示下一段重要的感情關係,而不是有時要求指名的「靈魂伴侶」。

「如果沒有相位呢?」問卜者通常會忽略「我會嗎?」這個初步問題,而直接跳到「什麼時候?」假如星盤有顯示相位,我們可以比照辦理;如果沒有相位,我們可能就需要調查會不會有這種關係:詳見下文。不過遇到這種情況時,大致上問卜者的徵象星都很虛弱,而且比起他們跟潛在伴侶徵象星之間的容納,問卜者自己徵象星之間的容納還比較多。你通常會發現,問卜者的徵象星正朝著它們不那麼虛弱的地方前進,還很常見到他們要進入的下一個星座就是自己的廟宮。在這種情況下,我們並不需要解決「我還會嗎?」這問題,不過可以暗示問卜者目前感覺不開心,忙著療

癒過去的傷口，還沒有準備好談戀愛，但經過一段時間後（像往常一樣推算獲得力量的應期）會再次出現機會——所以我們到時再來看看情況。這樣的星盤往往透過離相位來顯示最近分手的那段感情，尤其是對分相。

假如需要描述問卜對象的樣子，就從七宮主星來觀察，而不是其他相關的徵象星（見上文第十五章）；再透過七宮主星的定位星，它所在的其他主要尊貴，以及它的緊密相位，進一步修正七宮主星的指示，並從八宮（七之二宮）和四宮（七之十宮）來判斷問卜對象的財產。

為了確認他們將在哪個地點相遇，我們需要認出誰要去找誰。這並「不是」透過哪顆徵象星入相位哪顆徵象星來顯示；誰的徵象星偶然尊貴比較多？誰就是走向對方所在地的那個人。但是：雖然位在角宮會增加偶然尊貴的力量，假如問卜對象的徵象星接近七宮始點，「並且」與該宮始點位在同一星座，這就是對方不會出來玩的強力證詞，不管其中還有什麼相位存在。同樣地，如果問卜者的行星位在一宮，問卜者不會投入太多行動來促進事情發生。問卜者抱持這種心態來問感情問題似乎很奇怪，但這絕對不難見到。其他證詞通常會說明，問卜者覺得自己應該要有段穩定的感情，儘管她並非真的想要談戀愛——或者不想要牽連到另一人的那種關係。

待確定好哪個人會去找哪個人之後—— A 要去找 B ——使用接收相位的 B 徵象星其所在宮位顯示二人邂逅的地點，這通常是十宮（工作）、十一宮（經由朋友）或九宮。九宮涵蓋了其他大多數常見的邂逅地點：晚間課程、教堂、假期的去處。對於來自預期會有安排或介紹結婚對象這類文化的問卜者來說，就有可能顯示婚姻介紹所；這填補了當地智者（九宮）曾經擔任安排婚姻的角色，所以它本身也由九宮顯示。

◎ 我還會嗎？

這是我們必須注意預設選項的問題之一。如果問卜者現年二十歲，我們必須判斷「會」，除非星盤上大喊不會；假如問卜者已經八十歲，我們必須判斷「不會」，除非星盤喊破喉嚨說會。

會結婚的證詞：

- 一宮主星、月亮，或是金星（或）太陽（取決於問卜者的性別）位在肥沃星座。
- 一宮主星位在七宮，或七宮主星位在一宮。
- 月亮注視著太陽或金星（無關問卜者的性別）。關於「注視」的定義，參見第 182 頁。

◈ 一宮主星位在七宮表示問卜者很投入。當然，這婚事發生的可能性就比問卜者不投入時大了一些；但這並沒有告訴我們更多的訊息。◈

假如問卜者是八十歲，我不願意在主要徵象星之間沒有直接相位的情況下判斷會。

主要的否定證詞是：

- 必然無力的土星位在七宮——除非土星是一宮主星。
- 必然無力的土星位在上升點——除非土星是七宮主星。
- 七宮主星焦傷並入相位太陽——除非問卜者是男性或太陽是一宮主星。

如果問題是「我還會嗎？在什麼時候？」而這些證詞和預設選項足以支持「會」，那你在尋找應期時，可以非常靈活地運用往常的規則。一旦你知道事件會發生，你就知道應期一定在星盤裡的某個地方——然而有時這個應期不是那麼地明顯。根據往常的限制，即不能穿越行星的停滯還有與太陽的合相，你可以忽略其他的禁令；這些禁令反而可以解讀為沿途的事件。禁止相位不會造成禁止，你可以把行星推進至它的下一個星座；但要用上你的常識：要是你必須把徵象星往前推進三個星座才能找到相位，那大概是漏看了另一個選擇。

不論誰的徵象星，只要入相位太陽（或）月亮的合相，就是一個會結婚的極佳指標。

◎ 會持續下去嗎？

如果問題是關於結婚，或一段感情的開始，顯示該事件的相位性質「不會」告訴我們任何有關這段婚姻會如何發展的訊息。例如，該相位是六分相還是四分相，只顯示這對情侶步入禮堂的難易程度；它並不能指示婚後狀況的好壞。四分相可以帶來最幸福的婚姻，但它顯示前往婚禮的路上有些崎嶇難行；也許他必須向她求婚不止一次，也許婚禮必須等到她母親能夠參加時才舉行。唯一會影響到事件後續發展的相位是對分相，這使得雙方帶著遺憾才走到一起，這樣在我們現今的社會通常將導致離婚。

要判斷「我們會幸福嗎？」看看這兩人徵象星之間的容納。不要預期過高，也不要為多數正面容納中一些主要的負面容納所困擾：我們面對的是現實生活，不是童話故事。要特別留意換星座而即將結束的有力容納；也要看一下婚姻點，尤其是它的定位星。考量它的必然尊貴力量（顯示幸

福），以及它所在星座的性質。固定星座表示長長久久，基本星座快速燃燒而殆盡的激情，變動星座則反覆不定；但像往常一樣，要根據其他證詞來解讀這一點。

◇　容納顯示態度，在兩個人還不知道彼此存在前，不可能對對方產生態度。因此，在「我什麼時候會遇到結婚對象？」這樣的問題中，容納只能告訴我們現在的心態，而不是這對情侶結婚之後的相處狀況。然而，婚姻點告訴我們的是問卜者和七宮人物之間的感情，而這段感情在兩人相遇之前並不存在，所以在這樣的問題中，婚姻點只能告訴我們未來的相處狀況，那麼關於未來的幸福就必須從這一點來判斷。◇

你會經常遇到有人來詢問「這段感情有未來嗎？」而兩人幾乎不算見過面。有些星盤明確顯示「沒有」；偶爾一張星盤顯示出強大的長期聯繫；大多數的星盤則顯示關係可以維持一陣子，但就這樣而已。除非必須決定要不要做出某種承諾——也許是共同抵押貸款——或判斷對方是不是個連環殺手，不然我很難理解詢問這個問題的目的。要是問卜者在占星師說「沒有未來」的時候放棄每一個男人，那麼她就永遠無法獲得所需的情感教育來經營占星師可能說「有未來」的那段感情。

確立關係的感情遇上危機時刻時，你也會經常被問到同樣的問題。在這個問題提出的第一時間回問有沒有其他人介入總是明智的；如果你推演判斷一陣子後才這樣做，問卜者可能就假定你已經在星盤中看到這種情況，而你實際上只是在試著釐清某顆你還不確定角色的行星。這類問題的判斷絕大部分要看容納，因此可以辨別出壓力及隱憂的來源——這肯定比做一個單調的預測更有用。即使配偶之間沒有什麼正面容納，記住這一點，除非有人決定結束這段感情，不然將繼續維持現況。就算他們互相厭惡，那

有沒有人採取行動？找看看對分相，以及換宮位或換星座的行星，這些變化可能是正向的，特別是如果涉及容納的增加，或也許沒出現什麼大變化；但是，舉例來說，七宮主星離開一宮可能表示「你的妻子即將離開你」，或者，一宮主星離開由婚姻點定位星所主管的星座可能表示「看起來好像是你快要放手了」。

這樣的星盤通常會暗示改善關係的可能性，或者指出使局勢加劇惡化的行為，所以判斷往往是「如果你繼續做 xyz，他會離開」或「如果你沒有做 abc，她就會和你離婚」。例如：假設有位男性問卜者，他的一宮主星渴望著七宮主星，但太陽討厭她，而七宮主星和金星卻顯示對太陽比較有興趣：「除非你向她表現一些肢體接觸……」或者假如月亮愛七宮主星，但位在無聲星座：「除非你告訴她你愛她……」。

在告知外遇的任何跡象時要慎重處理，除了合相以外。即使如此，在告知外遇時也要很謹慎：你也許能夠看到它，這並不一定意味著問卜者需要聽到它。互容，無論多麼強烈，也許顯示出二人彼此高度關注，但它本身並不是不忠的憑據。如果容納顯示配偶所有的注意力都指向其他人身上，這種情況雖然很難令人滿意，不過要小心：你確定這真的是其他人嗎？也許七宮主星和另一行星有強大互容——但或許那顆行星主管轉宮後的十宮，顯示丈夫被他的工作纏住了。假如你們有合相，那麼根本就不需要兩顆行星之間有任何容納：人們也許是在不談感情的情況下愉快地結合。不要低估奉承的力量：假如嫌疑人的行星位在七宮主星的廟宮或旺宮，七宮主星可能就會把頭轉過去而缺少情感的交流；特別是如果嫌疑人的行星正好位在七宮內。同樣地，假如是女方來提問，而有顆身分不明的行星焦傷了（太陽是丈夫的男性動物本能）：有人向他投懷送抱；但要是沒有緊密的合相，就沒有確切的憑據表示他有所回應。被懷疑的配偶其行星必然尊

貴愈多（顯示他或她是正直的），對問卜者的行星容納愈多（顯示對問卜者的愛），他或她就愈不可能變心。

有時會有問卜者來詢問伴侶是不是同性戀。如果是懷疑和某些特定對象的外遇，就完全按照上面的外遇問題處理；而更多時候，這是個一般性的詢問。如果伴侶為男性，查看他的徵象星是否位在太陽的強大尊貴，或是否位在金星的陷宮或弱宮，將顯示對男人的好感或對女人的厭惡感。沒錯，如果是太陽位在太陽的強大尊貴，這可以顯示他時常處於性致勃勃的狀態，但要是問卜者感受到這些，大概就不會問到這個問題了。記住，問題本身決定了星盤的現實情境。太陽位在轉宮後的十二宮（根本盤的六宮）倒有理由起疑：他對自己的性生活似乎有所隱瞞，儘管這不一定指他是同性戀；太陽位在根本盤十二宮可能顯示他做了一些他不希望被問卜者知道的事，但這也是有可能與同性戀無關。如果問卜者為男性來詢問他的女伴，查看她的徵象星是否位在金星的強大尊貴或太陽的陷宮或弱宮，或者金星位在轉宮後的十二宮。重要的是：不要把這些證詞用在不是針對解讀這方面的問題！舉例來說，假如你在任何其他感情問題的星盤中發現太陽位在天蠍座，這就沒有該男子是同性戀的意思。

◎ 他會來帶我回去嗎？

我們這裡有一個反常現象。如果有個女人被丈夫趕出家門，前來詢問他會不會原諒她，里利會把七宮分配給這個女人，儘管她是問卜者[65]。起初我以為這是一件歷史奇案，但從我處理過這一主題的少量星盤看來，至

---

65. Lilly, p. 318.

少有一張星盤這樣判斷似乎更有道理。我看不出有什麼理由會在這裡偏離一般慣例，所以建議你按通常的做法處理這類問題就好，不過你應該知道有此觀點。假如星盤中有明確的憑據鼓勵你把七宮主星作為問卜者（也許問卜者承認自己有外遇，再加上七宮主星離相位某顆行星的合相，而它不是一宮主星），你就可以在充分謹慎的考量下，決定遵循里利。

他在十七世紀寫作時，會認為女人把丈夫趕出家門這想法是可笑的，所以沒有教授這方面的內容。

◆ 又太遵從里利了。他被他那個時代的偏見絆倒了。卜卦占星中，問卜者得到一宮。沒有道理要對這一主題的問題例外處理。◆

◎ 關於感情問題的案例星盤

參見第 152 和 194 頁的星盤。

商業夥伴關係

參見第二十三章，405 至 406 頁。

我應該留下來還是離開？

「我在倫敦生活是不是比較好，還是應該搬走？」、「也許我應該回家？」、「我應該搬到法國嗎？」、「我應該繼續工作，還是重回校園？」雖然這些問題的問法通常是指「我應該做 X 還是 Y？」但它們很少是這樣整齊的選項，也就是說有兩條路選哪一條好。問題通常是「我應該做出這

個改變還是保持現狀？」這時星盤向我們展示的是未來的景象，彷彿問卜者就站在山頂，俯瞰延伸到遠方的道路，要麼想著「呃……我不喜歡這個樣子。」不然就是「哇，這看起來很誘人！」

因此，一宮和一宮主星顯示的是保持現狀的發展；七宮和七宮主星顯示的是如果做出改變後的事態變化。所以：

● 七宮比一宮好：走。如果不是，就留下。
● 七宮主星比一宮主星好：走。如果不是，就留下。
● 月亮或一宮主星離相位吉星，並往凶星前進：留下。
● 月亮或一宮主星離相位凶星，並往吉星前進：走。

特別注意：在考量月亮和一宮主星將前往或離開的行星狀態時，一定要記住，任何必然尊貴強大的行星都是吉星，而任何必然無力的行星都是凶星。

例如：

● 有顆行星落陷在七宮，而一宮主星位在它的旺宮：留在原地。
● 有顆尊貴的行星位在一宮內，而月亮離相位有尊貴的行星並入相位一顆外來的行星：留在原地。
● 南交點在一宮，北交點在七宮：走。

「可是假如出現矛盾的證詞怎麼辦？」經常會有：這種情況很少一清二楚，得掂一掂不同證詞的數量及力量。許多這樣的星盤中，留下和離開都是同樣好、同樣壞：如果這是星盤顯示的狀態，這就是判斷。不要覺得

你必須給出一個明確的答案。答案往往是:「二者並沒有太大的差別」。

這類問題跟變化有關,所以其潛在變化往往透過星盤中即將發生的換星座變化來顯示:一宮主星或月亮位在星座末端,即將進入新的星座,或者二顆都是。我們要讓它們做出這種改變,還是讓事情保持現狀?也許它們在做出改變後都獲得了尊貴:去吧!或者,也許它們合相了無力的土星,或者一換星座就進入焦傷:留下!或者,也許這種變化對它們來說沒有什麼明顯影響:去留隨你。這種情況下,星盤就是在說著「這是你潛在的未來。你想接受這發展嗎?那就推著你的行星往前走;還是你想保持現狀?」

如果問題有提供「那裡」的具體位置,你可以拿起問卜者的行星並把它放入該宮位。因此,假如問卜者問:「我應該找工作還是上大學?」想像著你可以把一宮主星拿起來,並把它放在正好是十宮始點內側的位置。從必然和偶然的尊貴來看,它在這裡過得怎麼樣?然後想像它就位在九宮始點內側,它在那裡過得怎麼樣?這會把工作和大學做出一個比較。如果問卜者特別重視幸福感,那再拿月亮比較一次,或者就這樣代替一宮主星。特別注意:要是你像這樣「送問卜者去工作」,你當然不能想說「一宮主星位在十宮,所以它很強」,因為不論這份工作是什麼,都會是同樣的情況。你這樣想就可以:「假如我把一宮主星放在十宮會合相南交點還落入它的陷宮。糟!」

在一般性的「去還是留?」一宮對上七宮的問題中,你「不能」這麼做,因為把一宮主星放在七宮始點內,就會自動把它放在它的陷宮。

要注意變化。假設問題是「我在大學裡將如何發展?」然後把一宮主星放在九宮始點內,會使它落入陷宮。不過要是九宮始點就位在某星座的

27度，再把一宮主星放到下一個星座時會帶給它強大的必然尊貴，或使其合相尊貴有力的木星：「你的起步會比較慢，不過一旦適應了環境，你會表現得很好。」

假如問卜者是位移民者並詢問「我應該回到 X 地點嗎？」你可以這樣做：一宮將顯示他現在的所在地，四宮將顯示「家」（即使這是問卜者從未踏上的祖國），九宮將顯示外國。你需要詢問問卜者：「你會稱呼哪個地方為家：你現在居住的國家還是你的根源故鄉？」這將告訴你該問題中提出的目的地要選擇四宮（我的祖國）還是九宮（外國）。

在一般性的「去留」問題，要小心四宮主星：有時它顯示的是現居地的房子，有時代表潛在住處的房子。除非你能看出是哪一個，否則最好不要對它進行判斷。比方說，要是一宮主星入相位四宮主星，四宮主星一定是潛在住宅。

◆ 我必須在此釐清一下。這種比較一宮和七宮的方法「只」適用在問卜者考量實質上的長期移居：「我應該留在這裡還是去那裡？」不能用於短期的變化，例如去度假；也不能用於其他尋求建議的變化，例如找工作或換房子。我想做的工作可能在世界的另一端，但要是事關我想不想要這份工作，那就不是一宮和七宮的問題了。只有當重點放在換地點，而工作只是實現移居的方式時，它才會成為這一型的問題。說到房子的問題也是如此：「我應該留在這裡還是搬到法國？」這不是關於購買這個或那個房產，而是就整體情況來看我在法國會不會過得更好。

像「我應該繼續工作，還是重回校園？」這種的，就不是一宮和七宮的問題。而這一題的判斷，是比較九宮和十宮，其中一部分就是把一宮主

星分別放到這二個宮位做比較。這裡我們考量的是位在該宮位裡的東西，無論好壞；該宮主星的狀態；它們和一宮主星和月亮的容納。要注意即將發生的變化。例如，假設十宮主星是木星位在雙子座28度，這份工作的狀況很差，但它的尊貴即將得到巨大的提升：「堅持這份事業。不用多久情況就會好多了。」◇

運動與比賽

◆ 我的《賽事占星學》中，對這主題的討論比一般教科書能提及的篇幅要厚得多，並附上許多星盤實例。◇

◎ 我們會贏嗎？

無論這個問題是由支持者還是參加比賽的人提問，都是「我們」對上「他們」。把一宮分配給問卜者支持的隊伍，作為自我的延伸，就像問卜者會說「我們贏了」一樣，儘管他自己沒有上場。他的隊伍要對抗的、這些壞到無法形容的惡棍，是公開的敵人：七宮。

注意：假如問卜者主要關注的是對比賽投注，就把這當成一個獲利問題（第十六章）。

問卜者必須對比賽結果本身要有一些興趣，才能夠讓我們判斷這個問題。他對好人的支持可能只是走溫和路線，但他必須對其中一支球隊具有某種偏好。如果他自己的隊伍不參加比賽，也有可能會對參賽隊伍其中一方產生強烈反感──也許那就是他的愛隊在當地的競爭對手。在這種情況下，問題實際上是：「我的敵人會被打敗嗎？」所以把七宮分配給敵人，

而他的對手——敵人的敵人——就分配到一宮。假如問卜者對兩支隊伍都沒有感覺，我們就沒有標準來決定哪隊得到一宮，哪隊得到七宮，所以我們無法判斷星盤。不要被誘惑而把一宮分配給主隊（home team），或分配給問卜者最先說出名字的球隊：不管這是哪一隊，都不是卜卦占星的方式。我們也不能認為這是「隨便一人」而把七宮分配給該隊，因為問卜者的漠不關心使兩隊都是「隨便一人」。

這種方法可以用於個別體育項目的問題，只要其中有位選手是問卜者支持的或不喜歡的就行。這仍然是「我們」對上「他們」，比如問「英勇的英國人會贏得這場網球比賽嗎？」答案就是「不會」。

◆ 能夠對個人運動提出這樣的問題很少見，因為問卜者很難把個人運動員像對團隊那樣視為「我們」。如果問卜者喜歡的網球選手獲勝，多半會說「他贏了」或「她贏了」，而不是「我們贏了」。最常遇到的例外是把球員視為代表這個國家的時候。只有認為選手長得好看是不夠的！◆

儘管我們把問卜者青睞的球隊作為他個人的延伸，但月亮並不用像往常那樣擔任問卜者的共同徵象星；至少只在星盤上毫無其他動靜的緊急時刻，它才會出場。月亮在這些問題的作用通常是次要的，偶爾帶有「事件走向」（the flow of events）的功用。

除了一宮和七宮，你也不應該關注其他的宮位。因為占星師試圖從星盤上找出球隊的球迷、球員，以及銀行存款餘額，許多卜卦賽事盤就這樣消失在混亂的迷霧中。保持單純！我們關注的就只有誰會贏，這將由第一宮和第七宮顯示。雖然每一場輸掉比賽的球隊領隊可能會把失敗怪到裁判身上，但卜卦盤的公正性要強得多，而且不用十宮主星出場。

里利告訴我們，在競賽盤中，把月亮最近期離相位的行星作為問卜者的另一徵象星，而把它接下來入相位的行星作為敵人的另一徵象星。不要這樣做！這些多出來的徵象星毫無用處，只會使畫面變得更加混亂。

　　首先要評估這兩個宮位本身的狀態。看看有沒有什麼在宮位裡面？如果有的話，是加強了這個宮位還是在折磨它？記住，一顆行星愈靠近宮始點，它對該宮位的影響就愈大。假如一顆行星位在宮位內，但與該宮始點不同星座，其影響就會大大減弱，無論這顆行星離宮始點有多近都是如此（例如，該宮始點位在白羊座29度，行星位在金牛座0度：其影響仍然減少許多）。舉例來說：假設上升點位在雙魚座15度，土星位在一宮內的白羊座2度。這顆無力土星（入弱）的存在，是對好人的嚴重折磨。木星位在雙魚座17度，所以這顆強大木星的存在，對好人非常有利。而木星離上升點更近，最重要的是，與上升點位在同一個星座，木星的有利影響比土星的有害影響要強得多。

　　這兩個我們要關注的宮位彼此相對，因此忽略行星對它們形成的相位。如果行星與某一宮位形成相位，它也會與其對面的宮位形成類似性質的相位。

　　這些星盤中，月交點可以非常簡單地處理：北交點吉，南交點凶。它們是一對的，所以如果某一個月交點在好人的宮位，另一個將位在壞人的宮位。這意思就是我們只有必要考量其中一個——至於是哪一個都沒有差別。假如北交點在一宮，我們可以判斷該宮位被加強，或者可以判斷七宮因南交點的存在而被削弱。不要把月交點算作兩個獨立的證詞。所有的占星學判斷中，任何必然連動的東西我們一定要格外注意。

現在考量一宮主星和七宮主星,哪一顆比較強?這些問題中,主要的偶然尊貴比必然尊貴重要得多。必然尊貴也許告訴我們誰應該要獲勝;偶然尊貴則告訴我們誰確實會獲勝。但是,如果所有的證詞加加減減後都差不多,那麼必然尊貴上的強烈差異可能就至關重要。這種一般把必然尊貴放後頭的例外是入旺。這支徵象星入旺的球隊上場時,會認為他們就像是一支神的球隊在跟凡人比賽;這樣的態度使其更有可能獲勝。在競賽盤中,入旺比入廟的力量更強大。

一宮主星和七宮主星之間的容納很重要。當然,不是為了表示誰喜歡誰,而是顯示誰在誰的權力之下。同樣的,旺宮比廟宮更強:如果一宮主星受七宮主星掌控,而七宮主星位在一宮主星的旺宮,將有利於一宮主星;敵人被我們的團隊嚇倒了。與其他行星互容並不會增強力量,互容就像友誼,無論問卜者或他的球隊有什麼好朋友,他們都不會跑到場上贏得致勝的那一球。

在這些星盤中,宮位配置和焦傷是最重要的偶然尊貴與無力。比起位在續宮或果宮,位在角宮的行星具有很大的優勢;愈接近宮始點,優勢就愈大。行星位在宮位內但與該宮始點不同星座,是會得到加強,但力量要少得多。位在自己宮位內的徵象星會特別加強力量;位在對手宮位內的徵象星通常是注定失敗的徵兆:它落入敵人的手中。然而,當徵象星位在敵人的宮位時,是在該宮始點上而非宮始點內的話,則處於一個特別強大的位置。位在宮位內的行星被該宮位所控制;位在宮始點上的行星則控制該宮位。

焦傷是所有折磨中最嚴重的狀態,其徵象星焦傷即是顯示該隊伍會輸掉比賽。要能比得過焦傷的恐怖組合相當地少。

吉星的緊密相位會幫助該行星；凶星的緊密相位則會損害它。記住，像往常一樣，任何必然尊貴強大的行星都會有幫助，任何必然無力的行星都是有害的。5度的差距是我們需要考量的絕對最大值；愈緊密，愈強大。

為預測比賽結果而設置的星盤，不要考量換星座的變化。可能有顆徵象星即將進入自己的廟宮，帶來必然尊貴力量的巨大提升，但無論它多麼接近這種變化，都不會與單場比賽（a single game）的結果有關。如果是詢問一個關於長期的問題，比如「我的球隊本賽季會比X隊打得更好嗎？」這樣的變化就會是最相關的：「你們會一開始表現不好，但很快就會漸入佳境。」

由於月亮顯示事件走向，如果它入相位某一方的徵象星將是有利於該隊伍的一個次要證詞。它可以動搖平衡狀態，但不會超過任一有力的指示。

我發現阿拉伯點在這些星盤的用途不大。即使是幸運點和勝利點（Part of Victory）也不屑參與其中。

如果我們想做出可靠的判斷，確實必須徹底觀察，但硬要分得一清二楚並沒有什麼好處。大多數的星盤，雙方力量明顯為平衡狀態。要是雙方隊伍的論據各具同等的說服力，我們不大可能再把證詞放到顯微鏡底下挑出誰是贏家。某些運動中，這種平衡本身就會成為一種判斷：比賽會和局。而在必須產生勝利者的比賽中，要檢查你有沒有遺漏一些什麼——比如說，映點。然後遵循威廉・里利的建議：「當好運與不幸的證詞相等時，延後判斷，尚未能知天秤將偏往哪一方。[66]」體認到知識的侷限性，不論對個人或集體來說，都不算失敗。

◇　徵象星的速率可能很重要，也可能不重要，全取決於運動項目；這得用你的常識來判斷。如果問題是關於百米賽跑，由停滯行星所代表的運動員肯定不會贏。但在足球比賽中，跑得快的球隊不一定有優勢：那些處於停滯的對手，他們採取俗稱「泊大巴」（park the bus）的防守戰術擋在球門前，很可能因此取得勝利。◇

一宮對上七宮規則的例外，是出現在具有王位（kingship）含義的這一類比賽，例如拳擊冠軍爭奪戰（title fights）。在這裡問題就是「國王能不能衛冕成功？」而它的處理方法就不能用於其他運動：上個賽季 A 隊湊巧贏得了冠軍，並不會對今天的比賽有任何影響，因為每個新賽季的開始，所有球隊都是平等的。而一場拳擊的冠軍爭奪戰，舉行比賽的唯一理由就是讓挑戰者有機會擊倒冠軍。

分配給冠軍衛冕者十宮，挑戰者四宮（十之七宮）。如果太陽和月亮沒有主管這兩個宮位，太陽也可以代表冠軍，作為國王的自然徵象星，而月亮——平民的自然徵象星——就代表挑戰者。判斷方法跟上述差不多，就三處不同：

● 阿拉伯點中的辭職與解僱點（土星＋木星－太陽）值得注意。
● 尊貴的變化可以表示各自賽後的結果。假如冠軍的徵象星即將進入的星座是它的弱宮，或挑戰者的徵象星即將進入它的旺宮，我們就得到一個明確的證詞，可以證明其中一方的勝利。

---

66. *Lilly*, p. 123.

● 月亮空虛，這在大多數的競賽盤可以忽略，因為我們知道將會發生一些什麼——會有一場比賽，也會有一些結果——而成為一個有力的證詞，證明現狀將保持不變。什麼事都不會發生，所以現任冠軍將衛冕成功。

◎ 長期預測

「我的球隊本賽季的表現如何？」、「我的球隊會贏得冠軍嗎？」、「會降級嗎？」

這種問題跟上述一對一（one-against-one）的競賽盤不同，問卜者可以詢問他不感興趣的球隊或個人選手：「X隊本賽季的表現如何？」、「大威廉絲（Venus Williams）會贏得這場比賽嗎？」這樣能辦得到的原因是，問題只涉及一方隊伍，因此我們不會遇到要決定哪一隊應該分配到哪個宮位的難題。如果問卜者對它不感興趣，那麼他點名到的球隊或球員就是「隨便一人」，所以分配給它七宮。

判斷結果通常很簡單，只要我們避開誘惑，不強求一個引人注目的答案。自我意識告訴我們，預測不大可能發生的事情感覺比較好；其實不然：預測將會發生的事情是更棒的事。大多數的時候，不大可能發生的事情就不會發生。「我的球隊本賽季的表現如何？」——大多數情況下，答案將是「普普通通」。少數的球隊贏得獎項；少數的球隊降級。雖然「我的球隊會贏得冠軍嗎？」，「不會。」這答案並不是客戶和顧問之間最令人滿意的交流，但如果這將是會發生的事，那就是將會發生這樣的事。

問卜者的隊伍將由一宮的宮主星代表，不要把月亮作為共同徵象星。接著尋找必然尊貴的重大變化以及與適用宮位的連結。實務中，除了「普

普通通」之外，任何值得回答的問題，其答案通常都會相當明顯。例如，有顆行星進入自己的界，沒什麼好高興的；某行星要進入的星座是它的旺宮，這就值得開心了。

舉例來說：「我的球隊會表現得怎麼樣？」徵象星進入自己的廟宮或旺宮：該隊將贏得晉級。徵象星進入它的弱宮[67]：它就會——名符其實地——降級（go down）。徵象星合相十宮始點或十宮主星：它將奪得冠軍。它進入十二宮或八宮，或合相這兩個宮位的宮主星之一：該隊將會降級。「我們會贏得冠軍嗎？」問卜者的行星入相位和十宮主星合相：會。如果這個合相是發生在下一個星座：「這個賽季不會，但你在下個賽季會拿到。」

有位問卜者詢問她的球隊在目前賽季會不會贏得任何賽事的冠軍。星盤顯示會合相十宮主星，但要到下一個星座才會發生，而這個合相發生在雙體星座：她的球隊在下個賽季拿下兩場主要賽事的冠軍。

八宮，這個死亡宮位，可以顯示一個俱樂部的滅亡；但我們必須謹慎以待。比較有可能發現在問題設想時就帶有八宮含義，而這通常只與場上事務有關。即使在一種已不能把該俱樂部的生存視為理所當然的情況下，我們要預測如此可怕的命運之前，星盤中也需要存在嚴重的二宮（財務）問題。

---

67. 中譯注：原文fall意為跌落、下降；中文術語弱宮帶有不足、損失、被降格的含義。

焦傷和核心內很重要。「大威廉絲會贏得溫布頓網球錦標賽（Wimbledon）嗎？」她的行星焦傷：沒有機會。她的行星在核心內：沒有人有機會。接觸到太陽以外的行星或相關宮位的宮主星，通常微不足道。不管那個來自吉星的三分相有多幸運，都不會帶來冠軍；不管那個土星對分相有多困難，也都不會帶來降級。這類證詞可以增加判斷的精確性，假設徵象星非常虛弱，但受到強大木星的三分相有利影響：「你的球隊整個賽季都在掙扎，但不會降級」；不過這只是在裝飾答案而已。

要回答一般性詢問「哪一隊會贏得聯賽的冠軍？」這個問題很容易──如果聯賽中的球隊就叫做木星、火星和金星的話。我還沒有找到任何方法將這些行星與整場賽事的參賽隊伍聯繫起來，至少，沒有所謂的有效方法；但要是星盤顯示月亮空虛，這個問題就還是可以回答。月亮空虛：沒有任何變化，去年獲勝的隊伍將再次蟬聯冠軍。

◇ 當個人或團隊參與對抗賽時，通常會有一個目標獎項。像往常一樣選擇問卜者所問對象的徵象星；十宮主星將顯示勝利；除了這兩顆以外的其他所有行星將顯示這場賽事的參賽者。例如，「我女兒的球隊會贏得學校比賽嗎？」五宮主星顯示女兒的團隊，十宮主星離相位五宮主星，他們還沒有獲勝，所以這個離相位本身就是一個明確的「不會」。這就證實了十宮主星在入相位另一行星：他隊會獲勝，沒有必要試圖確定這個他隊可能會是誰。

勝利將由根本盤的十宮主星顯示，而不是轉宮後的十宮：要是勝利已經屬於該問卜對象，那就不需要來問這問題了。例外情況是，假如我問「媽媽會贏嗎？」根本盤的十宮主星已經在忙，代表了我媽媽，所以我們必須用上轉宮來找一顆代表勝利的徵象星。◇

◆ 關於冰舞（ice-dancing）或才藝表演等活動的問題，這並不是達成某種客觀標準，而是經由投票決定的，應該視為選舉而不是競賽型比賽。參見下文第 378 至 380 頁。◆

審判

我在這裡討論的是民事審判，它比刑事案件更常成為詢問的主題。刑事審判將在第二十五章討論。

審判和比賽的區別在於，比賽的結果由明確的外部標準所決定：你得了更多的分數，你把我逼到了將死（checkmate），你把我的胳膊逼到了桌子上。而一場審判中，裁判由法官做出，基於他認為最好的決定。的確，在我們的社會中，裁判通常是由陪審團做出，但我發現跟著里利把決策者（decision-maker）稱為「法官」會更簡單。這澄清了我們解讀星盤的思路：「好法官？壞法官？」保持單純！但請記住，當我們提到「法官」時，我們指的是「法律程序」（the legal process），沒有必要區分法官及陪審團：我們關注的是結果，而不是對審判的整個事件做流水帳。

審判的卜卦盤有四個關鍵角色：問卜者（一宮主星）；敵人（七宮主星）；法官，或是你想饒口一點就稱「法律程序」（十宮主星）；裁決，作為「事件的結果」也就是四宮主星。像往常一樣，月亮是問卜者的共同徵象星，儘管它往往就先擔任了另外三個宮位其中一個的宮主星。

◆ 不了，審判問題中不要使用月亮作為問卜者的共同徵象星。試想：勝訴的主要證詞是其中一方和四宮主星之間的相位。分配給問卜者兩顆行星，而敵人只有一顆的話，那就給了問卜者兩倍的勝訴機會。這樣

的分配方式可能讓人高興，但不大可能反映現實。◇

　　問卜者的二宮和敵人的二宮，各別顯示他們的金錢或他們的律師和證人，或二者皆有。如果是律師來提問，就當作「我們」對上「他們」來解讀，把一宮分配給律師和律師的委託人，七宮分配給敵人和敵人的律師。不過就算律師是問卜者，優先權也總是在直接參與行動的人身上：就好像律師是作為那個人的傳話筒提問一樣。

　　首先考量一宮主星和七宮主星的狀態。必然尊貴傾向於顯示案件的公正性，令人遺憾的是這跟誰勝訴的問題關係不大。不過，容納可能很重要，特別是如果相位顯示出庭外和解的可能性。假設七宮主星位在一宮主星的旺宮：好消息！我們的問卜者處在一個推動和解的有利位置。假設一宮主星旺化七宮主星，但進一步查看後，顯示我們的問卜者將在法庭上勝訴：我們必須提醒他不要去想自己打不贏，拒絕任何和解的提議，讓正義得到伸張。

　　偶然尊貴比必然尊貴更能說明誰會贏或輸。偶然尊貴更強大的主角將會獲勝——「假如」法官或判決的相關接觸並沒有裁判出相反的結果。與法官或判決的接觸通常會決定其他情況。

　　考量一下十宮主星的狀態。有很多必然尊貴：好法官。落陷或入弱：壞法官。不過記住這點，法官可以在整個審判過程中睡覺，靠扔硬幣來決定判決，但仍然得出一個合法的結果。拜託不要說：「十宮主星偶然尊貴強大，所以法官對結果有很大的發言權。」他當然有：他是法官。

　　考量法官與一宮主星和七宮主星之間的容納。法官是否喜歡某一方而

不喜歡另一方？這可能相當關鍵，特別是法官與喜歡和不喜歡的其中一方還有個入相位。這樣的接觸會推翻一宮主星和七宮主星之間任何力量的平衡，將判決交給法官喜歡的那一方。同樣地，不要說「一宮主星受十宮主星掌控：法官對他有主導權。」法官當然對他有主導權：他就在法庭上。

看到這裡，十宮主星非常重要；但比十宮主星更重要的是四宮主星：判決。真實的人生中，雙方都會得到判決：一方喜歡，一方不喜歡。而卜卦盤中，四宮主星就像一個獎品：誰先拿到手就算誰贏。因此，我們要找出一宮主星或七宮主星和四宮主星的入相位。

◇　釐清要點：十宮主星的相位可以顯示勝訴或敗訴，這取決於十宮主星的容納。假如十宮主星喜歡我並和我有相位，我就贏了；要是它不喜歡我還和我有相位，我就輸了。而四宮主星的相位就顯示勝訴，不用管四宮主星的容納。這是因為現實的情況：判決不是擁有自主權的事物；它不能決定自己的想法：它負責代表被告知的事項。因此，四宮主星和我有相位，而它位在我的陷宮，並不意味著「判決不喜歡我，所以我會輸」，而是「我會贏，但判決不會對我有利」。詳見下面的案例星盤。◇

一宮主星和七宮主星彼此有入相位嗎？如果是合相，雙方將在案件進入法庭前達成協議；假如是其他相位，他們將在案件開庭後、但在判決前達成協議。這是一個讓占星師提供實用建議的機會：問卜者應該接受和解，還是讓他去打官司比較好？他要不要接受微不足道的賠償，因為他不接受，就會什麼都拿不到？記住星座的特質：如果敵人是固定星座，他不會讓步；如果是基本星座，他會放棄得很快；如果是變動星座，他就會反反覆覆。

◆ 基本星座顯示敵人不想打持久戰，但這不一定意味著他們會投降。我可能不想去跑馬拉松，但這並不表示我跑百米不會竭盡全力求勝。不過，如果一切照常的情況下，這種對長期抗爭的厭惡感會使得和解的可能性變大。

和解可能涉及道歉或承認錯誤。常見的誤解是，認為選擇認錯是出於過意不去的良知，因此去尋找顯示這類傾向的證詞。這裡是法庭，不是懺悔的地方：只要認錯了事，怎麼看都不是最壞的選項。

再一次，現實的問題：不必去查看勝訴者跟對方錢財之間的相位。我們並不需要證明勝訴者有拿到一些錢，因為這是法庭上進行的事，即使只是蔑視性的一分錢損害賠償。然而，假如有這樣的相位，其性質也是可以參考。我曾經陪同某位朋友去法院，這次和解她獲得了三萬五千英鎊的賠償金；對此，她的律師向她提交了一份三萬六的帳單。要是有這件事的卜卦盤，其結果很可能由問卜者和八宮主星的對分相顯示：這個結果並不值得。

如果星盤顯示我會勝訴，八宮主星顯示的不是我的敵人有多少錢，而是我可以拿到多少錢。這是因為問題本身在於訴訟的結果，並沒有提到我敵人的財務能力。假如我起訴超大型企業（MegaCorp），八宮主星落陷並不表示他們沒有錢，而是指我可以拿到的錢非常少。◇

◎ 我們會贏嗎？（見下頁星盤）

這個問題是由律師提出的，所以一宮主星顯示我們，七宮主星顯示他們。

好人的狀態怎麼樣？一宮主星位在自己的界，顯示她這邊有一定的權利；但在九宮，所以力量沒有那麼強。「可是九宮是法律宮。」不：九宮涵蓋的法律只是一個抽象主題——高等知識。與法律實際的運作一點關係也沒有，例如法庭上的訴訟案件。

壞人那邊的狀態如何？七宮主星位在它的弱宮：boo[68]——！我發現這種加上手勢示意的用語對思考很有幫助，動作一做就把論證主線分得這麼清楚。壞人位在他的弱宮：沒錯，他確實是個壞蛋；但他也位在自己的三分性和界，而且他還強而有力地坐落在上中天。這跟問卜者對他的評價相吻合：他是一個眾所周知的惡棍，善於扭曲法律使自己有利。如果沒有其他重要的證詞，這個配置就足以說明他會勝訴。

法官的情況怎麼樣？十宮主星位在它的陷宮：壞法官。七宮主星和十宮主星之間有強大的互容；七宮主星受月亮、也就是法官的控制。這沒什麼大不了：我們都知道會這樣，因為他在法庭上。但法官旺化了他：這樣事情就不妙了。

十宮主星對七宮主星呈離相位的狀態。這是個難題，我們該如何解讀這狀態？沒錯，這可能表示壞蛋和法官過去的接觸。里利給出了一長串顯示法官被賄賂的證詞[69]：按照這張清單，你會發現它包山包海，全面到你永遠不會遇見一個合法的法庭案件。除非問卜者在提問時主動談起，我強

---

68. 中譯注：這個詞長音為表達失望、不滿、輕蔑的噓聲，也用於喝倒彩，時常搭配握拳大拇指向下的手勢。發音類似「不」。
69. *Lilly,* pp. 374-5.

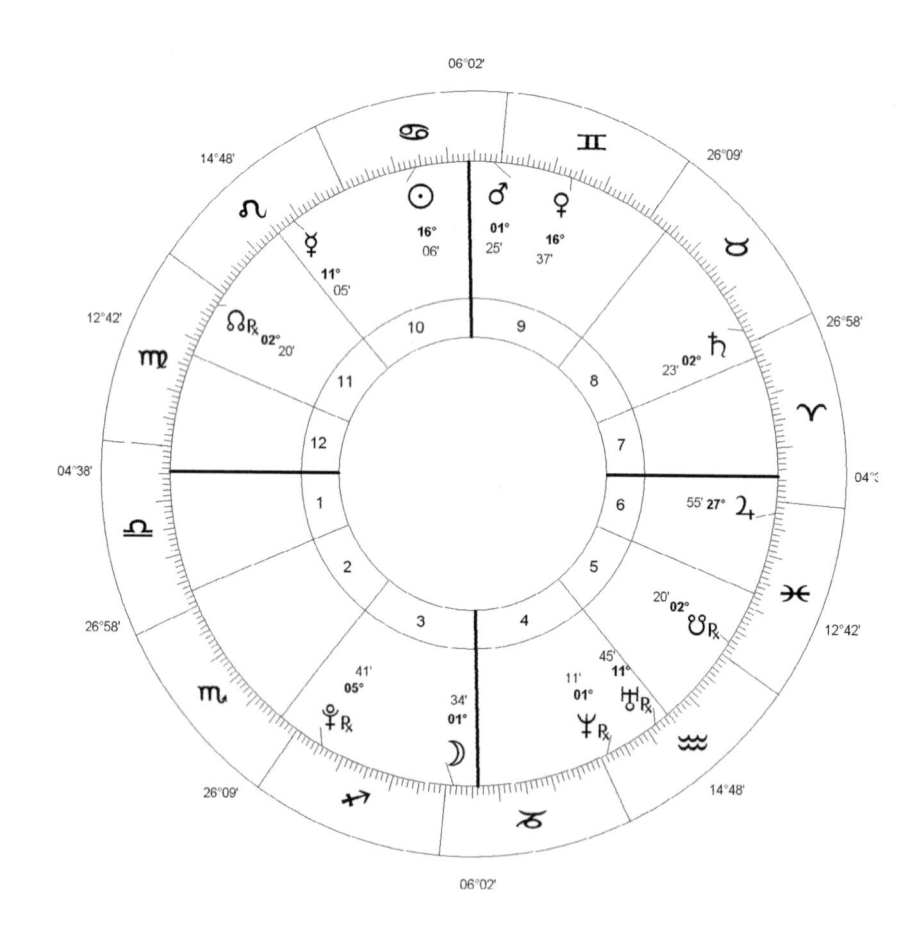

〈我們會贏嗎?〉英國夏令時間 1998 年 7 月 8 日 12:22 pm,倫敦。

烈建議你不要考慮這種可能性。假如真的提及有此情況,這種過去的接觸,尤其是這麼重量級的互容,加上十宮主星如此無力,就可以成為一個依據。

這種互容而離相位的接觸可能表明法官的想法已經決定了。也許案件已經開庭,判決結果已經確定,現在等待的只是宣讀判決。但本例的情況

第二十一章 七宮問題 377

並非如此：審判還沒有開始。那麼這個離相位到底是什麼意思？

看看十宮主星在做什麼。

它剛離相位七宮主星，然後要入相位土星。土星指什麼？四宮主星：判決。

這是光線傳遞的一種。月亮接過七宮主星的光，並帶給四宮主星，把七宮主星和四宮主星有效地連結起來，所以把壞蛋帶到了判決處。因為判決可視為一個獎品，第一個抵達那裡的人得到它：這意味著壞人贏了。譯文完美地顯現了這一點：（壞）法官把（邪惡的）敵人帶到了判決前。

他贏了。不過讓我們進一步看看，有顆虛弱的凶星在那裡折磨著八宮（敵人的錢）。這顆虛弱的凶星是什麼？它是四宮主星：判決。儘管他贏了，但判決卻傷了他的口袋。看看判決和壞蛋之間的容納。火星位在土星的陷宮：壞蛋討厭判決。土星位在火星的陷宮：判決憎恨或傷害壞蛋。

這究竟是怎麼一回事？看看十宮主星，法官旺化壞人。但是，在這例子，他要這樣做就只能透過他的陷宮（月亮即十宮主星，能夠旺化火星這顆七宮主星的情況，只能透過摩羯座，而這裡是月亮的陷宮）。法官只能藉由成為壞法官來旺化這個壞人。十宮主星也位在一宮主星金星的三分性和界。法官喜歡我們的問卜者；只是這種喜歡比旺化那種誇張的迷戀弱多了。我們確實了解到，敵人是個不折不扣的壞蛋，但他在法律上就是站得住腳。

那我們有什麼？法官（＝法庭系統）必須遵循法律觀點做出有利於敵

人的判決；但是（十宮主星位在一宮主星的重要尊貴），他仍然可以理解我們問卜者的案件情有可原。因此，儘管要依法做出有利於壞蛋的判決，但以執行的方式來說，判決（四宮主星折磨壞人的二宮）還是傷了他的口袋。

◆ 關於我用「虛弱的凶星」來評論：參見第 97 頁的補充說明。判決並不是因為土星代表而變得更討人厭。土星是演員，不是角色。有顆外來的行星折磨八宮，而這顆行星代表著判決，判決和壞蛋之間是陷宮的互容，這就顯示出壞蛋對判決的不滿。◆

政治

我在這裡主要討論選舉，但這些原則將讓你具備判斷能力，可以對付任何其他常見的政治提問。

關於選舉的卜卦盤中，哪位候選人要分配到哪個宮位，全看提出問題的人是誰。最近喬治・布希（George Bush）打敗了約翰・凱瑞（John Kerry）連任成功，就在我寫這一章節的時候。試想選舉前可能提出的各種問題：

- 布希問：「我會贏嗎？」他是一宮，他的對手是七宮。
- 布希夫人問：「喬治會贏嗎？」嚴格來說，這應該給喬治七宮，因為她問卜的對象是她丈夫。然而，這個問題多半可以解讀成「我們會贏嗎？」那就給布希一宮，他的對手得到七宮。
- 共和黨的人問：「我們會贏嗎？」我們對抗他們：一宮對七宮。
- 約翰・凱瑞問：「我會贏嗎？」把這句話理解為「我能打敗國王嗎？」

分配給凱瑞一宮，布希十宮。要是民主黨的人來問：「我們會贏嗎？」也是同樣情況。

● 假如布希不曾掌權執政，而凱瑞問「我會贏嗎？」就不會涉及王位。凱瑞就會是一宮；布希是七宮。

● 立場中立的美國人問：「誰會贏？」分配給布希十宮，因為他是國王；凱瑞得到四宮，因為他是國王的敵人。

● 要是我問：「誰會贏？」布希是外國的國王：九之十宮＝六宮。他的敵人則是六之七宮＝十二宮。

確切情況會因各國憲法而有所不同，但遵循宮位含義的基本規則，就可以讓你選出正確的宮位。大多數國家在選舉期間理論上是無人掌權，忽略這件事：大部分選舉可以視為國王跟某人的對抗，無論在位的「國王」是個人還是政黨。一場公開選舉中，有好幾位候選人在競選一個職位空缺，我問「賽德里克會贏嗎？」那麼賽德里克可能分配到一宮（我認為他很好）、七宮（我認為他爛透了或者我不在乎），或是三宮（他是我的兄弟）。

月亮在選舉相關的卜卦盤中極其重要。它是平民的自然徵象星，所以代表選民。如果月亮和其中一位候選人的徵象星形成相位，那麼這位候選人將會勝選。「儘管」它的容納不同，情況還是如此。即使月亮位在賽德里克的徵象星的弱宮，只要它入相位賽德里克的徵象星就會讓他勝選。假如月亮都沒有和任何一顆徵象星形成相位，那麼月亮的容納就會變得很重要：看看月亮偏好哪一位候選人。然而，這些容納可能不是決定性的證詞；月亮空虛就證明了將會維持現狀。

如果月亮沒有把選民的感受說清楚，那就考量主要徵象星的狀態。必然尊貴沒有那麼重要：壞人的身分並不會阻止人作為候選人當選。然而，

即將發生的尊貴變化，無論好壞，可能都會是關鍵。特別要查看宮位配置（徵象星進入十宮是正面肯定；徵象星位在對方宮位則是強烈否定），星座配置（國王位在固定星座的中間，就有可能保住權力；離開固定星座，他的統治期可能就會結束），以及主要的偶然狀態性質，尤其是焦傷。評估核心內要比平時更謹慎：候選人想要成為的是國王，所以「在國王的懷抱裡」還沒到位；但要是缺乏其他證詞，在核心內仍然可以占上風。

當徵象星進入自己的宮位時也要謹慎，不管是它的後天世俗宮位（＝房子）還是先天黃道宮位（＝它所主管的星座）。雖然這使行星變得更強，但它往往可以從字面上理解，表示候選人要回老家。在許多情況下，這將會成為敗選的證詞。

如果兩位候選人都不是國王，留下十宮沒有參與其中，有顆徵象星入相位十宮主星的話，就成了該候選人將成為國王的有力證詞。

假如其中有一位候選人是國王，那就值得找出「辭職與解僱點」。該點和國王徵象星或其定位星的接觸（主要是合相或對分相；其他相位只是次要證詞）將有助於推翻他的地位。

◆ 透過投票決定的非政治類問題，像是冰舞和電視才藝秀，如上所述，應該由月亮來判斷。月亮的第一個相位顯示了勝利，無論是接觸到問及的那個人還是其他的那些人。光看這一點就能回答大多數問題。如果月亮沒有形成任何相位，則根據其容納進行判斷，這顯示出投票者的偏好。◆

◎ 她什麼時候會下臺？（見下頁星盤）

問卜者很了解時局，他預計班娜姬・布托（Benazir Bhutto）隨時會失勢。他問：「她什麼時候會下臺？」

問卜者是巴基斯坦人，所以她是他的「國王」：十宮。十宮主星、金星，舒舒服服地坐在自己的廟宮中間、固定星座，就位在十宮內。無論問卜者可能有什麼期望，布托夫人的地位安如盤石。

然而，月亮正失去它所擁有的一點光，這是現況即將結束的指示。金星必須運行17度才會離開自己的星座；它位在固定星座、角宮，應期推算給出長＋長。預先考量這個事件有可能在幾天內發生，而月亮在月相周期如此後面的階段，也證實了事件會發生；這樣「月」似乎是最長的合理時間單位。給一些時間讓行動跟上占星學，這樣預測就是明年十一月。

問卜者向我保證，這是不可能的事，因為她不可能在權力上堅持這麼久。結果事件就像預測的那樣發生了。

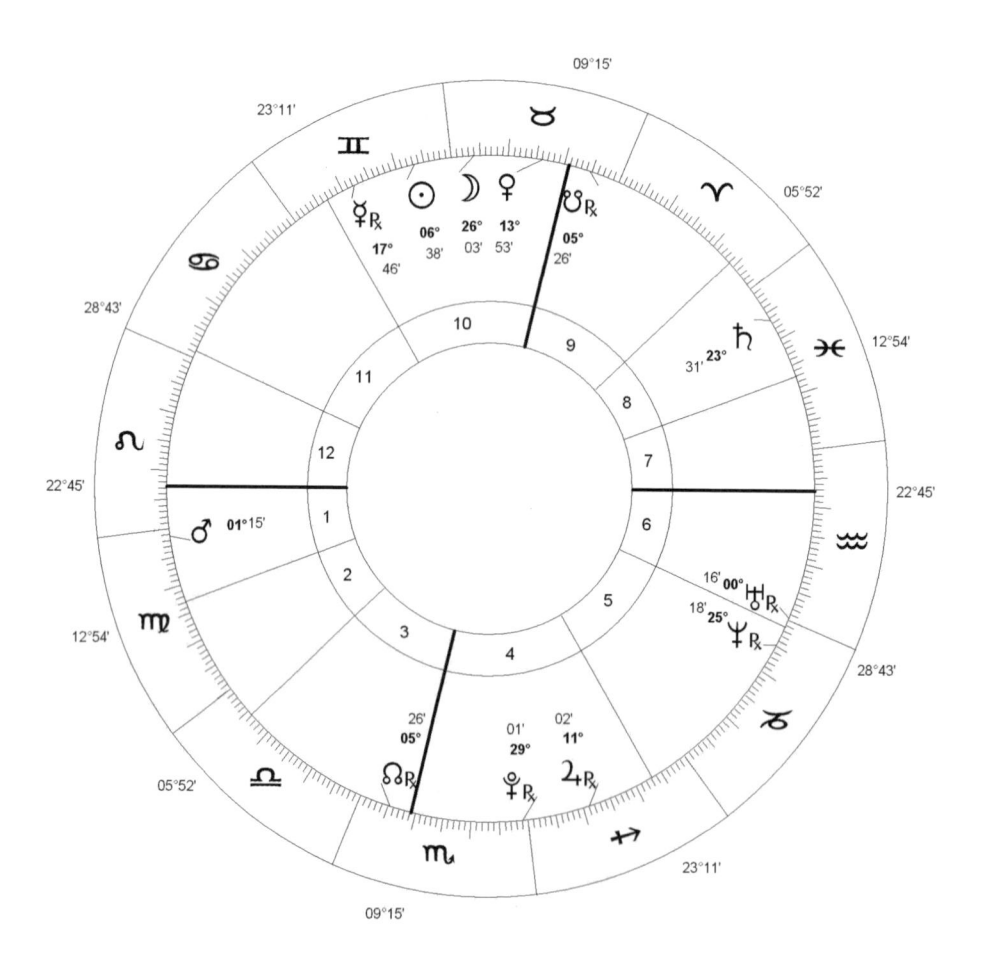

〈她什麼時候會下臺？〉英國夏令時間 1995 年 5 月 28 日 11:06 am，倫敦。

第 二 十 二 章

九宮問題

知識、旅程與夢境

◎ 我可以從我的知識獲利嗎？

　　這就是「我可以做占星師／塔羅牌占卜師／靈媒為生嗎？」那些常見問題的問法，用知識一類沒那麼神祕的形式來詢問；所有的一切通常都是由於迫切需要賺取一分錢而困惑。知識本身由九宮顯示，來自它的潛在收益可視為知識的錢：九之二宮，也就是十宮。

　　雖然抽象思考時，這跟某些十宮的職業問題可能區別上看起來很模糊，但實務中總是可以分得很清楚。就算問題所涉及的知識是占星學，我問「如果我去占星師公司上班，會得到很好的報酬嗎？」並不是九宮事項：這是十宮的職位和十一宮的薪水。工作（十宮）和利用我的知識（九宮）之間是有所區別。

我想，可能有人會問「我會從讀寫能力獲利嗎？」這是可行的，該問題知識是初級的，屬於三宮，而來自它的收益則是四宮。

首先，考量問卜者的知識背景。知識的健全性與能夠從中獲得的利益——正如許多占星師的收入清楚地顯示——二者沒有直接關聯。儘管如此，看一下問卜者有沒有具備什麼知識，多少還是有些幫助；這就要去查看九宮主星和九宮本身。

九宮主星擁有的必然尊貴愈多，就愈有學問。一般來說，偶然的尊貴或無力會加強或削弱知識，但和以往一樣，我們必須視問題脈絡來解讀證詞。例如，發現九宮主星位在角宮會加強知識，位在果宮會削弱知識；然而，如果該知識與大型動物有關，見到九宮主星在十二宮內就很適當，不能把它視為無力。或者：位在角宮會是該知識可以很容易表達、能夠展現在世上的指示；但要是九宮主星位在一宮，尤其是固定星座，該知識可能就卡在問卜者體內，無法表達出來。

注意其他的偶然徵象，比如九宮主星所在星座的性質。舉例來說，一個無聲星座，對於這種知識的傳達來說怎樣都不算是好兆頭。也許九宮主星最近因為進入某個星座增加了尊貴，而那裡是固定星座：問卜者的學問最近有所提升，但（固定星座移動緩慢）將有很長一般時間，他的程度都不會再進一步提升。而且，要注意你所考量的要點在問題脈絡中可能帶有的含義。例如，九宮主星逆行，這通常是一種無力，如果該知識涉及回顧過去，逆行可以視為對該知識的恰當描述，所以就不算無力。

考量九宮主星的所有相位：這些相位顯示的是幫助還是阻礙？與以往一樣，你必須考量容納，才能充分了解該相位實際的影響。例如：九宮主星有

個來自五宮主星的四分相。如果它們存在正面互容，也許這是指問卜者的孩子，雖然他們的需求表面上阻礙了問卜者做學問，但事實上，他跟他們互動時的體驗反而促進知識累積。假如五宮主星容納九宮主星帶入其陷宮，同樣的四分相可能表示問卜者對啤酒屋和小酒館的喜愛損害了他的知識。

位在九宮的行星將根據其性質而幫助或阻礙知識：具有必然尊貴的行星將幫助它；必然無力的行星將阻礙它。離宮始點愈近，其影響就愈強大。

我們不需要去找九宮主星和一宮主星之間的相位，但要是有相位，我們就必須考量其性質。假設一宮主星合相九宮主星，而九宮主星入弱：問卜者因知識不足而受到折磨。

判斷來自知識的收益要考量十宮及十宮主星，方法就像我們透過觀察九宮及九宮主星來評估問卜者的學問一樣。

特別注意：我們並不需要在十宮主星和一宮主星（問卜者）或九宮主星（問卜者的知識）之間尋找其中一個相位來顯示這些獲利會不會抵達問卜者的手中。這是從知識中獲得的利益，問題先假定了它會來到問卜者的手中；否則稱不上獲利二字；但要是有相位，我們就必須考量其性質。例如：

- 十宮主星落陷，以三分相入一宮主星：收益非常少，不過很容易得到。
- 十宮主星入旺，四分相一宮主星：收益很大，但你必須努力爭取。
- 十宮主星對分相一宮主星：無論有多少收益，都不值得為之付出努力。

由於宮位相鄰，九宮和十宮的宮主星經常由同一顆行星擔任；這不成問題，因為我們不需要在它們的主星之間找相位。這情況告訴我們，該知

識與其回報具有相同的質量（只要這兩個宮位本身沒有發生其他情況）。

我們還必須考量八宮；作為七之二宮，它是「他人的錢財」。在這種問題脈絡下，他人就是客戶；客戶的資金量受限，也將限制潛在的收益。

這點的考量跟上述九宮及十宮一樣，但有一個例外：如果八宮主星位在自己的廟宮，表示客戶有很多錢；要是它位在自己的廟宮又在八宮，就算他們有很多錢，也還是留在他們的口袋，這對我們的問卜者沒有好處！假如守護八宮的是固定星座，那麼錢就更堅決地要留在他們的口袋裡了。

一旦判斷過九宮、十宮，以及八宮，再來查看一下問卜者。如果到目前為止的判斷顯示出有些難處，那麼問卜者有沒有能力採取行動來克服困難？另一方面，假如一宮主星嚴重無力，問卜者可能無法激起自己利用知識，即使財務前景再怎麼一片光明也提不起勁去追求。

◆ 對於像這樣的問題，客戶的錢是非常次要的考量。假如收益很好，我們就不必理會八宮主星，因為要是客戶的錢沒有流進來，收益當然不會好。但假如收益不好，查看八宮主星可能會發現問題：也許客戶沒有錢，或者不想跟他們手裡的錢分開。這部分也許還可以給問卜者提供一些解決辦法，像是瞄準不同的客群，或找一些更有說服力的行銷手法。

要現實一點。十宮主星可能顯示財務隧道的盡頭有光，但假如隧道太長、太黑，問卜者不大可能撐到那裡。在你如何解讀七宮主星（即客戶）的容納時也得實際些。例如，七宮主星旺化一宮主星，可能表示客戶認為問卜者很厲害；更有可能的是，他們對問卜者可能提供的東西帶有不現實的期望。如果客戶期待問卜者的占星知識能把他的生活變得像棉花糖又甜

又美,或者盼望他的按摩技巧能夠讓人起死回生,他們將會感到失望,錢也就不會再來了。無論問卜者的學識涵養多麼豐富,這種想法都是不切實際的期望。◇

◎ 考試

「我會通過考試嗎?」這問題是一種從知識中獲利的特殊形式。考試就是收益,所以由十宮顯示。問卜者和考試之間有相位是助力,但要是其中具備足夠的容納,我們也可以不用處理相位。四分相可以讓人考過,除非容納不好;對分相則會失敗,除非容納特別好,這時它可以顯示以令人失望的成績低空飛過。

確實提醒問卜者,無論你的預測有多麼樂觀,仍然要為考試做些準備。

◆ 要通過考試,我們不僅需要足夠的知識,還需要證明我們擁有這些知識:把知識顯露出來。因此,雖然我們可以查看十宮主星關於這場考試的成功徵象,但我會優先考量九宮主星本身。它必須處於足夠良好的狀態——取決於該考試的要求有多高——並且讓人看見。靠近星盤頂部(即高掛在天上,可以看到它)是大大地肯定;要是隱藏在星盤底部,強烈否定。行星焦傷就沒辦法被看見,所以焦傷指「不」,就算該行星位在地平線以上。記住,如果行星焦傷而位在自己的廟宮或旺宮,這種被隱藏的感覺仍然存在,即使它沒有焦傷的痛苦感受。需要多少證詞,取決於這場考試要求的標準有多高。它是像考駕照一樣,每個人只要達到一定的基本標準就能通過,還是像競爭性考試,只有最優秀的考生才能通過?

大多數考試涉及九宮的知識,但駕照考試是關於生活例行事務的交涉

能力，三宮。類似的測驗還有一個人的母語基本識字能力，或簡單的算術。任何高於這個程度的，都是九宮。

如果考試直接關乎工作的錄取結果，那麼考試本身往往變得無關緊要。要是考試占了選拔程序的主要環節，那麼問題通常不是「我能不能通過考試？」而是「我會得到這份工作嗎？」（關於這點，詳見下一章）。舉個例子，如果一宮主星和十宮主星之間顯示問卜者獲得工作的相位被無力的九宮主星禁止，我們可能會判斷失敗的原因在於考試表現不佳；假如是入旺的九宮主星在一宮主星和十宮主星之間傳遞光線，那麼考試時表現出色將為問卜者帶來工作。◇

◎ 這次航行我會獲利嗎？

這一點的判斷方式跟上述知識問題相同：九宮顯示本次航行，十宮顯示其收益。因此，如果土星四分相九宮主星，航行會出現延誤；要是土星四分相十宮主星，收益就會受到限制。金星三分相九宮主星，但對分相十宮主星：這次的航行很有趣，但卻沒有相應的回報。

這也涵蓋了一些問題，比如：

- 這個課程會提高我賺錢的能力嗎？
- 去參加這個貿易展是好主意嗎？

◎「靈性」問題

◆ 時不時就會有人來問我這類問題怎麼解，像是「我這輩子會開悟

嗎？」或「這輩子的 xyz 是前世 abc 的結果嗎？」我相信有很多占星師會樂於嘗試這類問題。我不會，因為這種意識上的「開悟」，或者前世的概念，是超出我理解範圍之外的東西。因此，我不知道要如何做出這樣的判斷。這跟不了解問題本身完全是兩回事：我對股票市場如何運作了解不多，但我至少知道它們存在。◇

◎ 夢的分析

假如夢境有關預言，而問題是想了解這場夢的真實性，使用第十七章說明的方法判斷真假；如果問題是問「那是怎麼一回事？」像往常一樣為該問題的提問時間設置星盤。不要試圖確定做夢的時間；從夢中人物通常所屬的宮位找出他們的徵象星：做這場夢的問卜者將會是一宮，就算他夢見自己是貓王也一樣；他的農場是四宮；他的狗是六宮。基本上，把這場夢完全當作日常生活中的事件來解讀；這些徵象星之間的相位和容納，就可以讓你弄清楚夢的含義。

用這方法解夢時，你並不需要特別去注意九宮。整張星盤都是關於這場夢，而不是只有九宮。如果夢中出現了相關特徵才會用到九宮，例如牧師、老師、航行，或者夢中有夢。這種情況跟醫學問題的卜卦盤相同：在那裡，整張星盤都有關疾病，所以疾病並不侷限於六宮。

◎ 選擇學校

父母們會來詢問孩子的學校。小學是三宮；只要高於這個程度的就是九宮。如果有教育程度較高和較低的區別，較低的總是可以分配給三宮，較高的給九宮（「她會不會比高中更喜歡大學？」）。儘管在這些問題中，

孩子通常不是問卜者，但不要轉宮來定位學校：使用根本盤的九宮或三宮，而不用五之九宮或五之三宮。雖然我們的說法是「我的學校」，但這間學校並不屬於孩子。

「她在新學校的表現怎麼樣？」這問題很簡單：看看五宮主星（孩子）和九宮主星（學校）之間的容納，以及它們有沒有入相位。這樣的問題中，我們並不需要相位，因為不是詢問某件事會不會發生；我們詢問的是事件相關狀態。不過要是有相位，我們就必須注意它。

查看九宮主星的狀態，來了解它是一所多好的學校。然而，無論學校有多好，它都不一定適合這個特定的孩子，因此突顯容納的重要性。九宮主星位在五宮主星的旺宮：學校認為這個孩子很優秀，會偏愛她；九宮主星位在五宮主星的弱宮：學校認為她很糟糕，會傷害她。

在腦中想像拿起孩子的徵象星，把它放在九宮內。它在那邊的狀態怎麼樣？必然及偶然狀態的證詞都要考量。五宮主星發現自己位在旺宮：她會表現得很好。焦傷：她會做得很差。也許進入九宮幾度後就會換星座。把五宮主星放在九宮內會先讓它變弱，但在下一個星座就變強：她會有個不穩定的開始，但很快就能適應了。

像往常一樣，位在九宮內的吉星或凶星會影響該宮質量，直接反映在問題的脈絡──這例子就是孩子將會如何發展。九宮內有木星位在雙魚座是最大的吉兆；土星位在白羊座就要避開。一如既往，行星是因為有必然尊貴的份量使其成為吉星。九宮內的土星位在自己的廟宮或旺宮將是有力的吉象；雖然不像木星或金星得到尊貴那樣開心，但還是有利的。

如果問題是關於選擇這所學校還是那所學校，那麼問卜者最喜歡的選項就要分配給九宮（或三宮），然後我們必須為另一個或多個候選找徵象星。讓問卜者先做一些功課：你完全有權利要求他們把選擇範圍縮小成一張最終候選名單；要是你收到了半打或更多的候選備案，將問卜者打發走，讓他再好好考慮一下。

關於如何找到其他學校的徵象星，有各種理論。有個流行的說法是，選擇九之三宮。不要這樣做！這是一個錯誤的推斷，引用自三之三宮表示我兄弟的兄弟（即我的弟弟）這技法。候選學校並不是第一所學校的兄弟。

稍微站得住腳的想法是，選擇九宮（三宮）之七宮來表示競爭學校。不過候選學校間並不是真正的競爭對手，像是找工作的應徵者或是參加比賽的選手才算。假如候選學校有一所以上，這樣仍然會留下定位其他學校的難題。

我建議你要求問卜者描述一下這幾所學校的不同，並強調這個描述應該要很簡短：不超過幾句話。如果描述簡短，問卜者就會注意到突出的特徵區別，然後你可以根據行星的性質選擇徵象星。「那間學校很有藝術氣息；另一間學校就明顯比較守舊」：前者是金星，後者是土星。

一旦你選好了徵象星，比較它們的力量，並考量它們和五宮主星的容納。再次強調，記住最好的學校（最多尊貴的）不一定是最適合這個人的，所以做出判斷時要權衡容納。

第二十三章

十宮問題

工作問題

◎ 我會得到這份工作嗎？

問卜者是一宮主星和月亮；工作是十宮主星。如果它們之間有一個入相位，一切順利的話，問卜者就會得到這份工作。相位的性質必須按通常的做法來判斷：如果是三分相，他很容易得到工作；如果是對分相，他得到了工作，但會希望自己從未錄取，或是撐不了多久。像往常一樣，注意光線集中或光線傳遞，特別是如果涉及到中間人，例如人力仲介或獵才顧問（head-hunter）。

里利說，太陽的相位其作用可以代替十宮主星的相位，但這是假設問卜者在尋求皇家任命為前提的情況。

看到問卜者的徵象星位在十宮內,只是成功錄取的次要證詞。它顯示了問卜者想要這份工作(或者,假如徵象星和十宮始點不在同一星座,則表示他想要一份工作),而想要這份工作的問卜者比不想要的人更有可能得到工作;不過它顯示的也只有到這程度,要是其他證詞也確認會得到這份工作,那麼問卜者的徵象星對十宮始點的入相位才能夠顯示應期。

看到十宮主星位在一宮內,就能更加肯定:工作落到問卜者的口袋裡。十宮主星愈接近一宮始點,證詞的效力愈強;但如果十宮主星不是位在宮位內,而是位在宮始點上時,通常只顯示這個得到工作的想法對問卜者來說很重要。

即使有相位,也要注意問卜者徵象星的力量:你會錄用一顆逆行又落陷的土星嗎?很可能其他人也不會這樣做。問卜者行星的力量愈強大,問卜者就愈有機會受到青睞。在某些情況下,特別是如果問卜者不是應徵一個已知職缺,而是隨機投履歷找工作,這時工作(可以視為公司的同義詞:十宮主星)可能會因為過於虛弱而無法提供就業,就算容納顯示它有心想僱用。

假如問卜者的行星位在十宮主星的尊貴,問卜者就會希望得到工作,期望程度由該宮位的尊貴大小暗示:如果在十宮主星的廟宮,他非常想要這份工作;在外觀,他對工作有一點興趣;在十宮主星的旺宮,他誇大了工作品質。旺化並不能告訴我們關於工作本身的任何情況,但它確實顯示出問卜者對它的評價過高,所以無論這份工作有多好,都不大可能達到他預期中的好。

當然,應徵工作的人不一定都是對工作本身產生熱情而行動。你經常

會發現，問卜者的行星對二宮主星表現出強烈興趣，這裡是問卜者的銀行餘額。在這種情況下的二宮主星通常很虛弱：「我破產了——我需要一份工作！」有時他們會對十一宮主星表現出強烈興趣，也就是十之二宮主星：工作的錢。檢查一下十一宮主星的狀態，看看工作的報酬好不好。假設十一宮主星以三分入相位問卜者，它本身很有力，並位在問卜者的旺宮：他會得到很好的報酬，不會被拖欠薪水，而且（旺化他）可以期待獎金。假設十一宮主星入弱，並以四分入相位問卜者：薪水少得可憐，不如預期，還要努力爭取才拿得到。十一宮主星和二宮主星的關係也值得確認：問卜者的銀行存款和薪水彼此相愛（互容）是正面徵象。問卜者和薪水之間的相位並「不是」獲得工作的證詞。

◆ 雖然十一宮作為十之二宮，是指工作的錢，但並非顯示公司在銀行裡有多少錢；它顯示的是公司會付給我多少錢。只有問題的重點不同時，例如「我工作的公司會破產嗎？」十一宮才會顯示公司銀行帳戶的餘額。◆

除了少數工作外，我們用不著期待十宮主星會位在問卜者的任何尊貴；因為除了這些少數的工作，大部分業務無論由湯姆、迪克，還是哈里哪個人來做，都沒有什麼差別；只有在需要特殊技能或具備高知名度的工作，那種可能被獵才的職業類型，我們才會預期看到十宮主星對問卜者表現出強烈的興趣。因此，大多數這類主題的星盤中，即使看到十宮主星位在一宮主星的界或外觀，也算得上正面證詞：該工作喜歡問卜者；不過，我們仍然需要一個相位。十宮主星位在一宮主星的陷宮或弱宮，顯示強烈的厭惡，所以問卜者不大可能得到這份工作；如果問卜者特別強而有力，工作才有可能忽略不悅看上他的資歷。

◆ 十宮主星的力量偶爾也很重要。如同前文提到的，假如一宮主星狀態不佳，那麼問卜者就不是最出色的應徵者，所以即使有相位也不可能給他這份工作；但要是十宮主星也處於不良狀態，公司可能非常缺人，心一急就隨便僱用任何人。還有，也要把現實情境記在心裡；如果問卜者應徵的工作是在超市整理貨架，對公司來說大概只要有人來應徵就會錄用，那麼一宮主星本身虛弱也不重要了。◆

北交點或一顆尊貴有力的行星位在十宮內，尤其接近該宮始點時，顯示十宮事項有吉兆；南交點或一顆無力行星位在那裡則顯示損失。這些不一定跟「我會得到這份工作嗎？」的會或不會直接相關。例如，南交點在十宮，其他證詞可能顯示問卜者得到了工作，但這是一份糟糕的工作。而在任何需要變化的問題中，月亮空虛即是一個強烈的否定指標，暗示該問題沒有任何進展；但也一如既往，它可以被更有說服力的證詞推翻。

七宮主星顯示問卜者的公開敵人：該職位的競爭對手。如果十宮主星在抵達一宮主星的相位之前先遇上七宮主星，那麼就會是另一位應徵者得到這份工作。假如十二宮主星涉入該動態，則可能表示有個祕密敵人：想讓問卜者應徵失敗而寫匿名信搞鬼的那個人。

如果問卜者詢問的是其他人——通常是配偶或孩子——所應徵的工作，要使用根本盤的十宮表示工作。這份工作是這個人的外在事物，就像「我女兒能不能考上大學？」要用根本盤的九宮表示大學，所以我們按一樣的方法選擇根本盤的十宮來表示工作；而有關一個人的職業、老闆或他們目前的工作，要使用轉宮後的十宮來判斷這樣的問題。假如問題是關於十宮的人物（「媽媽會得到這份工作嗎？」），我們就必須用轉宮後的十宮來判斷工作。

◆ 對於公部門的工作，要小心十宮主星和七宮主星的離相位。通常情況下，雇主有義務依法公告徵才，即使已經決定填補該職位的人是誰。因此，這樣的離相位就會表示，這份工作已經被別人拿走了。

一如既往，要弄清楚問題在問什麼。舉例來說，像是「我的書會出版嗎？」這樣的問題並不是「我會得到這份工作嗎？」而且出版社也不是由十宮顯示。只有問卜者應徵專職撰稿人的工作時，才會把他們視為雇主。出版社是想和問卜者進行交易的人：七宮。而交易的對象是問卜者的作品：五宮。這樣一來，問題實際上是：「他們會買我的寶貝嗎？」，而「會」的情況將透過一宮主星或月亮和七宮主星之間的入相位，或者五宮主星和七宮主星這個入相位來顯示。◆

◎ 職場上的人們

在一個直接問及老闆的問題中（「我跟我的新老闆處得來嗎？」），老闆由十宮和十宮主星顯示。我的所有上司，即使是最小的主管，只要這個人成了該問題的主角，就會是十宮。如果需要區分職位比我高的不同權力層級，我們可以採用我的徵象星所在星座的各種尊貴主星。舉個例子：假設問題是「我應該向哪一級的管理層投訴？」而我的徵象星是土星，位在日間盤的射手座12度。它受木星定位，位在太陽的三分性，金星的界，以及月亮的外觀。而木星位在獅子座，這裡是土星的陷宮，所以我得不到大老闆的任何支持。太陽位在金牛座，所以下一級的管理層漠不關心。月亮是我的外觀主星，位在巨蟹座，所以我的直屬上司也不喜歡我。但金星位在摩羯座：如果我往上找一層級，就會得到許可聽我訴說；要是金星的偶然尊貴強大，那就更好了：這位上司可以為我的問題做點什麼。

如果我們關於工作的問題需要區分出老闆（「我會得到這份工作嗎？那要怎麼跟老闆相處？」），我們不能把十宮分配給老闆，因為它已經用來顯示工作。有時我們可以使用轉宮，選擇十之十宮（根本盤的七宮）作為「工作的老闆」。但許多問題中，七宮已經很忙了，代表著該職位的競爭對手或同事們。在這種情況下，我們可以使用十宮主星的定位星，也就是字面上說的工作的主管。

假如問題是「我跟我的新老闆處得來嗎？」首要的考量為徵象星之間的容納。我們並不需要去找出相位，因為要看的不是事件，而是分析情況；不過要是徵象星之間有相位，我們就必須注意它的性質。也要透過定位的尊貴來觀察，看看哪些行星對老闆有影響。例如：假設我的徵象星是土星，老闆的徵象星是金星。金星位在摩羯座：到目前為止還不錯——老闆很喜歡我。但位在摩羯座的它也旺化火星，接著我查看火星發現它位在獅子座，這個星座是土星（我）的陷宮。這不是件好事：雖然老闆喜歡我，但他對另一個人（火星）有種誇大的看法（旺化），而那個人他討厭我（其所在星座是我行星的陷宮）。

工作上的同事是七宮。他們跟我平起平坐，是同一職級的人；所以我的同事不是十一宮：他們是同僚，不是朋友。如果我碰巧和他們其中一人成為朋友，這個人就會變成十一宮，但是在我可能問及工作的大部分脈絡中，他仍然是七宮。這就好像我們是同一劇團的演員班底，當我們在臺下時，我喜歡這個演員的陪伴，與我們劇中扮演的角色無關。

我的下屬，那些啄序（pecking order）在我之下的人，是六宮：我的僕人。

◎ 我能保住這份工作嗎？

　　這裡首先要查看的是固定性。軸點、一宮主星或十宮主星位在固定星座是個有力的論據，說明情況將保持不變，所以問卜者會保住工作。月亮空虛也是同樣的說法。

◆　在這裡，像往常一樣，守護四軸點或宮始點的星座性質都沒有任何意義。忽略任何軸點位在固定星座的這一點。而月亮空虛並不是一個有力的證詞，很容易被推翻——除非它是一宮主星或十宮主星；在這種情況下，哪裡都不去才會是明確的「保住」。◆

　　一宮主星或十宮主星即將離開目前星座，會是一個有力的論據，說明事態將有所變化，所以工作不會保持原樣，就算它要離開的所在地是固定星座，也是如此。如果它在移動的同時也失去了尊貴甚至進入無力，這樣就成了更加有力的證詞。假如月亮是問卜者的共同徵象星，我就不會太過重視它正離開目前星座的意義：這更有可能顯示他對該問題所產生的擔憂。

　　我們並不需要相位就能知道問卜者是保住了工作還是失去工作。如果其中有相位，那很可能帶有意義。也可以查看一宮主星和十宮主星之間過去的任何相位：要是他們呈對分相，問卜者就不會繼續待在這份工作。但這並沒有說明問卜者現在就會離開：我們需要找到另一個指標來告訴我們何時離開。例如：也許一宮主星和十宮主星透過廟宮互容的對分相走到一起，對分相說明這份工作並不會持久，因為一宮主星或十宮主星一換星座，就會打破先前的互容；這有可能成為推算應期的指標。

　　工作和問卜者的容納可以算是重要證詞：假如工作喜歡問卜者，就更

有可能讓他繼續工作；但這也會被上述的考量所推翻。如果這是「我或他」的二擇一情況，另一個被解僱的人選將是七宮主星，無論問卜者的處境有多糟糕，只要七宮主星處於更糟糕的狀態，問卜者將因此存活下來；但要留意其他可能性，例如公司可能會改變主意，最後二人都不解僱，或全解僱了。

這問題值得找出辭職與解僱點，看看它有沒有什麼貢獻。一宮主星立即入相位和該點合相或對分，將是失去工作的有力證詞。上升點、十宮始點或一宮主星或十宮主星位在心宿二上，這顆象徵週期結束的恆星，也暗示同樣的情況。

不要把公司告知問卜者的說辭當真！真相就在星盤中！

◎ 我會重新得到這份工作嗎？

這裡有個常見的證詞是，一宮主星或十宮主星要麼逆行，要麼就是最近才逆行完恢復順行。無論哪種情況，它都是朝著跟前陣子相反的方向前進，所以如果前陣子的方向讓它失去了工作，這個回轉就會把它帶回來。一宮主星重新進入十宮、十宮始點的星座，或十宮主星所主管的其他星座，任何一個都是復職的決定性證詞。注意這一點，在「我會得到這份工作嗎？」一宮主星進入十宮不能給出「會」；而在「我會重新得到工作嗎？」它的再次進入就能給出肯定答案，因為這種情況讓先前已經位在十宮的它有了一個具體的脈絡：它曾經待在這份工作（十宮）裡，離開了它（移出），現在又要回到這份工作中（再次進入）。

十宮主星位在一宮內是有力的正面證詞，效力如同一宮主星和十宮主

星之間的入相位。

◎ 這份工作怎麼樣？

「我應該接受這份工作嗎？」和「我會得到這份工作嗎？」這兩個是不一樣的問題。第一個問題假設工作至少可能是可以得到的，我們就不必去找出相位，然而如果工作和問卜者之間有相位，就必須考量其性質。比如說，假如是對分相，那麼問卜者會後悔接受這份工作，或者不會想要在這份工作待很久。

查看十宮主星以考量它的力量，必然和偶然狀態都要看一下。一顆必然尊貴有力的十宮主星，如果它受到偶然折磨，可能顯示工作的本質良好，但由於外在的限制，就無法發揮該工作應有的好處。任何折磨的性質往往可以幫助我們確定問題出在哪裡。也許十宮主星處於第一次停滯：業務即將衰退。七宮主星和十宮主星分別位在對方的陷宮：公司跟問卜者假設的同事之間存在爭執。十宮主星入相位五宮主星（十之八宮主星）的對分相：公司即將破產（遇上死亡）。也要考量位在十宮內的任何行星影響，特別是那些接近宮始點的行星：南交點或凶星是陷入麻煩的警告；有力的木星將承諾有益處。

不要在看盤時抱有不切實際的預期：該公司就算沒能躋身為市場領導者，仍然可以是一份不錯的工作，大多時候這裡見到「夠好了」就是答案，用不著到「極好」。你也不應該預期觀察容納時會見到十宮主星對問卜者有任何好感（見上文）。如果有的話，那也是額外的好處。

要特別注意十一宮主星的狀態，即酬勞。

試著從上述辦公室人員名單中識別出所有折磨一宮主星的對象，例如來自七宮主星的對分相：「你跟你的同事處不來。」

你可以想像拿起問卜者的徵象星，把它放在十宮始點內側的位置，就這樣送它去上班。它在那裡過得怎麼樣？如果位在有力的必然尊貴，工作愉快；要是落入必然無力，它就快樂不起來。偶然的尊貴或無力可能也很重要。也許它到了那裡就在核心內：「你將成為老闆的親信」（核心內：「就像人被提拔到坐在國王身邊」）。也許它合相了虛弱的土星：在那裡會有些問題，就去查看土星在該星盤中代表著什麼，或許可以讓你確認原因。由於「我應該接受這份工作嗎？」往往是憑感覺而不是用理性做決定，通常更重要的是月亮待在十宮的感受，把問卜者的情緒送去上班看看。小心：這樣操作時，你就不能說「它位在十宮，所以很強大」；任何工作在這種情況下都是如此。

◆ 像往常一樣，要小心設想問題。我們可能會假設，一顆無力的十一宮主星所顯示的低薪會讓人反感，但錢可能不是重點：也許問卜者對洗履歷更感興趣，或者喜歡去野生動物公園工作的這個主意。詢問問卜者並檢查星盤的相關憑據。例如，要是一宮主星旺化二宮主星，金錢即為重要的考量，問卜者就不會樂意從事沒有報酬的工作。◆

◎ 下一份工作

「我要不要放棄這份工作，去某某公司上班？」對於這一題和其他類似問題，我們需要區分現在以及未來可能從事的工作。在大多數情況下，我們可以用守護十宮始點的星座以及它的星座主星表示現在的工作，用黃道星座順序的下一個星座（逆時針）以及它的星座主星來表示下一個工作。

像先前處理「這份工作怎麼樣？」那樣考量它們。

要靈活一點！假設上中天位在雙子座 2 度，而問卜者現在的工作已經做了好多年；這段在目前工作度過的漫長時間與該星座僅經過上中天 2 度並不相符。在這種情況下，把金牛座視為現在的工作並把雙子座視為下一個工作就會很合理，就像問卜者的心思已經到了那邊工作一樣。始終對星盤試圖告訴你的東西抱持開放的態度。

假如一宮主星即將換星座，這就會顯示預計換工作的變化，即使它目前的所在星座以及下一個星座都和十宮沒有任何關聯。星盤顯示了變化；既然討論的變化是換工作：星盤顯示的就一定是這個變化。這顆行星在下一個星座是變得更強，還是變弱？強弱通常由必然尊貴來判斷，但有時也會有偶然作用參一腳。假設徵象星一進入新的星座就變成焦傷：「留在你原本的位子吧！」

◎ 我工作的公司要破產了嗎？

這句話翻譯成「公司會死嗎？」應該就可以做出相應的判斷。按照第二十章中描述的方法，完全把公司當作一個人來處理就好。

◎ 職業問題

我強烈勸告，在你沒有要求問卜者提供一些選項的情況下，不要受理這類問題。各行各業的工作類型這麼多，如果你沒有這樣做，那麼不論你推敲出什麼答案，都只會更加洩露自己貧瘠的想像力，而不是點出問卜者的職業能力。有時人們會把問題說成「我想當電影明星，但也許我應該堅

持做會計」；即使不是這樣的問法，只要問卜者提供一些線索，我們就可以把各種可能性輸入星盤，瞧瞧哪一個前景最好。

當你得到一些選項後，查看星盤找出代表它們的行星，並從宮位的主星系統，以及行星的自然徵象來推敲。舉例來說，演藝事業會透過五宮主星顯示，而會計透過水星顯示。「可是假如五宮主星是水星的話怎麼辦？」星盤是為這個問題量身打造的，所以五宮主星多半不會是水星。如果真的是這樣，星盤會提供另一個明顯的指標；投以信任，它就會起作用。

一旦你有了徵象星，就對它們進行比較，考量它們得到的尊貴（必然和偶然）以及它們與一宮主星和月亮的容納（把月亮作為問卜者的共同徵象星，特別是在考慮問卜者的情緒時）。考量尊貴時要小心：如果某個證詞屬於描述性質，就當作是一種描述，不要認為它是虛弱的。假設問卜者想成為一名鐵匠：土星位在白羊座就是一個星象上對於該工作的理想描述，所以我們會忽略土星在那裡入弱。不過土星要是逆行就成了問題——除非問卜者有意重拾早已遺忘的鑄鐵技能，或抱有其他目的（也許是祖傳事業的復興），這樣才能使逆行的存在完全合適。

要非常注意工作徵象星和問卜者徵象星之間的容納。假如問題重點放在賺取收入，不在意工作愉不愉快，我們就不需要去考量問卜者和工作的相容性。而職業問題通常與工作適合度相關，所以問卜者和工作的互容程度愈高，情況就愈好。

「這樣子錢會在哪裡？」如果你選擇工作徵象星的理由在於它是適用宮位的宮主星（例如，五宮主星為演藝），那麼使用該宮位起算的二宮來顯示薪水。假如你是因為行星本身的指示性來選擇（水星代表會計，土星

代表掘墓人員〔grave-digging〕），那麼就使用該行星所在星座起算的第二個星座。因此，如果問卜者想成為一名服裝設計師（金星），而金星位在射手座，你可以選擇從那裡起算的第二個星座（射手座的第一個星座是射手座；第二個星座是摩羯座）以及它的主星來顯示薪水。

對於一般性的問題，假如問卜者沒有提出任何職業的可能選項，就考量水星、金星和火星，從中選擇最強的那一顆來代表職業。大致上，水星顯示腦力勞動，火星使用肌肉工作，金星運用魅力或美學工作；再從星座、宮位，以及緊密相位中獲得進一步的描述。偶然無力往往呈現描述，而不是缺點。例如，強大的火星位在七宮（公開的敵人）：去做一名士兵、位在六宮（疾病）：做個外科醫生、位在十二宮（大型動物）：加入騎兵隊、火星對分相土星（建築物）：做一名拆遷工人。

如果你從上述狀態都沒有得到明確的答案，也許就值得特地去找出使命點。考量該點本身以及它的定位星，尤其要看定位星。

記得考量顯而易見的事實：許多職業二十歲時可以做但五十歲就不行，要從這個角度來解盤。

我們有時會遇到人們問及他人的職業。這通常是作為「我什麼時候會遇到結婚對象？」的附屬問題。在這種情況下，使用轉宮後的十宮以及它的宮主星。

我們不能拿這個人的主要徵象星來描述工作，因為主要徵象星要描述的是這個人。這樣做的話就意味著，例如，每一個身材像士兵的人都會成為一名士兵。我們也不能選擇水星、金星和火星之中最強的那顆，因為這

對對方和問卜者來說都是同一顆。注意這一點，我們在尋找問卜者的職業時沒有考量十宮主星，原因在於十宮顯示的是這個人實際上做了什麼，而不是他們應該做什麼。而對於「我未來丈夫從事的行業？」他實際上在做什麼才是我們關注的地方。

循線摸索，像往常一樣把行星跟工作連結起來。保持你判斷的廣度：精確度在卜卦占星有其必要，但要講究的地方並不在這裡。對於這樣的問題來說，比起「倫敦交響樂團的第二中提琴」，回覆「某種藝術性的工作」是個更好的答案。

雖然我們不能從這個人的主要徵象星找出職業，但主要徵象星可以排除一些可能性。如果我們根據七宮主星判斷她未來的丈夫是個瘦小的傢伙，他不會從事鐵匠這種工作；假如他的十宮主星暗示他有這可能性，那麼我們就得思考它能描述的另一種工作。

◇ 當問卜者在具體的工作機會之間做出決定時，有時會像上面的描述那樣簡單：「我應該要當銀行行員還是櫥窗設計師？」這就告訴了我們要選擇水星還是金星。而大多時候，問卜者是在開出類似職缺的不同公司做選擇；透過詢問問卜者這些工作的區別，你會找到這些行星各別代表著哪份工作。例如，大公司和高科技公司二者選項，就會是在木星和水星之間做選擇。就跟區分不同房產的方法一樣（第303頁，見上文）。◇

◎ 商業夥伴

◇ 對於問題「我要不要讓這個人成為事業上的合作夥伴？」使用一宮主星和月亮代表問卜者，七宮主星代表未來的合作夥伴，十宮主星

代表事業，十一宮主星代表事業的收益。該問題在於這件事是不是一個好主意，而不是問它會不會發生，所以並不需要有相位；但要是問卜者和七宮主星之間有相位，就必須考量其性質，不管其他證詞對前景有多看好，有個對分相怎麼說都不是個好兆頭。

關於這個主題，雖然我還沒有見過星盤中的其他證詞有所表示，即使是最小程度的條件，但問卜者旺化合作夥伴似乎成了必然現象，而七宮主星的狀態，則顯示合作夥伴根本無法滿足這些過高的期望。

這當中，旺化未必是個問題；問卜者可能認為合作夥伴有超能力，但要是業務範圍不要求，那也許就不會突顯出對方少了超能力。儘管如此，這樣不現實地看待對方，在一段戀愛關係的初期是再正常不過的，但對於工作上的合作關係來說，就不是個健全的基礎。

注意權力的平衡，這不僅要看問卜者和七宮主星之間的容納，也要看十宮主星的容納和配置。假設十宮主星被包在七宮內，就完全在合作夥伴的控制之下。如果問卜者打算拱手讓合作夥伴掌控一切，那可能還可以接受；但沒這打算就行不通了。然後檢查七宮主星和十宮主星及十一宮主星之間的容納，我們希望能從中找到合作夥伴喜愛問卜者的跡象：位在他們的好尊貴，同時也擁有足夠的力量幫助他們。不過，我還沒看過有這情況。◇

第二十四章

十一宮問題

我能實現我的願望嗎？

　　我們的前輩們花了很多筆墨研究，當問卜者拒絕說明問題，還堅持問「我會得到這個我不打算告訴你的東西嗎？」的時候，我們該怎麼做。我強烈建議這回答必須是「如果你不告訴我問題，我會把星盤解完，但不會告訴你答案。」永遠記住，比起客戶找到另一個好的占星師，你要找到另一個客戶會容易得多。

　　一旦你經手了一定數量的卜卦盤，你就會開始認得出某些主題的星盤長什麼樣子；其中最明顯的是，你將能夠發現偽裝成其他東西的愛情問題。關於搬家或工作升遷的問題中另有真正的主題並不罕見，其實簡單地說就是「他愛我嗎？」假如問卜者不問，我的意見是，我們就不應該回答；但我們可以溫和地暗示問卜者，看看她願不願意打開這個話題。

我要繳多少稅？

政府是十宮，國庫是十一宮。這些星盤通常會顯示二宮主星（問卜者的錢）和十宮主星或十一宮主星之間有個入相位。先考量容納，查看十宮主星和十一宮主星——特別著重在它們之中對二宮主星形成相位的那一顆——如何看待問卜者的錢。稅務人員愈喜歡它，他就愈想要它；要是他旺化了二宮主星，那就表明他高估了問卜者手上有多少錢，或者，至少是欠繳了多少錢。

如果見到政府或國庫喜歡問卜者的錢（位在二宮主星的廟宮）是個壞消息，那麼發現這種愛獲得回報就是個讓人開心的好消息；它們之間有力的互容會減少稅款。這就像電影中，男主角愛上她，卻很有風度地把她送回另一人的身邊：互容顯示即使稅務人員想要錢，也會減少他的要求。

還要考量其他即將施於二宮主星的所有折磨，以及二宮主星的力量，這將表示問卜者的錢包能有多大的財力在稅務部門的掠奪下生存下來（這種問題通常是「非常危急」才會詢問！）。

簽證和許可證

◆ 十一宮是十之二宮，表示國王的財產，所以是「國王的禮物」：我們希望領到的那筆賞賜。因此，十一宮是關於入境簽證和居留證這類問題的宮位。

「誰的國王？」假如問卜者已經待在這個國家，國王就是這個國家的國王，所以十宮比照辦理。這跟問卜者的國籍、公民身分或地位無關，如

果問卜者還沒有待在那個國家，那麼問題中的國王就是外國的國王。外國是九宮，所以它的國王是根本盤的六宮（九之十宮＝六宮）。在這種情況下，國王的禮物將來自那裡的二宮，也就是根本盤的七宮。如果問卜者申請進入的國家和他自己的國家有共同邊界，有人會說那個國家是三宮，他的鄰居。我認為，這有點異想天開；堅持使用九宮。

我們希望看到的是一宮主星或月亮和禮物的徵象星之間有個入相位。國王本身帶來的相位不大有說服力，但通常會起作用，只要不是對分相就好。從現實的情況來看，國王徵象星的容納似乎不大重要，除非存在重大且已知的問題——問卜者是個臭名昭著的黑幫分子或者他最近踢了國王的貓——否則他只不過又是一個不知名的名字，國王對此不會表示任何態度。現實也會告訴我們，申請是走一個形式，拒絕才是例外，很少人能取得的「聖杯」。如果是一般形式，只要沒有負面的因素（比如問卜者和禮物之間有個入相位但被禁止了）就足以判斷「是」。要是會拿到「聖杯」，我們不僅需要有相位，還需要一些容納來顯示為什麼不是其他任何人，而是我們的問卜者被選中。

不過，許多這樣的星盤中，並不需要和禮物本身有相位。假如我們能證明問卜者進行了旅程（九宮主星的相位），這通常隱含入境簽證已批准的意思；如果我們能證明問卜者在他尋求居住的國家中保持原狀，這通常隱含居留權已核發的意思。說「通常」，是因為還有其他的選擇；但要是問卜者已經在考慮這些選項，就不大可能提出這個問題了。◇

第二十五章

十二宮問題

巫術與監禁

◎ 我被施了巫術嗎？

儘管這個問題似乎只會出現在過去塵封已久的文本中，但它被問到了，而且並不罕見。有時，是那些對巫術的看法不同於我們文化的問卜者提問；有時，由那些涉獵過深的人問起；而更多時候是以現代形態詢問：「我是否受到精神攻擊？」或「他是不是控制了我的思想？」這本質上是同一個問題在當代的常用說法。

我們必須始終對問卜者的世界觀保持開放的態度，無論它在我們看來多麼稀奇古怪。雖然不承認「天地之間有許多事情」[70] 超出他個人認知的占星師將是一位可憐的占星師，但在持不同觀點和那些瘋狂的人之間還是有條分界線；瘋狂的人只想找個可以纏上的對象。培養認出這些人的嗅覺

是好事，因為一旦允許他們進入你的執業生涯，就可能要再花費大量的時間和精力，一路領著他們走出大門口。

攻擊的性質使這情況成為十二宮的問題，而不在於問卜者是否知道其可能的攻擊者名字。假如問題是「艾伯特在對我進行精神攻擊嗎？」那就是十二宮事項。記住：在過去，當問卜者詢問「我被施了巫術嗎？」他們通常都會知道那個據說給牛施術的村莊女巫（village witch）是誰。某些特定的情況下，如果被指控的對象和問卜者有特定關係，你就需要檢視那個宮位（「我的前任情人有對我下咒嗎？」）。不過，就通常情況，我們可以直接去查看十二宮。

中了巫術的主要證詞是：

- 同一行星同時主管一宮和十二宮。
- 一宮主星和十二宮主星之間有緊密的接觸。

觀察容納：和以往一樣，這將是關鍵所在。如果十二宮主星由一宮主星主管，那麼問卜者沒有中巫術：問卜者對這位假想的女巫有主導權。如果一宮主星由十二宮主星所主管，先記住這點，假設那個人會巫術，就足以對當事者握有主導權，因此嫌疑人還沒做任何事就有影響了，要是有十二宮主星的接觸則會更具有說服力。一宮主星和十二宮主星之間的入相

---

70. 中譯注：原文there are more things in Heaven and Earth 出自英國文學莎士比亞的戲劇《哈姆雷特》第一幕第五景，意指人對生命和宇宙的認知和理解是非常有限的。

位不算憑據。入相位顯示未來的一些事,而這個問題並不是「我會被施行巫術嗎?」

◆ 要忽略關於同一行星同時主管一宮和十二宮的這一點。對於任何其他類型的問題,看到同一顆行星主管兩個相關宮位都沒有任何意義;那在這裡也沒有任何意義。這種想法是占星師們自創的,藉由試著在星盤中湊齊一些證據,好讓他們解決那些就本質而言異常不透明的問題。如果占星師同意問卜者的觀點,認為巫術是乳牛死亡的一個可能解釋時,那麼他當然會傾向尋找可以支持這種解釋的證詞。◆

◎ 我在傷害自己嗎?

十二宮是自我毀滅的宮位,所以關於成癮和其他有害行為的問題,十二宮也是相關宮位。例如,假設問卜者詢問:「我喝酒會傷害自己嗎?怎麼傷害的?」這是一個十二宮的問題,任何認為它可能是五宮(享樂)的想法,都會被這個問題的本質打消念頭。看看十二宮主星:它是好的還是壞的?要記住,即使是吉星,落陷或入弱也是壞的。它和一宮主星是什麼關係?一顆虛弱的行星對一宮主星有主導權(例如一宮主星位在十二宮主星的廟宮),即是這個惡習對問卜者具影響力的證詞。容納愈強,力量愈大(例如:一宮主星位在十二宮主星的外觀:力量很小)。

星座的模式會顯示問題的頑固程度:固定星座表示這是一個長期的問題;變動星座,則反反覆覆出現;基本星座,現在可能是個問題,但不會持續太久。之後一宮主星要去哪裡?離開十二宮主星主管的固定星座,去到一個不是由它主管的變動星座:問卜者正在尋找解決這個問題的方法。離開十二宮主星具有次要主管權(可能是界或外觀)的基本星座,移換到

十二宮主星具有主要尊貴的固定星座：問卜者認為問題得到了控制，但卻更嚴重地陷入了問題的掌控。

◆ 我建議謹慎處理這類提問，尤其是問卜者問及其他人的時候，先不要假設這是十二宮的事。試想：有位問卜者詢問「我老公是酒鬼嗎？」這種問法沒什麼幫助，因為沒有描述情況，而是用貼標籤的方式直接為我們指向十二宮。要是事態如此明確，那就不大可能會提出這個問題，至少像這裡的問法就是。

假設問卜者認為老公吃太多對他不好。她不大可能提問時使用標籤類的詞，而是會問「他吃得太多了嗎？」在這種情況下，我們不會看向十二宮，而是查看二宮（喉嚨和進入喉嚨的東西）。假如老公在過去三年裡一直參加戒酒無名會（Alcoholics Anonymous，簡稱 AA），而她現在懷疑他已經從戒酒行列中掉隊了，這就是一個已知問題，所以才可以合理地把這個問題表述出來作為提問。就像她老公吃了滿肚子蛋糕後再讓自己吐出來，她可以詢問「他有暴食症嗎？」這將是十二宮的問題。更多時候，這個問題最好以「他放進喉嚨的東西會傷害他嗎？」的方式來處理，也就是二宮（當然，詢問他人的狀況時，是轉宮後的二宮）。特別重要的是二宮主星的容納；七宮主星由八宮主星所主管，而八宮主星位在七宮主星的陷宮：「是，妳丈夫喝的東西肯定對他有害。」

這個問題不一定是有關過量，所以不要太早假設。比如說，如果問卜者被警告不要喝酒是因為醫囑，他可能會好奇週日晚餐時喝杯酒，會不會真的對他造成這麼大的傷害。

如何在這裡選擇正確宮位的難題，暴露了把星盤比喻成劇院的極限。星

盤上，十二宮主星永遠都在，不管它有沒有參演這齣戲。如果我們正在觀看《羅密歐與朱麗葉》，我們並不會看到馬克白在舞臺後方徘徊，免得他一逮到機會就上場；而處理這個問題時，我們冒著風險先假設了其中的答案。◇

◎ 監禁

關於某人是否會被送進監獄，或從監獄出來的問題，通常都很直接。記住，如果問卜者詢問的是其他人，我們必須同時考量轉宮後和根本盤的十二宮。重點是，你要知道這個人是已經進了監獄，還是沒有。

顯示入獄服刑的方式通常很簡單：這個人的徵象星位在十二宮（或轉宮後十二宮）的宮始點上。這顆即將進入監禁宮位的行星是一個壓倒性的證詞，表示這個人也會跟著照做。如果該行星在進入該宮位之前逆行，無論入獄這件事看起來有多確信，這個人都會獲釋。

當這個人被還押候審時，通常會發現他的徵象星已經位在十二宮內：他已經在監獄裡了。如果它的狀態即將惡化，也許是某顆凶星帶來了相位，或者是失去必然尊貴，他將會被判刑入獄；這張星盤以一種符合問題脈絡的方式，顯示了這個人的狀況正在惡化。假如該徵象星位在十二宮內，從基本星座走到固定星座，我們也可以做出同樣的判斷。

十二宮主星或轉宮後十二宮主星帶來的入相位會顯示出同樣的情況。另一個常見的指標是，該徵象星正要進入的星座是它的弱宮[71]：從字面上看，它正要入獄（going down）。

這顆行星的必然尊貴愈高，這個人就愈有可能是無辜的。

如果問題是關於某人是否被釋放，期望的證詞將與上述情況相反。

◎ 迪爾德麗會被判入獄嗎？（見下頁星盤）

為了消磨漫長的夜晚，威廉·里利會「興高采烈」地要求僕人把某個東西藏起來，然後起一張卜卦盤尋物。我從未培養過他那種問卜遺失物的喜好；我偏愛的占星樂趣是預測肥皂劇中的故事情節。

《加冕街》（Coronation Street）中，迪爾德麗（Deirdre）在被告席面臨欺詐的指控，因為她愛上了一個迷人但不擇手段的騙子。當陪審團主席站起來宣讀判決的那一刻，片尾字幕開始滾動。我不想等三天才知道結果，於是起了張星盤。

我對迪爾德麗並沒有特別感興趣，所以她是「隨便一人」：七宮。如果我對她有強烈的認同感，也許是自己有過一些類似的經歷，那她就會得到一宮，就彷彿問題是「我們會被判下獄嗎？」假如我對她有強烈的愛慕之情，這時她就仍舊會是七宮，作為我的感情對象。

迪爾德麗現在已經在監獄裡了，因為她被拒絕保釋。七宮主星，火星，證實了這一點：它位在轉宮後的十二宮（七之十二宮＝根本盤的六宮）；它位在自己的廟宮：有很多的必然尊貴，所以迪爾德麗是無辜的。但它即將合相土星，而土星就位在自己的弱宮，所以非常惡劣；土星也是監禁的自然徵象星。一些可怕的事情將要降臨在她身上：她將被定罪並判處監禁。

---

71. 中譯注：同註67。

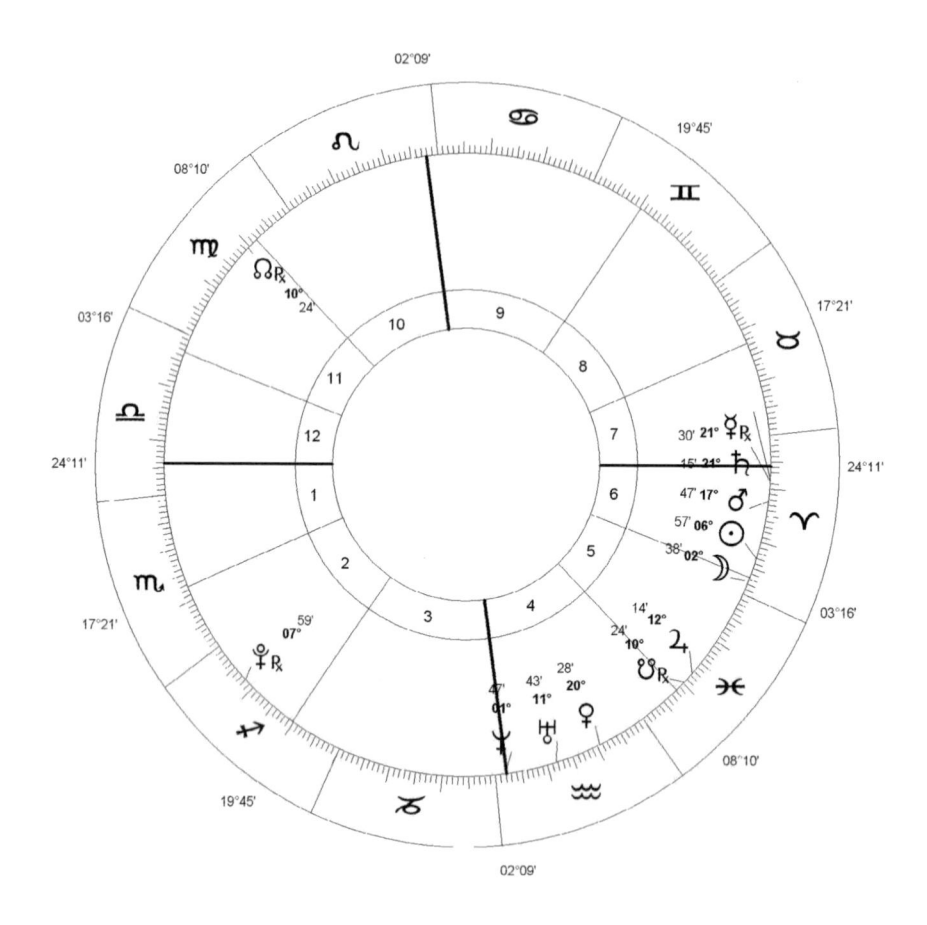

〈迪爾德麗會被判入獄嗎？〉格林威治標準時間 1998 年 3 月 27 日 7:58 pm，倫敦。

然而，這一切都發生在基本星座，暗示著事情很快就會結束。火星一旦通過了土星，那要進入迪爾德麗的一宮之前並不用走太遠；她正在進入自己的宮位。就像卜卦占星中經常發生的那樣，這可以從字面上理解：她很快就要回家了。在火星回家之前，會先遇到逆行的水星：已經說過的話

（水星）會改變（逆行）；某人的說法將改變，所以結果是迪爾德麗將會被釋放。

南交點接近轉宮後十一宮的宮始點（七之十一宮＝根本盤五宮）顯示迪爾德麗受到傷害的地方：透過她的朋友。雖然主管這個宮位的木星，和火星之間有中等強度的互容（各自位在對方的三分性）；但他們彼此互為映點的對分相，顯示有位朋友的證詞對她的定罪至關重要。然而朋友們（木星位在雙體星座，所以不止一個）是誠實的（強大的必然尊貴），因此證詞有假必定是出於失誤；木星身為尊貴有力的吉星，他們會為爭取最好的結果而行動，而互容顯示他們提供的是幫助。

注意這裡示範了互容的重點：只有在兩顆行星都有力的情況下，互容才能發揮作用。這例子裡的兩顆行星都有力，所以朋友們有能力幫助，迪爾德麗也有能力接受幫助。

為了安撫那些聽到如此「微不足道」的問題而感到驚恐的人——當代卜卦占星的某些前哨部隊嚴禁嬉笑打鬧——我應該補充說，迪爾德麗入獄一事，出現在全國媒體的頭版頭條，還引發國會提問。也許，並不是那麼微不足道！之後的故事情節如星盤所示。

第二十六章

天氣

　　天氣問題，是卜卦占星中最簡單的問題之一。判斷組成就使用一些占星學的基石：熱、冷、濕、乾；說說這些再加上一些風，我們就有了做出準確天氣預報所需的一切。所以不要想得太複雜！

　　如果是關於這個地區天氣的一般性提問，使用一宮：「我們今年會有一個炎熱的夏天嗎？」、「這個雨季何時結束？」要是問題涉及到特定的事件，則使用顯示該事件的宮位：「我明天要打高爾夫：天氣看起來怎麼樣？」（五宮）；「我要出門找朋友，衣服要穿暖一點嗎？」（十一宮：「我朋友家那邊的天氣如何？」）這類問題也經常問及海上相關行程：如果是長途航行，要看九宮；假如是「坐船遊玩」[72]，或者沒有目的地的航行，要看五宮；如果你每天趕著渡船去上班，這是一個常規的旅行，所以看三宮。

　　◆ 更多關於宮位的選擇，詳見本章最後的補充討論。◆

雖然你可以詢問一些關於你所在地天氣的一般性問題，但你不能預期例行性詢問這些問題還得到準確的答案。你不能每天早上醒來像機器一樣重複問：「今天的天氣怎麼樣？」

一旦你選好適用宮位，該宮主星就會顯示該問題的事件（聚會、航行），即使這是一宮問題，而事件主體只是模糊的「這裡」。宮主星本身是事件：它不是該事件的天氣。如果該宮位由土星主管，這並不意味著天氣將是寒冷和乾燥的；我們必須看看土星發生了什麼狀況。**行星是事物；星座描述它們。行星是名詞；星座是形容詞。**星座會按照問題決定的脈絡來描述行星，在天氣問題中，星座就會從天氣方面描述宮主星：它會是熱的、冷的、潮濕的，還是乾燥的。如果宮主星位在土象星座，即冷和乾，那麼該事件的天氣會是寒冷和乾燥；如果位在風象星座（熱和濕），天氣就會是炎熱又潮濕。沒錯，就是這麼簡單。

關於這個土象星座顯示的到底有多冷多乾等更多細節，要查看該星座的主星；這部分在下面的案例星盤可以看得更清楚。然後注意這顆徵象星的所有緊密相位。來自潮濕行星位在潮濕星座的相位會帶來雨水，六分相可能顯示小雨，對分相則是破壞性的大雨。根據季節來修正你的判斷：隆冬時節的「熱」和盛夏時節的「熱」就不一樣。冬天的冷濕可能是下雪，取決於你所在的地方。

---

72. 中譯注：原文messing about in boats 出自英國作家肯尼思・葛拉罕（Kenneth Grahame）的經典兒童文學《柳林風聲》（*The Wind in the Willows*），為主要角色之一的水鼠對熱愛乘船遊逛、嬉戲、放鬆和玩樂的描述，常用於形容從事船上或水上活動的快樂。

木星這顆大吉星是雨水的自然徵象星。對於什麼是好天氣，占星學和農民的觀點一致，而不是度假者怎麼想。水星主管風，所以水星的相位會顯示風對你的航行是帶來幫助還是阻礙。水星的狀態將顯示風有多大。在更大的尺度上，水星也是地震的自然徵象星，地震被視為是地球內部的風。

◆ 請記得，沒有所謂的好天氣或壞天氣。我們可以這樣稱呼它，但這只是我們個人對天氣的看法；天氣就是天氣。例如，颶風在任何意義上都不是運作不良或有缺陷的天氣，也不比微風徐徐更像天氣：這是天氣在做天氣該做的事。因此，這些判斷可以忽略必然尊貴。月亮位在巨蟹座是一顆冷濕的行星位在冷濕的星座，月亮位在天蠍座也是如此，兩者都會顯示出寒冷潮濕的天氣；這一顆擁有必然尊貴，另一顆為必然無力，並不意味著其一會比另一更符合我們對舒適的看法。◆

◎ 我舉辦派對的那天天氣怎麼樣？（見下頁星盤）

問卜者要舉辦賓客眾多的年度烤肉派對，因此選定日期的天氣非常重要。

這是一場聚會，所以要看五宮。守護五宮始點的星座很貼切地描述了這場派對：一場屬性炎熱和乾燥的派對——烤肉。這描述了派對，並沒有描述天氣。主管這個宮位的火星，對天氣也沒有任何影響；火星「是」派對本身，我們來看是什麼在影響火星。

火星代表烤肉。什麼樣的烤肉？它位在一個冷濕的星座：一種濕式的烤肉。

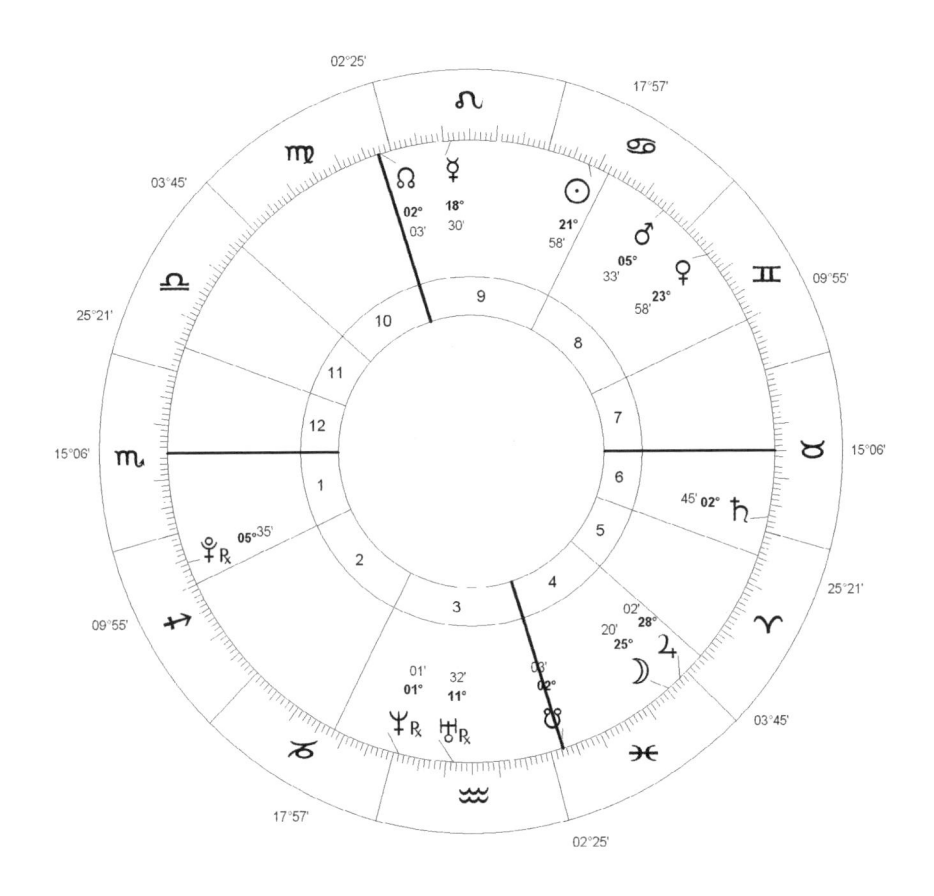

〈那天天氣怎麼樣?〉英國夏令時間 1998 年 7 月 14 日 3:49 pm，倫敦。

什麼樣的濕？月亮（告訴我們是濕式烤肉的星座主星）代表著潮濕；它位在雙魚座，另一個水象星座：會是偏濕的那種濕；它合相了木星：濕得很大的那種濕；和木星合相在雙魚座：濕得非常大的那種濕。

雨從早到晚一直下個不停。

◆ 雖然這個判斷是有效的，但我現在不會從這個角度解讀這張星盤。派對將在問卜者的自家庭院裡舉辦，她的「這裡」，因此，我認為，應該從一宮來判斷，不是五宮，這跟派對沒有關係：無論她是在舉辦派對還是在院子裡挖土，「這裡」的天氣都是一樣的。看看這張星盤：從一宮推演，可以得到完全相同的判斷。一宮主星還是火星，現在代表著「這裡」；位在水象星座，所以這裡是一個潮濕的地方等等。同樣地，假如我問：「我想帶著電腦去庭院裡工作，天氣夠好嗎？」這不會因為我正在考慮工作就變成十宮的事；要是我全身懶洋洋的，決定在躺椅上打瞌睡，天氣也不會改變，仍然是我居住地點「這裡」的基本情況：一宮。

至於其他地方，使用你的常識。如果你要拜訪的朋友住在隔壁條街，天氣會和你自己的「這裡」一樣：一宮；要是你的朋友住在另一個國家，就看十一宮。假如你要打的高爾夫球場在你家附近，那它就在「這裡」；要是在一百英里以外，看五宮。◆

第二十七章

如何使用卜卦盤擇時

　　擇時占星選的是一個最佳的行動時機。做這件事很耗時，所以如果要找專業占星師擇時的收費會很高；沒有同時研究誕生星盤就辦不到。對於那些無從得知出生資訊或財務因素而無法進行完整擇時占星的問卜者，或者那些不需要挑選精確時間的人，我們就可以用卜卦盤為他們選擇行動的時機點。

　　卜卦盤擇時不會提供我們精確到分鐘的時間點，那要完整的擇時占星才辦得到；但它確實提供了很多事情在執行上所需要的所有準確度。

　　再次提醒，這非常單純，不要把它複雜化！你所需要做的就是確定要用到的行星，那就是問題相關宮位的宮主星。「我要辦聚會，哪一天最好？」：五宮主星；「要啟動這個工作項目，哪一天最好？」：十宮主星；在許多情況中，問題都歸結為「哪一天對我最好？」：一宮主星。

確定了行星之後，看看它的動態。它要做什麼？它未來會發生什麼？不管它現在的位置有多糟，遲早會待在一個更強的位置。問問自己「這顆行星未來最快到來的最佳形勢是什麼？」一旦你確定了這一點，先計算行星從現在的位置到那個位置還有多少距離，再按通常的做法判斷時間點。

　　許多問題會有像這樣嚴格的時間限制：「我應該在週一還是週四進行這筆交易？」

　　在這種情況下，流運對於有指定日期的卜卦盤來說會很有說服力。例如，假設問題是：「我的大學入學面試可以選六月二十日或六月三十日這兩天；哪一天最好？」星曆表顯示一宮主星（問卜者）在二十日那天，會合相卜卦盤的九宮始點（大學），它在那裡還入旺：「二十日去吧：他們會認為你很厲害！」或者，也許九宮主星（大學）在二十日和三十日之間會換星座，進入一宮主星（問卜者）的某種尊貴：「在三十日去吧，因為那時他們會更喜歡你。」

　　然而，通常情況下，我們可以專注於讓單一徵象星盡可能地強大。例如：假設問題是「我的傑作在哪一天交給出版社最好？」你的傑作是你的寶貝孩子：五宮。假設火星主管五宮，而且再走3度就會合相北交點；這將使它更強大，符合我們想要的選擇，而這3度將提供我們時間點：三天、三週或三個月，取決於它所在的星座和宮位。這些問題通常都有自己的時間限制，讓時間單位的選擇變得容易（「接下來的兩週內，我應該在哪一天做這件事？」）。或者，假設火星位在射手座26度，再過4度就會進入摩羯座，它在那裡入旺，所以答案可能是：「等個四天，之後你想什麼時候做就什麼時候做。」

最重要的是：不要做出任何必須為選定時間而新設星盤的舉動。因為這樣做是開始進入完整的擇時占星，而這不可能在沒有同時研究誕生星盤的情況下完成。你手上的卜卦盤並沒有這項必要資訊——所以不要試圖去做這件事。這樣的例子可以是「火星在四天後變得強大，而且那一天月亮也在十宮」或者「而且那一天金星還三分相土星」。你也不應該在卜卦盤擇時中追求精確，很少有答案比特定的某一天更為具體，最多就是這樣；你不可能從這樣的擇時方法得到幾點幾分，所以別試了，答案通常是「在某個日期之後」或「盡快」。

◆ 關於擇時占星，我不再認為一般的做法有任何效果。它只不過是一種手段，藉由放任客戶打著自己的如意算盤，順勢把客戶的錢轉到占星師的手上。認為在火星或金星抵達天空中的某個位置時行動，就會在這方面或那方面取得成功，這就像我認為塗對鬍後水或嚼對口香糖就會成功一樣毫無根據；而使用卜卦盤擇時完全是另一回事，它並沒有因為某顆行星位在某個地方而成功的想法。關於這兩種擇時方法的討論，以及為什麼一種有效而另一種無效的原因，由於篇幅太長，無法納入一般的教科書中。這些內容可以在我的網站上找到，www.johnfrawley.com。◆

PART THREE

第三部分

探討占星師為客戶提供諮詢時的角色與心態。

第二十八章

占星師與客戶

　　威廉・里利在十七世紀執業時，偶爾會收一些信件諮詢，但他的客戶大多數都是坐在他面前，等著他判斷星盤為他們解惑。其中許多人都處於痛苦的狀態，不管是關於他們的醫療問題、他們的婚姻前景，還是想找回他們攸關未來生計的失蹤乳牛。而現代的卜卦占星師多半透過電話、信件或電子郵件進行大部分的諮詢，由於占星師和客戶之間隔了這樣的距離，很容易就忘記這些星盤不是鍛鍊智力的抽象推理，而是人們的真實生活；要想起我們在面對的是有血有肉、心靈還很脆弱的活人，不是顯示在頁面上的那一堆符號。

　　判斷星盤時，問卜者在場有好處也有壞處。主要的好處是，除了提醒我們在和一個人打交道之外，對於星盤裡感到疑惑的點，也可以方便我們詢問相關的訊息；但在實務中，這種需求比預期中要來得少，如果有這必要，我們再聯絡問卜者就好。

主要的壞處是,問卜者的存在會讓人分心。我在判讀星盤時,比較喜歡把全部的注意力放在占星論據上,然後解說星盤時,再把全部的注意力放在客戶身上。跟里利同時代的人,會習慣性地指責彼此為了賺客戶的錢而扭曲判斷;這種金融交易意識是一個問題,但更嚴重的是對客戶情緒狀態的意識。人類天生就有一種取悅他人的欲望,即使是卜卦占星師也不例外;當你做判斷時,把客戶的希望和恐懼掛在心上,可能會讓你偏離正軌,如果客戶本人還同時坐在你面前,就更有可能發生這種情況。我懷疑,比起蓄意拐騙錢財,這種意識在里利的時代導致了判斷的偏差更大。

假設占星師已經和客戶明確談好交易金額,就不會出現「付錢給我再算一卦,我就會告訴你更多」這件事;只有在諸如「我應該投資……」和「我應該僱用……」這樣的問題才會出現為了錢走偏的情況。在那裡,占星師會意識到回答「不」很可能會帶來下一個關於潛在投資或僱員的問題,因此也會帶來另一筆收入;而占星師也會意識到客戶同樣知道這一點,那麼就會展開一場「我認為他認為我認為……」的遊戲。對此,唯有憑著良心努力做好每一個判斷,並指出星盤可能在暗示問卜者的任何錯誤心態,沒別的答案:「你目前想要轉換投資的理由,是因為你覺得你應該做點什麼,但它們現在的情況很好」;「挑選員工的時候,試著主要看她知不知道工作內容,而不是因為你喜歡她。」

即使你喜歡和客戶當面打交道,實際上在現代通常也沒辦法讓你這樣做。無論你的卜卦占星有多精通,都不大可能發生問卜者在你家門口排隊的盛況。許多卜卦占星的問題,答案都只有一個字;這對電話諮詢的客戶來說相當令人滿意,但要是他走了好幾個小時才見到你,那就不一定了——不管這一個字的價值有多大。然而,一個字的答案往往就是需要說的全部內容,如果這樣是全部,那這樣就是全部;不要因為你自己覺得需要

填補一些時間，硬把一個字變成一場諮詢會議。你已經完成了你的工作。

要忍住每次判斷就陷入非黑即白的執著。在許多情況下，平庸是唯一的選擇，所以如果平庸是星盤所顯示的狀態，那就是問題的答案。問題的問法常常表達出希望成就非凡──完美的伴侶，理想的工作──但這種問題的判斷結果往往是「你可能做得更糟」、「沒關係」，或「重點不在於你怎麼選」；這樣都是有效的答案。

有時你會對自己的判斷充滿信心，有時你會沒有把握；不必假裝不是這樣。你可以直接說出來：「這張星盤真的很清楚。雖然我難免出錯，但我很有信心 xyz 會發生」，或者「這張星盤真的很難解。我『認為』我有正確解讀，在這種情況下……」

你會遇上解錯問題，而且無論你累積多少知識和經驗，都還是會繼續犯錯。有些問題允許你有第二次機會：比如說，如果遺失物不在你判斷的地方，你可以回到星盤中，再去找證詞的另一種解釋；有些問題就不允許第二次，因為已經過了解題的時機。犯錯很可惜，何況聽到「你告訴我某某事會怎樣，但是……」內心打擊會很大，起伏程度就像你聽到「之前我說你預測的事不可能發生，但是……」會有多高興一樣。這不是說你需要為此懺悔找人道歉，而是研究星盤，你就能從錯誤中學習，但不要在客戶面前貶低自己：完美並不是合約成立的要件。

你會開始對「如果」的句子變得熟悉，你才剛回答完客戶的問題，告訴她所愛的對象並不愛她的時候，「但如果我是茱莉亞・羅勃茲（Julia Roberts）呢？」她問道，「你可能會給我不一樣的答案。」

「但你不是茱莉亞・羅勃茲。」
「但如果我是呢？」

我從未和客戶有過這樣的對話，不過在我初學卜卦占星時經常有以下的對話：「但如果我在不同的時間問你這個問題呢？你可能會給出一個不同的答案。」

「但你沒有。」
「但如果我有呢？」

也許卜卦占星最大的訓誡是，沒有「如果」這回事。該是什麼，就是什麼；不是什麼，就不是什麼。卜卦占星的前提是，假定這個問題是這個人他現實生活中的產物；因為問卜者就是提出問題的人，問題就在他提出的時候被問到，只有當問卜者能夠變成另一個人時，這個問題才能在不同的時間被問到。

跟問卜者打交道的過程會有很多的陷阱，一不小心你就會掉進去，最好能意識到比較常見的坑，因為事先避開比再爬出來要容易得多。你需要決定一個策略，以應對問卜者即將帶給你的各種問題。不要擔心：這個策略不需要一成而不可變，要是情況表明你搞錯時，調整一下就好；同時你會發現你想制定的大多數規則可能都有例外。例如，對於某個問題，你可能決定接受朋友或長期客戶提問，而初次來訪的問卜者問這題就不接。記住：一旦受理了問題，你就不能再回頭；假如你這樣做了，無論之後再怎麼解釋，問卜者通常只會認為你是已經看了星盤、發現裡面有一些可怕東西，所以才會不忍心對他說出口。因此，在這些困難情況出現之前，值得你好好思考要怎麼做。

大多數問題都涉及到問卜者以外的人，所以你要如何界定合法的詢問和未經授權的侵擾並設限？

　　你會接受有關死亡的問題嗎？或詢問嚴重的疾病？不用擔心，如果有讓你感到敏感的議題，問卜者一提就會知道了。還有那些觸及你堅定信念的問題？例如，也許你是一位天主教徒，有人問你「我應該墮胎嗎？」或許這事關重大，令人不禁迴避而不受理；但是，即使是看起來最無害的問題，也可能帶來巨大的情感負荷：選擇避開重要問題，你將避掉所有的問題。

　　我強烈建議任何諮詢的基礎，必須站在我們正和成年人打交道的立場上。在回答某些問題時，通常說出的諸多保留意見都是極端的自以為保護，這行為的基本主題是「我不能說，因為我可能會惹惱可憐的小客戶」。除非你打算在攤位外面掛一個牌子「卜卦占星師：只提供開心的答案」，不然我們就必須遵守成年人的規矩：你來問問題，你就得到答案。但是，你有權利拒絕問題，你也有權利拒絕客戶。

　　儘管我們按成年人的規矩行事，但有些判斷並不容易說出口。有位學生來信詢問如何處理這些問題，以下是我回覆他的內容，以及威廉・里利本人寫給占星學學生的一封信：

　　「我不能說得比里利更好，他的信中建議我們『不要用嚴厲的判斷折磨問卜者』。我們一定要如實以告，而且如果他們問了這個問題，就必須得到這個問題的答案，無論真相多麼令人不愉快：最大的危險是我們解答時加了太多的糖，而讓答案本身走了樣。但我們可以謹慎處理自己要說的話：我們用不著把自己所看到的一切都說出來，只是因為我們可以看到它──這行為讓我們自我感覺很聰明，但對客戶本人並沒有什麼好處。

我們必須清楚地表明，我們不是萬能的：這為希望預留了空間，絕對不能摧毀希望。特別是在預測死亡時，要提醒客戶一切掌握在神的手中，這一點很重要，祈禱總是有幫助的。或者在表達和白馬王子沒有未來時，說『請盡量證明我的判斷錯誤，只是我現在真的看不出來』。

努力尋找正面的可能性——不過前提是要有這樣的一面。一種常見的情況是『不，你和 X 沒有未來，但似乎只是因為你處於這樣的低點才會待在這段關係裡。到了秋天，你應該會感覺自己更有自信，而且也為你應該出現的感情品質做好準備了。』或者是，事情目前還沒有準備好，好像是你尋找愛的感情能力還沒有完全成熟。上述狀況可能聽起來很平淡，不過這樣的事情通常就顯示在星盤上。

你會驚訝於人們多麼容易就接受你以為的最壞消息：這往往是一種解脫，或者是確認他們所感覺到的事。只要快速、簡潔、清楚地表達你要說的話就好。有句阿拉伯諺語的意思是這樣的，我們必須始終保持善良——但有時善良意味著要取手腳就一刀砍斷；鋸開的方式只會拉長痛苦。

還有，正如波洛涅斯（Polonius）所說：『忠於自己』[73]。要把話說得像你會說的話那樣：假如你試圖採用『不是你』的風格，其中摻入的假話就會令人生厭。我感到遺憾的不是我做錯的判斷——犯錯總是被允許的——而是愧歉於那些我推敲答案時語氣不恰當的判斷。這是不允許的！」

---

73. 中譯注：原文 to thine own self be true 意指人應該忠於自己的原則，不該透過改變自己來取悅他人。這句話亦出自《哈姆雷特》第一幕第三景，御前大臣波洛涅斯對兒子雷歐提斯（Laertes）的臨行忠告。此為莎士比亞強調劇中人物的虛偽本性，特意安排波洛涅斯的獨白中引用了這句話。

致占星學學生[74]

我的朋友啊，不論你是何人，都將如此輕鬆地接受我辛勤研究的成果，並準備好繼續深入這片天上星辰的知識，而全然榮耀的神無形於偉大與令人敬服的運作，也將如此明白地顯現其中。首先，想像並敬仰你的造物主，然後感謝祂。你要謙卑自持，不論師法自然的知識多麼深刻與超然，都不要因此自大而輕忽了那神聖的天意，天地間的萬事萬物皆在祂全然的秩序及安排下不斷地運轉；但你的知識愈多，便愈要讚美全能神的能力與智慧，並努力使自己蒙祂恩惠，相信你心性愈聖潔，將愈接近神，並得出愈純粹的判斷。謹防驕傲與自負，而且要記得很久以前，沒有任何無理生物膽敢冒犯同為宇宙的人類，而是忠實地服務並遵從他；只要人能主宰自己的理性與激情都是如此，直到他使意志屈於不合理之處。但是，唉！當不公不義之舉氾濫，人把韁繩交給自己的感情，而忽略了理性之際，此時每一頭野獸、生物與明顯有害之事，將變得難以控制，不再聽命於人。人啊，要堅守你的神，以及可靠的原則，然後想想你自身的高貴，放眼所有被造之物的現在與未來，是如何因你而創造存在；不，為了你的一切，神化身成為人。你是那名與基督同在的受造物，居住並統治天上，位在所有的權力及權威之上。神賜予你多少尊貴、幸運、優勢？你透過思索漫遊天際，擬定星辰的運動及亮度；你與天使交談，甚至與神交談；在屬於你的領域內統治所有生物，並使魔鬼受制於你。因此，不要莫名羞愧而汙辱你的本性，或使自己不配獲得這樣的恩賜，或是為了擁有一些不完美的快樂，而拋下你對神的敬畏，從而喪失了祂分賜予你的偉大力量、榮耀，及祝福。

在你作為神的僕人期間，認知到神與你自身的存在意義之後，現在請接受我的指導，希望你能由此開始自我實踐。如同你每日與天空的對話，也要依照神的形象來指導並塑造你的思想，學習完善美德的一切；這方面你將

第二十八章　占星師與客戶　　435

得到充分的指導。要有人情味，有禮貌，對所有人友善，平易近人；不要用嚴厲的判斷恐嚇折磨可憐人。在這種情況下，要逐漸地讓他們了解自己艱難的命運；引導他們祈求神，以轉移將施行在他們身上的審判。要謙虛得體；與學識淵博、文明有禮、神智清醒的人交流；不貪戀他人錢財；關懷窮人，慷慨給予金錢及星盤判斷的援助；別讓世俗的財富誘惑你提供錯誤的星盤判斷，否則你將可能玷汙這項技術，也就是這門神聖的學問。愛護善良的人；珍惜那些真誠學習這項技術的誠實人；當星盤判斷不利於你所居住的國家時要謹慎說明，不要對王子做出有關死亡的判斷；但我經由實證得知，國王服從星辰的律法（*Reges subjacent legibus stellarum*）[75]。娶妻名正言順；樂於廣結善緣；避免訴諸法律與人爭論；問學要全心全意（*totus in illis*）[76]，你的技術即可無與倫比（*singulus in arte*）。不要過度學習，也不要渴望習得每一門學問；不要無所不包（*aliquid in omnibus*）[77]。要忠誠，堅定，不出賣任何人的祕密；不，不行，我囑付你——永遠不要洩露朋友或敵人予你信仰全心交付的信任。引導所有的人好好生活；要以身作則；不從流俗；熱愛祖國；不嘲弄任何人，也不嘲諷敵人；如果有人惡言相向，不要驚慌，良知為千人見證（*Conscientia mille testes*）[78]；神不會容忍不受懲罰的罪行，更不會寬恕無法證實的謊言。

William Lilly

威廉・里利

---

74. *Lilly,* introductory pages. 標點符號現代化。
75. 國王受制於星辰的法則。
76. 專心致志，你就可以沒有對手。
77. 萬事通（中譯注：指一些學識廣博但雜而不精的人）。
78. 良心能抵一千個證人（中譯注：此著名諺語出自古代羅馬教育家昆提良的著作〔Quintilian, *Institutio* 5, 11, 41〕）。

附錄 1

計算星盤

你需要準備：問題的時間，所在地點的經度和緯度；星曆書，以及一份宮位表。

據我所知，芮吉歐蒙他拿斯宮位制（Regiomontanus houses，簡稱芮氏宮位制）的宮位表一般是找不到的，所以使用普拉希德斯宮位表（Placidus houses）。雖然我推薦芮氏宮位制，但如果你帶著誠意使用另一個有效系統，會發現這樣用也行：為配合你正在使用的宮位系統，你自然會在對的時間被問到對的問題。

《拉斐爾星曆》（Raphael's Ephemeris）附有普拉希德斯宮位表。如果你所使用的星曆書沒有附上像這樣的宮位表，那去買一本拉斐爾的。只要買某一年度的就好，因為每年書裡的這份宮位表都一樣。

把當地時間換算成格林威治標準時間（Greenwich Mean Time，縮寫GMT）。

A：計算出從格林威治標準時間的前一天中午開始過了幾小時又幾分鐘。

B：地點在格林威治以東，每經度加 4 分鐘；在格林威治以西，則每經度減 4 分鐘。

C：剛算出從格林威治標準時間前一天中午是過了幾小時，每小時再加上 10 秒。

D：A＋B＋C，把以上步驟的時分秒全部加總起來。

從星曆書中找出前一天中午的恆星時（Sidereal Time）。

再加上你在步驟 D 得到的總和。

你現在有了地方恆星時（Local Sidereal Time，縮寫 LST）。（可能需要減去 24 小時以得到小於 24 的數字）。

到宮位表查看你資料的緯度。

從表格中找到你剛算出的地方恆星時在哪裡。

記下這些宮始點。表格給出六個宮始點：另外六個就是它們正對面的位置。

現在你已經找到了這張星盤各宮位的星座。

查閱星曆書，找出那一天行星在那個時間的位置。

這本星曆書提供的是行星每天中午的位置：你需要按比例計算出它們的確切位置。不要對這步驟的計算太過講究！

無論其他的書怎麼教，你都不需要用到對數（logarithm）。對數是近代才發展的：在占星學漫長的歷史中，大部分占星師都是在沒有對數的情況下快樂地工作。那麼你也可以。

你通常不用精確計算出行星的位置，只有以下情況才需要正確數據：

- 你必須知道這個相位是不是在某個相位之前發生的。
- 你必須知道這個相位是發生在行星換星座之前，還是換星座之後。

如果你是使用拉斐爾的，就會在星曆書的後面找到這些資訊，所以不需要自己動手算出來。

試著這樣計算本書中的案例星盤來練習。記住，你使用的是不同的宮位系統，所以宮始點的度數可能會有些差距。只要兩邊沒差太多，你大概就算對了。

附錄 2

宮位的含義

你兒子的寵物兔

你的兒子是五宮;兔子是比山羊小的動物,所以是六宮。而五之六宮是十宮。按星盤的宮位順序數一次,以確保你從五宮開始數六個宮位後,你是來到第十宮,而不是第十一宮。始終從代表你的一宮開始數,所以從五宮數一個宮位是第五宮,從五宮數兩個宮位是第六宮,以此類推。

你父親的房子

你的父親是四宮;房子是四宮:四之四宮,也就是七宮。但是:雖然理論上這是正確的,但實務中,他人的房子通常由他們的一宮顯示,即字面上的「他們的房子」。完全就像本書第 24 頁這個貓的例子一樣:這隻貓在貓的一宮:牠待在貓的房子裡。

只有當我們需要區分人跟財產時,才需要選擇那個人的四宮(這個例子是四之四宮),例如「我父親今年賣得掉他的房子嗎?」

你懷孕的姊妹

你的姊妹是三宮。不論有沒有懷孕,她仍然是你的姊妹;她仍然是三宮。

你的新車

你的可移動財產：二宮。

你的出差旅行

常規的旅行：三宮。即使你開著車去跑行程，這輛車也不是這趟旅行，所以車永遠不是你的三宮。

你的老闆

十宮。

與你共用辦公室的人

同事：七宮。

你的朋友告訴你的那個夢

你的朋友是十一宮，夢是九宮。他的夢是十一之九宮，也就是根本盤的七宮。

你的兄弟

三宮。

你的弟弟，和你的哥哥一起比較時

你的所有兄弟和其中任一個兄弟都可以由三宮代表。如果你需要區分不同的兄弟，那麼可以轉宮。哥哥將由三宮顯示；把弟弟視為他的兄弟，所以是三之三宮，也就是根本盤的五宮。

假如你是特地詢問關於弟弟的問題，他將得到三宮；要是你對這問題的判斷，也需要把你的哥哥納入考量，那哥哥就會由三之三宮顯示。

這種選擇三之三宮來表示另一個兄弟的做法，已經產生了一系列的錯誤。你的第一任妻子可能是七宮，但你的第二任妻子不是七之三宮，除非你打算娶的是你第一任妻子的妹妹。你的下一份工作也不是十之三宮（你工作的兄弟）。從某種東西出發的第三個宮位，並不表示「另一個那種東西」。三宮所顯示的是該事物的兄弟姐妹。

三之三宮顯示我兄弟的兄弟，這件事導致許多人透過重複該宮位的編號來找到該宮位事項的其他代表，像是聲稱如果你現在的工作是十宮，你的下一份工作將是十之十宮，或者你的第二個配偶將是七之七宮。十之十宮是你工作的工作，或是你工作的老闆（這是在工作問題中確定老闆宮位的方法）。七之七宮就會是你配偶的配偶（你）。除非你跟你自己結婚，不然這宮位就不會是你的第二任配偶。

你的孩子

五宮。

你較年幼的孩子，和你較年長的孩子一起比較時

在這例子，選擇三宮的做法是有效的：把你較年幼孩子視為較年長孩子的手足。五之三宮＝七宮。如果你特別問及你較年幼的孩子，情況也是如此：較年長的孩子可視為較年幼孩子的兄弟姐妹。還是五之三宮。

這不是五之五宮的關係，那是你孩子的孩子，會變成你的孫子。

你的前任配偶

假如你是特地詢問這位前任（「我的前夫會出現在聚會上嗎？」）請使用七宮。如果你問的是現在的配偶，那麼現在的配偶是七宮，然後可以再為前任找另一顆徵象星。關於這部分要如何選擇的細節，參見第二十一章。

當地的牧師

九宮。無論你有沒有追隨他的信仰，就算他的聖職是在網路上買的，他仍然是九宮。

牧師的兄弟

九之三宮＝十一宮。

牧師的兄弟的妻子

牧師的兄弟是十一宮。他兄弟的妻子是十一之七宮＝五宮。

牧師兄弟的妻子的鄰居

牧師兄弟的妻子是五宮，所以她的鄰居是五之三宮＝七宮。

西班牙的國王

如果你住在西班牙，他是你的國王：十宮。假如你不住那裡，那他就是外國的國王：九之十宮＝六宮。對於外籍人士，你再根據問題的脈絡，用常識決定到底要用哪一個。

你父親的肝臟

肝臟是五宮。四之五宮＝八宮。

你今天早上買的那包米

你的可移動財產：二宮。

你今天早上買的那包古柯鹼

你的可移動財產：二宮。這不是十二宮：古柯鹼不會自我毀滅；你吸

毒的行為才是自我毀滅。這又是區別功能和事物本身的關鍵。

你從圖書館借來的書

　　二宮。儘管只是暫時性的，書還是在你那裡。同樣地，你借給別人的錢也不再是你的二宮，而是他們的。

你寫的書

　　你的孩子：五宮。

告訴警察你背地裡是犯罪首腦的那個人

　　告密者：十二宮。無論你是不是犯罪首腦，他的通報行為一樣對你不利，所以仍然是十二宮。

你的管家

　　六宮。吉夫斯（Jeeves）與伍斯特（Wooster）二人的關係反而是二宮[79]：與其說吉夫斯是僕人，不如說他是顧問；但這是特例。我認為管家的職責，僅限於監督其他工作人員和倒葡萄酒而已：他是我的僕人，所以是六宮。

---

79. 中譯注：源自英國幽默小說家佩勒姆·格倫維爾·伍德豪斯（Sir Pelham Grenville Wodehouse）最著名的作品「萬能管家吉夫斯」系列的主角。該系列作品曾兩度改編成電視劇，管家吉夫斯的名字甚至被收入英語辭典，成為理想管家的代名詞。

你作為管家的工作

十宮。你的工作永遠是十宮。如果我們不以某種方式為某人服務,那我們的工作永遠都不會得到報酬。

礦產

四宮。位在星盤的底部。

來替你修理水管的人

你的僕人:六宮。

剛剛在你耳邊告訴你下一場比賽熱門情報的那個人

你的顧問:二宮。或者,如果他知道你一直在參加戒賭匿名團體(Gamblers Anonymous),還試圖引誘你走歪路,那他就是十二宮(你的祕密敵人)。

你的大學

九宮。

你女兒的大學

九宮。雖然我們習慣說這是她的,但並不是:她只是去那裡上大學。除非我們遇到需要區分的問題,例如「我的大學比她的好嗎?」在這情況下,我們會給她五之九宮=一宮。

你的老師的大學

現在我們必須加以區分,因為老師本人是九宮,所以我們不能選擇九宮作為他的大學。九之九宮=五宮。

占星學

高等知識：九宮。

粒子物理學（Particle physics）

高等知識：九宮。

你情婦的兄弟的大丹犬

你的情婦是七宮。她的兄弟是七之三宮＝九宮。大丹犬可能比大多數山羊大，但一般來說狗比山羊小，六宮；所以牠是九之六宮＝二宮。

你想要參加的遊輪之旅

特別的旅程：九宮。

你將要搭的船

你所乘坐的船：一宮。

你的狗的球

牠的可移動財產：六之二宮＝七宮。這可不是牠的五宮。牠用球在玩的遊戲可能是五宮，但球本身不是。又是功能和事物本身。

你媽媽的朋友的孩子

你媽媽是十宮，所以她的朋友是十之十一宮＝八宮。那麼她的孩子是八之五宮＝十二宮。

附錄 3

如 何 找 出 相 位

　　沒錯，整個天體系統都在運動！我們眼前所見的星盤，是事物在連續動態中的某個定格，完全就像我們按下了 DVD 影音播放器的暫停鍵一樣。星盤就像電影中的某個定格畫面，停在那邊沒辦法告訴我們之後劇情的發展。惡棍手裡拿著一把槍；他會不會開槍？火星在土星附近；那它們會相遇嗎？僅僅查看那個定格的畫面，我們無法判斷。

　　你需要能夠計算出某個相位「是否」會發生，而且往往也要知道該相位會在「何時」發生。第一條規則：較快的行星會趕上較慢的行星。所以你需要學習行星通常的移動速率順序。從最快的到最慢的是：

　　　　月亮　水星　金星　太陽　火星　木星　土星

　　但是，正如前面正文討論的，行星並不是一直以相同的速率在移動。我的法拉利可以開得比他的牽引車快，但如果我正把車開進加油站，他可能在那一刻跑得比我快。月亮的移動速率最快，一直都走得非常快。除了太陽它的速率從來沒有明顯變化以外，其他行星的移動速率都會減慢至零，然後還切換成反著走。

◎ 從星曆書找相位

　　這很容易。打開你的星曆書，隨意翻到某個月。你會看到上面標示一排行星的符號，每欄向下延伸就是它們每天的位置。每一顆行星的所在星座標示在該欄位的上方，每當行星換星座時，也會標示在該欄位中的某處。

　　你會看到大部分欄位中的數字，愈往下讀的數字會變得愈大。如果某一欄位中的數字會變小，那麼該行星一定是逆行的。有個例外是數字從29跳到0的時候，那是行星正在進入一個新的星座。

　　任意挑選兩顆行星。你想知道它們在這個月會不會形成相位，就把你的視線沿著它們各自的欄位讀數，看看兩邊的數字有沒有一致重合的點。例如：也許你看到土星每日的位置標示為 9.02、9.07、9.12、9.17，而水星在這些日子的位置是 7.13、8.41、10.09、11.35。水星的數字剛開始比土星的小；然後變得比較大。它們一定有個發生重合的點——在水星經過 9 度又多一點的地方。

　　這個重合點可能是一個相位。如果沒有重合點，就不可能是一個相位。但不是所有這樣的數字重合處都是相位。這取決於行星位在哪些星座。現在檢查他們的星座：

同一個星座：合相
隔壁的星座：沒有相位
隔二個星座：六分相
隔三個星座：四分相
隔四個星座：三分相

正對面的星座：對分相

正對面隔壁的星座：沒有相位

特別注意：這是星座，不是宮位。

做了嗎？很好。你現在知道如何在星曆書上找到一個相位。但是逐一檢查這些欄位中可能配對的行星太費事了。確實，你需要知道這樣怎麼做；但你可以先在星盤中尋找相位來減少大部分工作。

◎ 在星盤上找相位

信不信由你，過了一段時間之後，你會看一眼星盤，甚至不用思考就注意到所有的相位。如同一名維修員聽了一陣子汽車的聲音後，就會清楚地知道它到底出了什麼問題；這不是他在腦海中列出各種可能性找到的，而是他可以用聽的就知道問題在哪裡。

判斷卜卦盤時，你通常只會關注幾顆行星和其中可能發生的相位。但讓我們看一下這張星盤，並檢查裡面所有的相位作為示範。

從最快的行星開始，月亮。

目前位在幾度？12.53。

月亮往前走的話，度數就會跟著逐漸變大。哪一顆行星的度數比12.53大又數字最小？水星，在15.10。

附錄 3　如何找出相位　　449

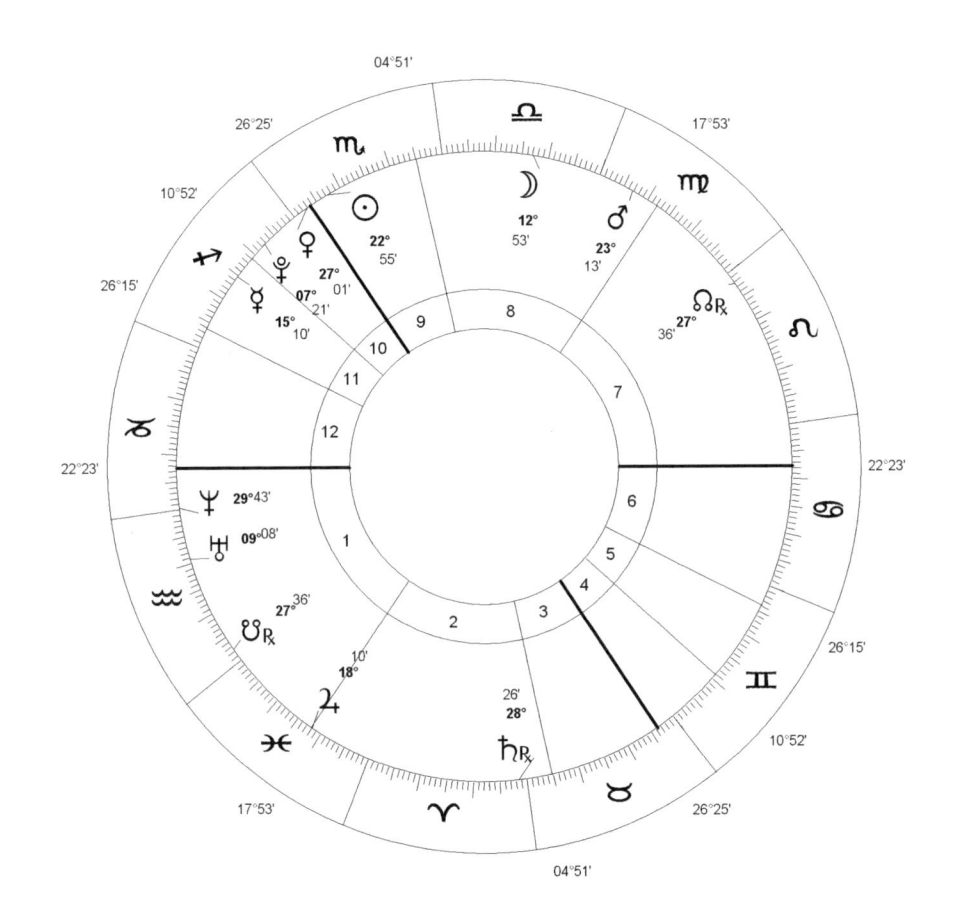

格林威治標準時間 1998 年 11 月 15 日中午，倫敦。

月亮移動得如此之快，很快就會走到自己所在星座的 15 度，而那時的水星幾乎沒有移動。

那麼，月亮就會達到和水星相同的度數。相位警報！我們有一個度數的重合。這是一個相位嗎？

水星不在月亮隔壁的星座，而是在下下一個星座。沒錯，這是一個相位：一個六分相。

月亮的下一步是？

下一個度數數字最小的行星是木星，在 18.10。

又有了另一個重合。但是月亮位在天秤座，它的正對面星座是白羊座；而木星位在雙魚座，一個在白羊座隔壁的星座。這不可能是一個相位。

現在怎麼辦？

太陽、火星和金星的度數，都在月亮之後會抵達的範圍；但它們也都在天秤座旁邊，也就是月亮的隔壁星座。月亮沒辦法和它們形成相位。

還有別的嗎？

土星在目前星座的 28.26。月亮移動得如此之快，肯定會在土星換星座之前趕上它。

土星是位在可能形成相位的星座嗎？

是：土星在白羊座，也就是月亮的正對面星座。這裡有一個對分相。

以上就是月亮的情況。現在看動態第二快的行星，水星。水星位在目

前星座的 15.10。

它要去哪裡？

水星移動得很快，肯定也會趕上在 18 度的木星。

很好——這裡有一個相位；但也只是有這可能。在查看月亮的時候，我們知道它的路線不會變，而是繼續往前通過黃道星座。太陽也不變，維持一貫穩健的速率向前走。但其餘的行星全部都會改變方向。

沒錯，目前看起來水星好像會和木星形成相位，然後接著火星，再來是土星；但它不會。水星即將轉為逆行。儘管再走 3 度就可以和雙魚座 18 度的木星形成相位，這段距離並不大，但它沒能做到。這裡沒有相位。

「我怎麼知道水星和木星形成相位前會逆行？」沒得知道。現在是時候檢查你的星曆書了，就照上面說明的方法。那會告訴你這個相位究竟會不會發生。

星盤上倒是有一條線索。水星走在太陽前面幾乎差了一整個星座：它肯定很快就會轉逆行了。

金星位在目前星座的 27 度，也很快就會走到 28 度，讓自己趕上和土星相同的度數。但土星位在金星正對面隔壁的星座，所以沒有相位。

太陽在 22 度。火星在 23 度；太陽從不逆行或明顯放慢移速，所以很快就會趕上火星。火星在太陽的前前一個星座，所以有一個相位：六分相。

火星在目前星座的 23 度。金星在 27 度，但金星移動得比火星快，所以不會有相位。但是值得檢查一下星曆書，以確保金星沒有逆行，或可能正移動得很慢而讓火星趕上它。不過，由於金星如此接近太陽，這種情況不會發生。

　　木星在 18 度，土星在 28 度，彼此位在隔壁星座，所以不可能會有相位存在。

附錄 4

如何閱讀方形星盤

現代的占星學書籍，包括我這本，都習慣把星盤印成圓形格式，而舊時書籍裡的星盤通常會印成方形的。我希望本書能激勵你研究一些舊文本，特別是里利的《基督教占星學》。要在方形星盤中找到方向並不難。

這個例子是里利為了解答自己的問題而繪製的星盤，提問內容關於如何找回他訂購的一批魚，但這批魚在送到他手中前就已經從倉庫被偷走了[80]。

從這張星盤內的中間方框開始。中間方框左上角的土星符號顯示這是一星期中的哪一天：星期六。有時這會標成為 die，拉丁文的「天」，通常會有另一個字形標記為 hor，即 hora 的縮寫，拉丁文的「小時」；這些指的是主管那一天和那一天裡那個小時的行星。本書中我沒有提到這些，因為在浪費了多年時間之後，我完全體會到它們對卜卦占星來說一點用處也沒有。

然後是繪製星盤的時間，本例中是一六三八年二月十日。如果你想使用電腦重現星盤，那麼時間和日期都需要調整。

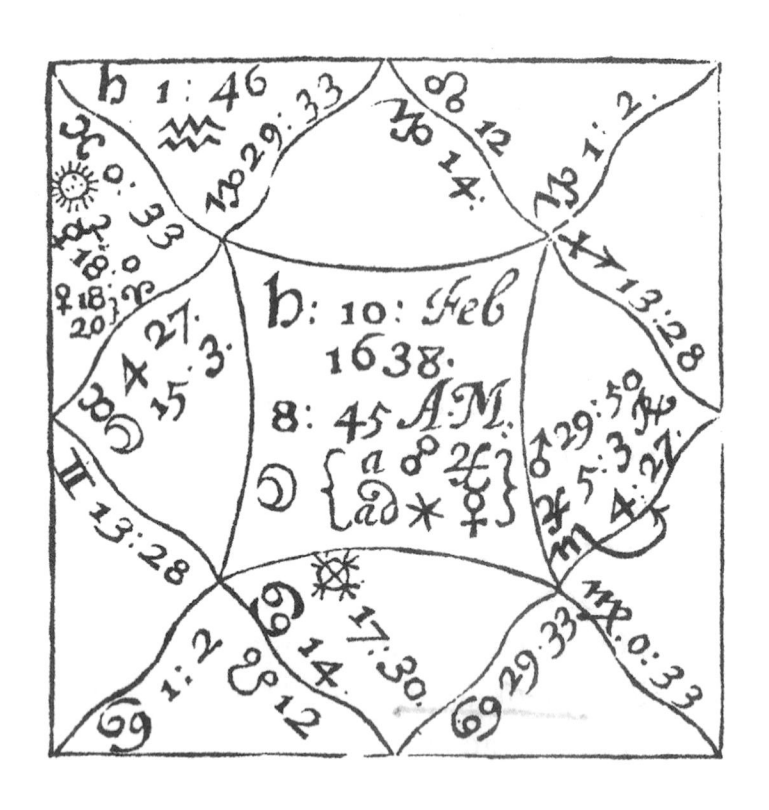

〈我的魚在哪裡？〉

　　里利當時的英國仍然是使用儒略曆（Julian calendar）；由此可見他的日期是舊曆（Old Style）。如果要轉換成我們現今使用的新曆（New Style），你必須把他的日期再加上十天。大多數的占星軟體不會幫你調整這部分，所以你需要自己轉換。里利記錄的二月十日這天，就變成新曆的二月二十日。每個世紀要調整的天數都不一樣：對於十六世紀時期，加十天是正確的。檢查一下太陽和月亮的位置，以確保你得到正確的日期。

有時候一年的開始是從三月一日起算，所以里利說的一六三八年二月，按我們的計算可能是一六三九年二月（也就是說，他可能認為二月是一六三八年的最後一個月，而不是一六三九年的第二個月）。這部分用法從未一致，所以要小心：對於一月或二月的日期，要檢查外行星的位置，以確保你得到正確的年分。在這個例子，里利的一六三八年就是我們的一六三八年。

一天通常視為從中午開始，而不是從午夜開始，這導致了早上的時間被當成是「p.m.」（晚上）；同樣地，這部分的用法也不一致：里利有時使用一種格式，有時又用另一種。查看一下太陽的位置，要記得它黎明時在上升星座，中午時會在上中天附近，而日落時在下降星座。在這張星盤中，太陽剛剛升起，正朝向上中天前進：現在一定是早上。改天里利也是有可能就把這個時間說成 8:45 pm（晚上 8 點 45 分）。

他完全沒有使用你的電腦在識別的時區。他並不執著於時間的準確性，使用的還是當地時間的近似值，這和地方平時（Local Mean Time，縮寫 LMT）不一樣，首先把他給的時間視為地方平時輸入，然後前後調整一下時間，盡量找到樣子最接近里利提供的星盤；不要指望可以調整到一模一樣。

在時間下面，里利已經標注了月亮最近期的相位和下一個相位。它的離相位（*a* 是拉丁文的「from，從」）從木星的對分相開始，並入相位（*ad* 是拉丁文的「to，到」）到水星的六分相。

---

80. *Lilly*, p. 397.

和中間方框共享一個邊的四個三角形是角宮，按星盤通常的布局：一宮在讀者的左邊，十宮在上面。上升點是一宮最上面的那一側邊，所以這裡的上升點位在金牛座 4.27。二宮的宮始點是雙子座 13.28，三宮的是巨蟹座 1.02，四宮的是巨蟹座 14，以此類推。

行星的所在星座通常不會標示符號，該星座是由行星位在宮位內的位置和方向來表示。月亮呈平行上升點的樣子，所以是在金牛座 15.03；如果它位在雙子座前面的度數，那就會把它放在平行於二宮始點的位置，那裡就是雙子座。十二宮裡，太陽和水星都在雙魚座，這一點從它們和位在雙魚座的宮始點呈平行的樣子就可以看出來。

被劫奪的行星，例如這張星盤中的土星和金星，都沒有和各自宮始點的字樣呈平行，而且通常還會帶有自己所在星座的符號。

東西命理館 061

卜卦占星教科書 貫通邏輯與常識,解答人生百問的心法祕笈
The Horary Textbook

原著書名	——The Horary Textbook
原出版社	——Apprentice Books
作者	——約翰・弗勞利（John Frawley）
審定	——瑪碁斯（Maki S. Zhai）
譯者	——連瑩穎（Astrid Lien）
責任編輯	——劉枚瑛
協力校訂	——林彥宸
版權	——吳亭儀、江欣瑜
行銷業務	——周佑潔、賴玉嵐、林詩富、吳藝佳

總編輯——何宜珍
總經理——賈俊國
事業群總經理——黃淑貞
發行人——何飛鵬
法律顧問——元禾法律事務所 王子文律師
出版——商周出版
　　　115台北市南港區昆陽街16號4樓
　　　電話：(02) 2500-7008　傳真：(02) 2500-7579
　　　E-mail：bwp.service@cite.com.tw
　　　Blog：http://bwp25007008.pixnet.net/blog
發行——英屬蓋曼群島商家庭傳媒股份有限公司城邦分公司
　　　115台北市南港區昆陽街16號8樓
　　　書虫客服專線：(02)2500-7718、(02) 2500-7719
　　　服務時間：週一至週五上午09:30-12:00；下午13:30-17:00
　　　24小時傳真專線：(02)2500-1990；(02)2500-1991
　　　劃撥帳號：19863813　戶名：書虫股份有限公司
　　　讀者服務信箱：service@readingclub.com.tw
　　　城邦讀書花園：www.cite.com.tw
香港發行所——城邦（香港）出版集團有限公司
　　　　　　香港九龍土瓜灣土瓜灣道86號順聯工業大廈6樓A室
　　　　　　電話：(852)2508-6231　傳真：(852)2578-9337
　　　　　　E-mail：hkcite@biznetvigator.com
馬新發行所——城邦（馬新）出版集團 Cite(M) Sdn Bhd
　　　　　　41, Jalan Radin Anum, Bandar Baru Sri Petaling,
　　　　　　57000 Kuala Lumpur, Malaysia.
　　　　　　電話：(603) 9056-3833　傳真：(603) 9057-6622
　　　　　　E-mail：services@cite.my

美術設計——copy
印刷——卡樂彩色製版印刷有限公司
經銷商——聯合發行股份有限公司 電話：(02)2917-8022　傳真：(02)2911-0053

2024年6月8日初版
2025年9月8日初版2刷
定價820元　Printed in Taiwan　著作權所有,翻印必究
ISBN 978-626-390-129-2
ISBN 978-626-390-124-7（EPUB）

Copyright © John Frawley 2005, 2014
Complex Chinese translation copyright ©2024 by Business Weekly Publications, a division of Cité Publishing Ltd.
All Rights Reserved.

國家圖書館出版品預行編目（CIP）資料

卜卦占星教科書 / 約翰.弗勞利(John Frawley)著；連瑩穎譯. -- 初版. --
臺北市 : 商周出版 : 英屬蓋曼群島商家庭傳媒股份有限公司城邦分公司發行, 2024.06
464面 ; 17×23公分. -- (東西命理館 ; 61)　譯自：The horary textbook.
ISBN 978-626-390-129-2（平裝）　1. CST: 占星術　292.22　113005293

| 廣　告　回　函 |
| 北區郵政管理登記證 |
| 台北廣字第000791號 |
| 郵資已付，免貼郵票 |

商周出版

115 台北市南港區昆陽街 16 號 4 樓
英屬蓋曼群島商家庭傳媒股份有限公司
城邦分公司

請沿虛線對摺，謝謝！

商周出版

書號：BF6061　　書名：卜卦占星教科書　　編碼：

商周出版

讀者回函卡

線上版讀者回函卡

感謝您購買我們出版的書籍！請費心填寫此回函卡，我們將不定期寄上城邦集團最新的出版訊息。

姓名：_____ 性別：□男 □女

生日：西元_____年_____月_____日

地址：_____

聯絡電話：_____ 傳真：_____

E-mail：

學歷：□ 1. 小學 □ 2. 國中 □ 3. 高中 □ 4. 大學 □ 5. 研究所以上

職業：□ 1. 學生 □ 2. 軍公教 □ 3. 服務 □ 4. 金融 □ 5. 製造 □ 6. 資訊
　　　□ 7. 傳播 □ 8. 自由業 □ 9. 農漁牧 □ 10. 家管 □ 11. 退休
　　　□ 12. 其他_____

您從何種方式得知本書消息？
　　　□ 1. 書店 □ 2. 網路 □ 3. 報紙 □ 4. 雜誌 □ 5. 廣播 □ 6. 電視
　　　□ 7. 親友推薦 □ 8. 其他_____

您通常以何種方式購書？
　　　□ 1. 書店 □ 2. 網路 □ 3. 傳真訂購 □ 4. 郵局劃撥 □ 5. 其他_____

您喜歡閱讀那些類別的書籍？
　　　□ 1. 財經商業 □ 2. 自然科學 □ 3. 歷史 □ 4. 法律 □ 5. 文學
　　　□ 6. 休閒旅遊 □ 7. 小說 □ 8. 人物傳記 □ 9. 生活、勵志 □ 10. 其他

對我們的建議：_____
_____
_____

【為提供訂購、行銷、客戶管理及其他合於營業登記項目或章程所定業務之目的，城邦出版人集團（即英屬蓋曼群島商家庭傳媒（股）公司城邦分公司、城邦文化事業（股）公司），於本集團之營運期間及地區內，將以電郵、傳真、電話、簡訊、郵寄或其他公告方式利用您提供之資料（資料類別：C001、C002、C003、C011等）。利用對象除本集團外，亦可能包括相關服務之協力機構。如您有依個資法第三條或其他需服務之處，得致電本公司客服中心電話02-25007718 請求協助。相關資料如為非必要項目，不提供亦不影響您的權益。】

1.C001 辨識個人者：如消費者之姓名、地址、電話、電子郵件等資訊。
2.C002 辨識財務者：如信用卡或轉帳帳戶資訊。
3.C003 政府資料中之辨識者：如身分證字號或護照號碼（外國人）。
4.C011 個人描述：如性別、國籍、出生年月日。

FUTURE.

FUTURE

FUTURE

FUTURE